中国政法大学“211工程”三期经费资助出版
法治建设与法学理论研究部级科研项目成果
转型期诉讼法学创新文库（8）
总主编　卞建林

未成年人刑事司法社会支持机制研究

王贞会　等　著

中国人民公安大学出版社
·北　京·

图书在版编目（CIP）数据

未成年人刑事司法社会支持机制研究/王贞会等著．—北京：中国人民公安大学出版社，2017.4

（转型期诉讼法学创新文库）

ISBN 978-7-5653-2905-0

Ⅰ.①未…　Ⅱ.①王…　Ⅲ.①青少年犯罪—刑事诉讼—司法制度—研究—中国　Ⅳ.①D925.204

中国版本图书馆 CIP 数据核字（2017）第 076574 号

转型期诉讼法学创新文库

未成年人刑事司法社会支持机制研究

王贞会 等 著

出版发行：中国人民公安大学出版社
地　　址：北京市西城区木樨地南里
邮政编码：100038
经　　销：新华书店
印　　刷：北京泰锐印刷有限责任公司

版　　次：2017 年 4 月第 1 版
印　　次：2017 年 4 月第 1 次
印　　张：9.5
开　　本：880 毫米×1230 毫米　1/32
字　　数：256 千字

书　　号：ISBN 978-7-5653-2905-0
定　　价：35.00 元

网　　址：www.cppsup.com.cn　www.porclub.com.cn
电子邮箱：zbs@cppsup.com　zbs@cppsu.edu.cn

营销中心电话：010-83903254
读者服务部电话（门市）：010-83903257
警官读者俱乐部电话（网购、邮购）：010-83903253
法律图书分社电话：010-83905745

总 序

在全球化背景下展开的社会转型是当下中国面临的最为艰巨的课题。随着经济体制、社会结构、利益格局的深刻调整与变革，利益主体多样化和价值取向差异化日益显现，而以人民内部矛盾为主的社会矛盾朝多发性、多样性和复杂性不断发展，成为影响社会和谐稳定与经济社会发展的突出问题。

社会转型对法治建设提出了新的挑战，全面落实依法治国基本方略，为社会转型提供有力的法治保障，是我国当前法治建设的主要任务。法学研究是社会主义法治建设的重要组成部分，肩负着为法治建设提供理性解读与智识支撑的重要任务。诉讼法学作为与法治实践密切相关的应用性学科，面对社会转型万象，更需要深入自觉地回应实践发展需求。只有建立能够适应我国国情、符合社会发展趋势的诉讼法学理论学说与制度体系，才能满足司法实践的需要。社会转型时期的复杂形势，为诉讼法学研究提供了新的机遇，也使诉讼法学研究面临前所未有的挑战与压力。面对这种挑战与压力，有必要重点强调“创新”二字。创新是学术研究与理论发展之魂，是推动诉讼法学研究不断发展的最大动力。创新诉讼法学研究，可以从以下几个方面理解：

首先是学术研究领域的创新。研究领域的创新并不意味着否定、抛弃过去的研究成果，而是在此基础上往更广、更深、更符合实践需要的方向拓展。这不仅需要我们在今后的研究中进一步加强基础性研究，争取在原有研究范畴上获得层次更高、深度更深的学术成果，并不断挖掘、开发新的理论研究范畴，同时也需要我们进一步加强应用性研究，特别是法律实施问题的研究，从而使得诉讼法学理论研究的成果能够顺利转化到实践中去，能够真正引导国家司法制度的变革与发展。此外，社会的发展是一个系统工程，各个部分、环节与层面的发展都是相互影响与相互制约的，这种影响与制约的关系越来越紧密，因此，诉讼法学的发展要想跟上社会发展的步伐并充分发挥其作用，也必须加强对社会科学及自然科学中相关研究成果的吸收、借鉴，进一步开展跨学科、交叉学科、边缘学科的探索研究。

其次是学术研究思路的创新。过去，诉讼法学研究存在较明显的功利化倾向，同时也难以摆脱条文的限制，从而缺乏研究的深度和新意。从规范诉讼法学走向理论诉讼法学，是诉讼法学发展的必然趋势。加强对诉讼原理、诉讼规律的研究，有助于诉讼立法的科学化，也对正确开展司法活动具有重要的指导作用。在这个过程中，不仅需要我们积极借鉴法制发达国家丰富的研究成果和宝贵的实践经验，也需要我们深刻解读、准确把握中国法治实践与法治道路的客观规律，重点解决国际司法准则的本土化问题，努力打造具有中国特色的诉讼法治话语体系。

再次是学术研究方法的创新。长期以来，我国学者在诉讼法学研究方法的运用上偏重于采用概念推理、理论辨析等传统方法，缺乏实践调查与数据分析，以致产生理论设想与实践操作之间的偏离与脱节。面对转型时期司法实践中出现的诸多问题，有必要进一步加强探索实证研究方法，积极开展各种形式的实践调查和试点实验，加强数据采集与定量分析，不断总结、推广试点经验与实证成果，回答和检验理论研究中的特定问题。实证研究方法的运用，有利于实现理论法学与应用法学的衔接、法学理论与司法实践的衔接，也有助于将法学研究成果及时地投入到司法实践中加以检验和修正。

最后是学术研究队伍的创新。以往，诉讼法学研究大都局限于自身学科领域，在研究队伍的组建上存在成员单一、结构固定等普遍问题。在社会转型时期，面对不同性质、不同诉求的社会矛盾相互交织、共同作用的现实情况，突破学科壁垒与部门围墙，实现多学科、多部门之间的协同创新势在必行。协同创新理念的实施，要求诉讼法学科在自身优势与特色的基础上紧密联系其他学科，在学术研究队伍的搭建与研究项目的设计上努力实现高校、科研院所、司法实务部门以及企事业单位等不同学科、不同主体之间的资源集成与共享，以此消除诉讼法学科与其他学科、理论研究与司法实践之间的脱节现象。

中国政法大学诉讼法学研究院是从事诉讼法学研究的新型综合性研究机构。2000 年 10 月，诉讼法学研究院入选教育部普通高等学校人文社会科学百所重点研究基地，成为全国法学专业九个重点研究基地之一。诉讼法学研究院以中国政法大学雄厚的法学专业为基础，以国家级重点学科诉讼法学科为依托，集中开展诉讼法学、证据法学与司法制度研究，下设刑事诉讼法学研究所、民事诉讼法学研究所、行政诉讼法学研究所和证据法学研究所四个研究所。自成立以来，诉讼法学研究院坚持以科研为立院之本，积极承担多个国家级、省部级重大攻关项目，注重人才培养与团队建设，广泛开展多层次学术交流与合作，为国家立法完善作出重要贡献，很好地发挥了重点研究基地的引领与示范作用。在教育部 2004 年和 2010 年两次重点研究基地评估中，诉讼法学研究院均取得了“优秀”的成绩。

面对社会转型期涌现的诸多研究课题，在学术研究方面不断创新，积极进取，充分展现重点研究基地的学术影响力，是诉讼法学研究院长期建设、发展的主要目标。为了达此目标，诉讼法学研究院专门创办了“转型期诉讼法学创新文库”这一系列著作项目，用以汇集、总结和展示研究院各位研究人员近年来探讨社会转型期诉讼理论与实践中热点、重点、难点问题而形成的各项学术研究成果。这一文库的出版领域涵盖刑事诉讼法学、民事诉讼法学、行政诉讼法学、证据法学、司法制度等多个方面，以有新意、有深度、有分量的专著、译著为主要形式。我们希望能通过这个文库鼓励学术创新，积累学术成果，并为繁荣、深化和开拓诉讼法领域的学术研究积极贡献力量。

中国政法大学诉讼法学研究院院长

卞建林

2012 年 8 月　北京

本书主要法律规范简称全称对照表

序号	简称	全称
1	刑事诉讼法	中华人民共和国刑事诉讼法（1979 年 7 月 1 日第五届全国人民代表大会第二次会议通过，根据 1996 年 3 月 17 日第八届全国人民代表大会第四次会议《关于修改〈中华人民共和国刑事诉讼法〉的决定》第一次修正，根据 2012 年 3 月 14 日第十一届全国人民代表大会第五次会议《关于修改〈中华人民共和国刑事诉讼法〉的决定》第二次修正），2013 年 1 月 1 日施行
2	中央综治委预青组等六部门《未成年人刑事案件配套工作体系意见》	中央综治委预防青少年违法犯罪工作领导小组、最高人民法院、最高人民检察院、公安部、司法部、共青团中央《关于进一步建立和完善办理未成年人刑事案件配套工作体系的若干意见》（综治委预青领联字［2010］1 号，2010 年 8 月 28 日施行）
3	最高人民法院《刑诉法解释》	最高人民法院《关于适用〈中华人民共和国刑事诉讼法〉的解释》（法释［2012］21 号，2013 年 1 月 1 日施行）
4	最高人民法院《审理未成年人刑事案件解释》	最高人民法院《关于审理未成年人刑事案件具体应用法律若干问题的解释》（法释［2006］1 号，2006 年 1 月 23 日施行）
5	最高人民法院《审理未成年人刑事案件规定》	最高人民法院《关于审理未成年人刑事案件的若干规定》（法释［2001］9 号，2001 年 4 月 12 日施行）

续表

序号	简称	全称
6	最高人民法院等四部门《刑事法律援助规定》	最高人民法院、最高人民检察院、公安部、司法部《关于刑事诉讼法律援助工作的规定》(司发通［2013］18号，2013年3月1日施行)
7	最高人民法院等四部门《处理监护人侵害未成年人权益行为的意见》	最高人民法院、最高人民检察院、公安部、民政部《关于依法处理监护人侵害未成年人权益行为若干问题的意见》(法发［2014］24号，2015年1月1日施行)
8	最高人民检察院《加强未成年人司法保护八项措施》	最高人民检察院《检察机关加强未成年人司法保护八项措施》(2015年5月27日发布)
9	最高人民检察院《加强未成年人刑事检察工作通知》	最高人民检察院《关于进一步加强未成年人刑事检察工作的通知》(高检发诉字［2014］28号，2014年12月2日施行)
10	最高人民检察院《办理未成年人刑事案件规定》	最高人民检察院《人民检察院办理未成年人刑事案件的规定》(高检发研字［2013］7号，2013年12月27日施行)
11	最高人民检察院《刑诉规则》	最高人民检察院《人民检察院刑事诉讼规则(试行)》(高检发释字［2012］2号，2013年1月1日施行)
12	最高人民检察院《加强未成年人刑事检察工作决定》	最高人民检察院《关于进一步加强未成年人刑事检察工作的决定》(高检发诉字［2012］152号，2012年10月22日施行)

续表

序号	简称	全称
13	最高人民检察院《贯彻宽严相济刑事司法政策意见》	最高人民检察院《关于在检察工作中贯彻宽严相济刑事司法政策的若干意见》（高检发研字［2007］2号，2007年1月15日施行）
14	公安部《刑事程序规定》	公安部《公安机关办理刑事案件程序规定》（公安部令第127号，2013年1月1日施行）
15	公安部《办理未成年人违法犯罪案件规定》	公安部《公安机关办理未成年人违法犯罪案件的规定》（公发［1995］17号，1995年10月23日施行）

目　录

前　言

刑事司法是基于应对犯罪这一特殊社会现象而存在的国家治理方式，实现对犯罪行为的综合治理，需要强化刑事司法与其他社会治理机制的相互协作、共同作用。建立和完善未成年人刑事司法社会支持机制，目的在于实现对未成年犯罪嫌疑人、被告人的司法保护、家庭保护、国家保护与社会保护的集约化、动态化和一体化，实现对未成年人的全方位保护，同时通过社会力量参与未成年人刑事司法，可以在一定程度上协助办案机关实施一些诉讼活动，还可以从外部监督办案机关规范行使权力，保证办案质量。

从域外国家或地区的情况来看，大都为未成年人与成年人分别设置不同的司法系统和司法程序，对未成年人更加强调特殊处遇和权利保护，突出儿童福利理念和利益最大化原则，建立了未成年人刑事司法的社会支持机制，以恢复性司法原则、方案和程序来处理未成年人刑事案件，加大对未成年人的司法转处与分流，强调对未成年犯罪人的帮助、教育、矫治和再社会化。例如，英国最早确立警察在讯问未成年被追诉人时的合适成年人到场制度，并针对未成年人制定多元化的保释支持计划。美国也有针对未成年人刑事案件的审前服务机构和中途之家等社会支持机制。此外，联合国刑事司法准则也大力倡导社会力量参与未成年人刑事司法活动和诉讼程序。《联合国少年司法最低限度标准规则》（北京规则）第 11 条关于“观护办法”的规定和第 16 条关于“社会调查报告”的规定，都要求相关社会力量的参与和支持。

我国刑事立法重视发挥社会力量在未成年人刑事司法中的作

用，突出司法保护与国家保护、社会保护的集约化和一体化。我国《未成年人保护法》和《预防未成年人犯罪法》等都对未成年人的全面保护作了规定，2012 年《刑事诉讼法》增设未成年人刑事案件诉讼程序，形成一套以教育矫治和再社会化为目标，强调社会参与的未成年人刑事司法体系。最高人民检察院《加强未成年人刑事检察工作决定》中指出，有条件的地方要积极建立健全社工、观护帮教等机制，引入社会力量参与对被不批捕、不起诉的未成年人进行帮教。最高人民法院《刑诉法解释》、最高人民检察院《加强未成年人刑事检察工作通知》、《加强未成年人司法保护八项措施》、公安部《刑事程序规定》等规范性文件也有规定。

在国家政策层面，吸收、鼓励社会公众参与社会治理、参与立法司法活动是我国政治制度的优良传统和基本面向。尤其是从党的十八大之后，对公民参与国家事务和社会治理更是提到了新的高度。2013 年党的十八届三中全会《中共中央关于全面深化改革若干重大问题的决定》中提出，要“鼓励和支持社会各方面参与，实现政府治理和社会自我调节、居民自治良性互动”。2014 年党的十八届四中全会《中共中央关于全面推进依法治国若干重大问题的决定》指出，“发挥人民团体和社会组织在法治社会建设中的积极作用。建立健全社会组织参与社会事务、维护公共利益、救助困难群众、帮教特殊人群、预防违法犯罪的机制和制度化渠道。”这为社会力量参与未成年人刑事司法提供了国家治理层面上的宏观政策依据。

在司法实践中，自进入到新世纪以来，我国许多地区积极探索合适成年人参与、社工参与社会调查、观护帮教基地、社会帮教与衔接体系等社会力量参与未成年人刑事司法的做法，有的地区还渐渐出现了专业的司法社工，对未成年人刑事司法参与的程度更深更有针对性、也更专业，取得了良好的法律效果和社会效果。有必要详细梳理我国关于未成年人刑事司法的现行法律规定和相关政策，归纳司法实践经验，找出其中存在的问题并提出解决方案，为进一步建立健全体系化的未成年人刑事司法社会支持机制提供重要的理论和实践支撑。

我国正处于全面深化改革、推进法治国家、法治政府、法治社会一体化建设的重要历史时期，“四个全面”战略布局已经初见成效，国家管理、社会治理方式不断创新，人民群众的参与意识和法治观念随之提升。在这一大背景下，研究未成年人刑事司法社会支持机制，具有重要的理论意义和现实应用价值。概括而言，构建未成年人刑事司法社会支持机制，有助于更好地维护未成年犯罪嫌疑人、被告人的诉讼权利与各项合法权益，实现对未成年人的教育矫治和再社会化；可以在一定程度上协助配合公安司法机关实施相应的刑事诉讼活动，节约司法资源，提高诉讼效率和办案质量；有助于广大民众从外部来实现对公安司法机关行使国家权力和办理刑事案件的社会监督，增强刑事司法活动的民主公开，进一步提升司法的公信力和权威性。甚至说，不仅仅是未成年人刑事司法，包括成年人刑事司法，都应该逐步强化公民参与和社会衔接机制的健全和完善。

本书以未成年人刑事司法社会支持机制为题展开研究，在体例上共分为六章。第一章是对未成年人刑事司法体系的一个整体性概览，对我国未成年人刑事司法的发展历史、理念基础和原则体系等内容进行了全面、系统的归纳整理，搭建起我国未成年人刑事司法制度的基本框架和结构。第二章到第六章对 2012 年《刑事诉讼法》规定的适用于未成年人刑事案件的五项特殊司法制度，包括适用非羁押强制措施、合适成年人到场制度、社会调查制度、附条件不起诉制度和犯罪记录封存制度中的社会参与机制进行了专题研究。

第一章“未成年人刑事司法概述”。分别从发展沿革、理论基础、基本原则等角度全面系统地梳理了我国刑事政策、法律法规、司法解释及其他规范性文件中关于未成年人刑事司法的规定，并对未成年人刑事司法中需要考量的若干重要关系做了分析，如执行法律与落实政策的关系，司法保护与社会保护的关系，未成年犯罪嫌疑人、被告人保护与未成年被害人保护的关系等。

第二章“非羁押强制措施社会管护机制”。本章首先对非羁押强制措施的内涵和外延作了界定。非羁押强制措施就是用以代替羁押之适用而实现诉讼保障目的的各种非羁押性方法的总称。不是对人身自由的剥夺，表现为对犯罪嫌疑人、被告人附加一定义务而确保其不逃避刑事诉讼，强制性明显弱于羁押措施。2012 年《刑事诉讼法》规定对未成年人犯罪嫌疑人、被告人要严格限制适用逮捕措施，确立了未成年人刑事司法中的审前非羁押原则。然后，本章对建立非羁押强制措施社会管护机制的重要意义作了分析，通过建立社会管护机制，可以打通审前非羁押与社会支持之间的关联，扩大适用非羁押强制措施。本章还考察了英美法系特别是英国和美国保释制度的社会支持体系的主要内容，同时对我国上海市、无锡市开展审前非羁押社会支持的实践做法进行了实地调查，对于完善我国非羁押强制措施社会管护机制提供了重要的制度借鉴和实践参考样本。在此基础上，提出了完善我国非羁押强制措施社会管护机制的具体建议。

第三章“合适成年人到场制度”。讯问和审判未成年犯罪嫌疑人、被告人时的合适成年人到场，是 2012 年《刑事诉讼法》明确规定的一项未成年人诉讼制度，是社会力量参与未成年人刑事司法的一种重要形式。本章首先界定了讯问和审判时合适成年人到场的概念和意义，合适成年人到场对于切实保障未成年犯罪嫌疑人、被告人的诉讼权利及其他合法权益，规范办案人员依法办案和保证办案质量，具有积极意义。然后，对我国关于合适成年人到场的法律规定及其发展脉络作了全面梳理。然后通过对合适成年人到场制度的实证调查，详细介绍了合适成年人的职责、来源、具体案件中的确定、到场的程序等内容，对其实际效果进行了分析，并探讨了合适成年人到场制度可能出现的问题。在此基础上，对完善合适成年人到场制度提出了相应的建议。

第四章“社会调查中的社工参与机制”。对未成年犯罪嫌疑人、被告人的成长经历、犯罪原因、监护教育等情况进行调查，是我国《刑事诉讼法》第 268 条的明确要求。开展社会调查，与刑法上主张的刑罚个别化原则相契合，体现了儿童利益最大化和获得特别关照之要求。本章在对社会调查的概念进行界定的基础上，详细梳理了我国关于未成年人社会调查的法律、司法解释及其他相关文件的规定。社会工作中的系统论和生态系统理论为社工参与社会调查提供了理论支持。通过立法梳理和实证调查，本章以调查主体为标准总结归纳了我国社会调查的三种模式，即办案机关调查模式、司法行政部门调查模式和社工调查模式，分别介绍了三种模式各自的基本内容和运行情况，并对每种模式的利弊进行了分析。在此基础上，论证了由社工进行社会调查的必要性和意义，并提出了完善我国社工调查模式的具体建议。

第五章“附条件不起诉的社会考察帮教机制”。2012 年《刑事诉讼法》第 271 条到 273 条规定了附条件不起诉制度，仅适用于未成年人刑事案件。本章首先界定了附条件不起诉制度的内涵，然后从适用条件、适用程序、对附条件不起诉人的监督考察和有关主体对附条件不起诉决定的救济途径等方面对我国未成年人附条件不起诉的基本内容进行了详细介绍。在对我国附条件不起诉的立法规定进行梳理的基础上，进一步探讨了建立附条件不起诉的意义与理论基础，包括符合起诉便宜主义、符合诉讼谦抑理念、符合诉讼效率原则、符合国际普遍做法等四个方面的正当性。最后，以某市检察机关为样本对未成年人附条件不起诉的实践情况进行了调查，了解其基本做法和取得的效果，分析遇到的主要问题与原因。在此基础上，提出了建立和完善附条件不起诉社会考察帮教机制的基本建议。

第六章“犯罪记录封存的社会衔接机制”。2012 年《刑事诉讼法》第 275 条规定了未成年人的犯罪记录封存制度。本章首先对犯罪记录封存的概念和立法规定进行了梳理，并简要评析了犯罪记录封存的意义。对未成年人的有关犯罪记录予以封存，可以避免有过犯罪记录的未成年人留下心理阴影，为其营造一个有利于其成长的环境，促使其回归社会和健康成长，体现了刑法谦抑化和儿童利益最大化原则的要求。在对某些样本地区进行实践调查的基础上，分析了未成年人犯罪记录封存的实际效果，以及犯罪记录封存与社会衔接方面存在的问题及其原因，并提出了进一步完善犯罪记录封存社会衔接机制的建议。

本书作者分工如下（以撰写章节为序）：

第一章，王贞会；

第二章，宋洨沙（国家检察官学院副教授）、王贞会；

第三章，何挺（北京师范大学刑事法律科学研究院副教授）、王贞会；

第四章，李瑾（西北师范大学法学院讲师）、王贞会；

第五章，王贞会、佘京宴（四川省乐山市人民检察院检察官）；

第六章，王贞会、王玮玮（河南省登封市人民检察院检察官）。

本书是国家2011计划司法文明协同创新中心研究成果，也是本人主持的2012年度国家法治建设与法学理论研究部级科研项目“未成年人刑事司法社会支持机制研究”（项目编号12SFB3019）的最终结项成果。从项目申请到制定研究方案、项目实施、成果撰写、最终成书的整个过程，都得到我的导师北京师范大学刑事法律科学研究院宋英辉教授的悉心指导和鼓励，许多内容是以近年来跟随宋英辉教授进行未成年人司法制度改革实证研究取得的前期成果为基础而进行的再次梳理和加工。感谢导师领我走上学术之路和长期手把手的教诲。项目实施和成果出版得到中国政法大学诉讼法学研究院卞建林院长和各位师长、同事的关心和支持。司法部司法研究所卜开明副研究员、国家检察官学院宋洨沙副教授、北京市法学会程绍燕副编审和北京市海淀区人民检察院叶衍艳博士对本项目顺利完成提供了多方面的支持和帮助。本书出版得到中国人民公安大学出版社和刘悦老师的大力支持和帮助。在此一并致谢。

受各方面因素所限，本书框架和内容难免存在缺憾与不足，如实证研究的样本量较少、域外最新发展未能及时跟进等，诸多问题有待进一步完善。本书只是本人对未成年人司法改革这一重要课题的初步思考与成果，我也将继续对未成年人司法改革问题进行更加深入和系统化的研究。

王贞会

2017 年 2 月 12 日

第一章　未成年人刑事司法概述

一、未成年人刑事司法的发展沿革

未成年人具有不同于成年人的身心特点，在司法处遇上应体现差别原则。对未成年人犯罪予以宽宥的思想，古已有之。儒家学派倡导的“恤幼”思想对中国古代未成年人刑事司法产生深刻影响。新中国成立后，我国未成年人刑事司法大致经历了“文革”前的探索时期、“文革”后到20世纪末的恢复重建时期、进入21世纪后的稳步推进时期和2012年《刑事诉讼法》修订之后的快速发展时期。2012年《刑事诉讼法》设专章规定“未成年人刑事案件诉讼程序”，在我国未成年人刑事司法发展史上具有里程碑式的重要意义，直接推动我国未成年人刑事司法进入综合性、一体化的快速发展时期。经过较长时期的完善和发展，我国总体上已经形成一套与成年人刑事司法有别，以“教育、感化、挽救方针”和“教育为主，惩罚为辅原则”为指导思想，以实现对未成年人的关爱帮助、教育矫治和促进重新回归社会为基本目标，强调儿童福利理念和儿童利益最大化原则，突出对未成年人的权益保护和司法转处，鼓励政府部门、社会组织和民间力量对未成年人刑事司法的有效参与，较为完善的未成年人刑事司法体系。

（一）恤幼思想与古代未成年人刑事司法

在我国古代社会，由于人们深受儒家恤幼思想的影响，很早就已经出现了对未成年人采取一些特殊的司法处遇的做法，主要集中在未成年人犯罪与刑罚等方面，包括刑事责任年龄、刑罚减免等。早期儒家经典《周礼》中，已有关于“三赦”的记载，即对于幼弱、老耄、蠢愚三类人犯罪的，予以赦免，不追究刑事责任。《礼记·曲礼》进一步规定，"八十、九十曰耄，七年曰悼，悼与耄，虽有罪，不加刑焉"。[①] 以七岁为刑事责任年龄之临界点，七岁以下的未成年人犯罪，不予刑事处罚。古代成文法典的集大成者《唐律疏议》，因其对我国未成年人保护规定的进一步总结和完善，使其成为我国第一部系统规定有关青少年犯罪和保护的法典。[②]《唐律疏议》将未成年人的刑事责任年龄分为四个主要阶段：七岁以下的行为人完全不负刑事责任，七至十岁的行为人一般不承担刑事责任除非犯有谋大逆等重罪，十至十五岁的行为人完全负刑事责任但可减轻处罚，十五岁以上行为人需承担完全刑事责任。[③] 至宋、元、明、清等朝代，基本都沿用了《唐律》中关于刑事责任年龄的规定。

除了在刑事责任年龄和刑事处罚等实体性问题上突出对未成年人的特殊保护外，恤幼思想还体现在针对未成年人而采取的一些刑事诉讼活动中。我国古代法律最早涉及对年幼罪犯审讯过程中的保护内容可见于秦墓出土的竹简。简文显示，秦代对未成年罪犯的讯问，不同于成年人，不能随便施加拷掠，必须在他讲完以后，才能对无法理解的有矛盾的部分加以诘问，如果他的回答仍有矛盾或疑问之处，也应在其答辩完之后另再诘问，直到屡诘屡翻，不服审讯时，才依法进行拷掠，可用竹片的轻刑来责打他。[④] 此外，《唐律》中也有"诸应议、请、减，若年七十以上、十五以下及废残者，并不合拷讯"的规定，将未成年人排除在刑讯对象之外。在逮捕措施的适用上，汉平帝元始四年（公元4年）颁诏，"惟苛暴吏多

① 张鸿巍：《少年司法通论》，人民出版社2011年版，第75页。

② 彭程：《吐鲁番文书里的新发现　对未成年人实施监护古已有之》，载《检察日报》2004年4月2日。

③ 刘斌：《浅议唐律中的刑事责任年龄》，载《湖北师范学院学报（哲学社会科学版）》2004年第1期。

④ 沈志先主编：《未成年人审判精要》，法律出版社2012年版，第68页。

拘系犯法者亲属，妇女老弱，构怨伤化，百姓苦之。其明敕百僚，妇女非身犯法，及男子年八十以上七岁以下，家非坐不道，诏所名捕，它皆无得系”。[①] 这就是说，对七岁以下儿童不予拘捕。至汉景帝时，对于“年八十以上，八岁以下，及孕者未乳、师、侏儒当鞫系者，颂系之”，[②] 其中明确规定了对八岁以下的未成年人不需佩带刑具。

到了清朝末年，有关未成年人犯罪与刑罚方面的法律规定，一方面体现着几千年来流传下来的恤幼思想，贯彻对未成年人的宽宥处理；另一方面显示了西方刑法社会防卫主义观念的渗透力量。1908 年，沈家本等向清廷呈上《拟请编定现行刑律以立推行新律基础》的奏折，提出丁年（十六岁）以内乃教育之主体，非刑罚之主体的思想，主张对犯罪未成年人进行惩治教育。可以说，从恤幼思想到倡导对犯罪未成年人实行教育、矫正，可谓刑罚认识上的一个重大转变，这个转变在 1911 年 1 月 25 日清政府颁布的《大清新刑律》中得以体现。《大清新刑律》是中国历史上第一部近代意义上的专门刑法典，其中规定：“凡幼年犯罪，改用惩治处分，拘置场中”，进行感化教育，以尽“明刑弼教”之意。与犯罪未成年人矫正观念的形成相一致，《大清新刑律》第 2 条规定：“未满十八岁之除徒刑者，拘禁于特设监狱，或在监狱内区分一隅拘禁之。”在刑事诉讼方面，随着《大清刑事民事诉讼法（草案）》对辩护制度的设立，未成年被告人辩护权也得以适时跟进。虽然草案仅有一个很短的条文规定，如果被告人有不满十二岁等情形，没有请辩护人的，审判衙门或检察官应为其指定辩护人，以维护其合法权利，但这一规定却是一个历史性的突破。[③]

从上述法律演变中不难发现，我国古代统治者已经意识到未成

---

① 《汉书·平帝纪》。

② 《汉书·刑法志》。

③ 沈志先主编：《未成年人审判精要》，法律出版社 2012 年版，第 68~69 页。

年人与成年人在生理和心理上的重大区别，从而在立法上对未成年犯罪人给予相应的特殊体恤与宽宥，对于保护未成年人权益、维护统治秩序和社会稳定均有积极意义。

（二）新中国成立前的未成年人刑事司法

《大清新刑律》还未正式施行，清政府即被推翻。随后成立的中华民国临时政府对《大清新刑律》的内容稍加修改以作暂用，并改称为《暂行新刑律》，其中关于未成年人犯罪与刑罚的诸多规定被悉数保留下来。

我国现代意义上的少年司法制度萌芽于20世纪二三十年代。当时的国民政府受西方蓬勃发展的少年司法制度的影响，着手建立中国的少年司法制度，如1922年2月国民政府颁布了《感化学校暂行章程》，并建立了一系列感化院和少年监狱。① 1928年，国民政府制定的新刑法典颁行，该法以临时政府《暂行新刑律》为蓝本，并吸收日本、德国等国家的刑法规定修订而成。该法将刑事责任年龄由十二岁改为十三岁，并规定十三至十六岁间少年实施的不法行为可减刑一半。1935年国民政府颁布了新刑法，除了在刑罚上规定对少年犯的不罚、减轻处罚及不得处死刑或无期徒刑外，还规定以感化教育及保护管束等保安处分取代或补充刑罚之不足；1935年7月1日，国民政府还颁布了《审理少年案件应行注意事项》，其内容包括少年法官之指定、少年犯罪之审慎起诉、判前调查之实施、审理方式之弹性化、少年犯羁押之力求避免等。② 鉴于法案中尚未直接规定未成年人的特殊处分，国民政府司法行政部遂于1936年5月9日颁布训令，提醒注意少年犯与成年犯的人格区别与未成年人保护，“查未满十八岁人之犯罪，或系不罚，或得减轻其刑，刑法十八条已分别规定。至审理此种少年之诉讼程序，虽

① 宋英辉、甄贞主编：《未成年人犯罪诉讼程序研究》，北京师范大学出版社2011年版，第18页。

② 姚建龙：《长大成人：少年司法制度的构建》，中国人民公安大学出版社2003年版，第60页。

应依照刑事诉讼法办理，然少年犯之心理，究与成年犯有别。若审判时不加注意，予以统一处置，殊失保护少年之宗旨。嗣后各该法院对于少年案件，务须择法官之经验丰富，性情和厚，且于心理学、犯罪学、教育学有相当研究者分配审理。至于审理该项案件，其形式尤宜力求简单，勿过严厉。”①

在新民主主义时期，关于未成年人犯罪及其司法处遇的有关规定可以分为中央苏区的相关规定和抗日战争时期的相关规定两部分。中央苏区有关未成年人刑事司法的规定主要集中在1931年《赣东北特区苏维埃暂行刑律》、1932年《湘赣省苏区惩治反革命暂行条例》和1934年《中华苏维埃共和国惩治反革命条例》三个法律规定中。主要内容有：凡未满十二岁之行为，不为罪，但因其情节，得施以感化教育。喑哑人或未满十二岁或满八十岁人犯罪者，得减本刑一等或二等。对未满十二岁之男女为猥亵行为者，处三等至五等有期徒刑。未成年（不满十六岁）男女加入反革命组织者，准其自新自首，不加追究。未成年犯罪者，得按照条文规定减轻处罚；十四岁以下的幼年人，得交教育机关实施感化教育。抗日战争时期有关未成年人刑事司法的规定主要体现在1939年《陕甘宁边区抗战时期惩治盗匪条例（草案）》、《陕甘宁边区抗战时期惩治汉奸（条例）》和《晋察鲁豫边区违警处罚暂行办法》三个法律规定中。主要内容有：年龄在十四岁以下八十岁以上者犯罪得减刑。年龄在十四岁以下八十岁以上者充当汉奸，应当减刑或免除其刑。未满十三岁者犯罪不予处罚等。②

（三）新中国成立后的未成年人刑事司法

1. 新中国成立到“文革”前的探索时期

随着1949年中华人民共和国的成立，国民政府时期制定的法律、法规、政策和有关的司法制度均被废止，也包括关于未成年人

① 转引自张鸿巍：《少年司法通论》，人民出版社2011年版，第80~81页。

② 参见刘金霞：《未成年人法律制度研究》，群众出版社2007年版，第76~80页。

犯罪和司法处遇方面的立法、司法制度。基于对未成年人权利问题的重视和保护，新中国成立后少年司法制度始终是国家立法和司法关注的重要领域。

从新中国成立到“文革”前，是新中国少年司法制度的探索时期。在这一时期，许多有关少年司法的法律、法规、文件和政策得以颁布和形成，这些法律、法规、文件不仅从实体的角度对刑事责任年龄问题进行了探索，而且在对未成年人违法犯罪案件的预审和审判方面，形成了可以邀请父母或监护人以及学校代表人参加讯问、少年犯罪案件不公开审理、少年犯罪不在群众大会上宣判或宣布执行、为未成年被告人指定辩护人等规定，为我国未成年人犯罪诉讼程序的建立奠定了基础。① 例如，1960 年 4 月 21 日最高人民法院、最高人民检察院、公安部联合下发的《关于对少年儿童一般犯罪不予逮捕判刑的联合通知》中指出，“今后少年儿童除犯罪情节严重的反革命犯、凶杀、放火犯和重大的惯窃犯以及有些年龄较大，犯有强奸幼女罪，情节严重，民愤很大的应予判刑外，对一般少年儿童违法犯罪的人，不予逮捕判刑，采取收容教养的办法进行改造。教养改造的期限，一般不作规定，但应当根据他们在改造过程中的好坏表现，确定解除教养或继续进行教养”。②

2.“文革”后到 20 世纪末的恢复重建时期

“文革”期间，我国社会主义民主和法制建设遭受重创，未成年人刑事司法也处于一种停滞不前的僵局。“文革”结束后，党中央及时拨乱反正，我国社会主义民主和法制建设重新走上正轨，中国特色社会主义法治建设进入新的历史阶段，未成年人刑事司法也相应地步入恢复重建和稳定发展的时期。理论研究上开始打破墨守成规的藩篱，把研究视野投向国际层面，借鉴西方国家关于未成年

① 宋英辉、甄贞主编：《未成年人犯罪诉讼程序研究》，北京师范大学出版社 2011 年版，第 19 页。

② 该《通知》已被 2010 年 12 月 22 日最高人民法院、最高人民检察院发布的《关于废止部分司法解释和规范性文件的决定》废止。

人刑事司法的先进制度和经验，西学东渐，为我所用。这一时期的研究成果也反映在立法上，中央和地方立法部门制定和颁布了一系列符合现代少年司法理念的法律法规等规范性文件。在这一时期，有的学者开始关注对未成年人犯罪与青少年司法保护的研究，深入剖析少年司法的概念、理念基础等，介绍域外国家少年司法的立法与司法状况，有针对性地提出改革和完善我国未成年人司法制度的建议，为建立我国的未成年人刑事司法体系起到了重要的推动作用。①

1979 年《刑事诉讼法》在国家基本法的层面上对未成年人刑事诉讼作了原则性规定。该法第 10 条规定，对于不满十八岁的未成年人犯罪的案件，在讯问和审判时，可以通知其法定代理人到场；第 27 条规定，未成年人没有委托辩护人的，人民法院应当为他指定辩护人；第 111 条规定，十四岁以上不满十六岁未成年人犯罪的案件，一律不公开审理；十六岁以上不满十八岁未成年人犯罪的案件，一般也不公开审理。这些规定体现了国家立法对未成年人这一特殊群体的特殊保护。但是，由于受到当时特定的政治、社会等条件的限制，1979 年《刑事诉讼法》对未成年人刑事诉讼的规定较为原则，使其实际效果在一定程度上打了折扣。

1985 年 10 月，中共中央发布了《关于进一步加强青少年教育，预防青少年违法犯罪的通知》，要求全社会重视解决青少年犯罪问题，采取适合青少年特点的各种办法，通过多种渠道、多种形式加强思想教育工作，并建议立法机关根据宪法精神，加紧制定保护青少年的有关法律，用法律手段保护青少年的合法权益不受非法侵犯。在此背景下，上海市率先迈出制定未成年人保护地方性立法的第一步。1986 年上海市人大法制委员会委托共青团上海市委牵头，组织 16 个单位共同起草了《上海市青少年保护条例》，历时

① 参见姚建龙：《远离辉煌的繁荣：青少年犯罪研究 30 年》，载《青年研究》2009 年第 1 期。

一年四个月，几易其稿，于1987年6月20日提交上海市人大常委会审议通过，同年10月1日起正式施行。至此，我国第一部关于青少年保护的地方性法规诞生。此后，全国许多省市也陆续出台地方性的青少年保护法规。[①]

在吸收地方立法经验、总结实践教训的基础上，经过长达两年多时间的起草和修改，1991年9月4日第七届全国人大常委会第21次会议审议通过《未成年人保护法》，于1992年1月1日起正式施行[②]，成为我国第一部关于未成年人保护的全国性单行法律，使对未成年人各方面权利的综合保护更加全面、具体和专业化。该法从未成年人的家庭保护、学校保护、社会保护、司法保护等角度，全面系统地规定了对未成年人的权利保护问题。1996年3月全国人大对《刑事诉讼法》进行了第一次修正，其中对未成年人刑事诉讼的规定修改不大，除了确认1979年《刑事诉讼法》中关于未成年人保护的规定外，增加规定了“对未成年犯应当在未成年犯管教所执行刑罚”，强调对未成年人的分别关押、分别管理和分别教育。1999年6月28日通过、同年11月1日施行的《预防未成年人犯罪法》，就预防未成年人犯罪的教育、未成年人不良行为的预防、未成年人严重不良行为的矫治、未成年人对犯罪的自我防范、未成年人重新犯罪的预防等作了详细规定。但是，由于我国长期对未成年人司法保护的疏忽，《预防未成年人犯罪法》在保障未成年人刑事司法权益方面的实际效果并不明显。

为了在司法实践中落实《刑事诉讼法》、《未成年人保护法》等法律关于未成年人保护的相关规定，最高人民法院、最高人民检察院、公安部分别以司法解释或部门规定的形式，或者联合中央有关部门作出指导性意见，对未成年人刑事司法制定具体的操作指

---

① 刘金霞：《未成年人法律制度研究》，群众出版社2007年版，第101~102页。

② 2006年12月29日第十届全国人民代表大会常务委员会第二十五次会议通过了修订的《未成年人保护法》，修订后的《未成年人保护法》于2007年6月1日施行。

南。例如，1991 年 4 月 16 日最高人民法院、国家教育委员会、共青团中央委员会、中华全国总工会、中华全国妇女联合会共同发布《关于审理少年刑事案件聘请特邀陪审员的联合通知》，对人民法院审理未成年人刑事案件时聘请特邀陪审员的若干问题作出了规定。1991 年 6 月 1 日最高人民法院、最高人民检察院、公安部、司法部联合发布《关于办理少年刑事案件建立相互配套工作体系的通知》，要求人民法院、人民检察院、公安机关、司法行政机关加强互相之间的联系，并逐步建立办理少年刑事案件的相应机构，使各个环节相互衔接起来，以加强对少年犯罪的治理和防范工作。1992 年 9 月 22 日最高人民检察院发布《关于认真开展未成年人犯罪案件检察工作的通知》，强调对未成年犯罪嫌疑人、被告人坚持“教育、感化、挽救”的方针和“教育为主、惩罚为辅”的原则，逐步建立办理未成年人犯罪案件的专门机构，完善有中国特色的办理未成年人犯罪案件的检察制度，切实保障未成年人的合法权利。1995 年 5 月 2 日最高人民法院发布《关于办理未成年人犯罪案件适用法律的若干问题的解释》，对人民法院在办理未成年人刑事案件时经常遇到的一些问题尤其是实体性问题作出了解释。1995 年 10 月 23 日公安部颁布《办理未成年人违法犯罪案件规定》，对公安机关办理未成年人违法犯罪案件时应当注意的一些程序性问题作出明确规定……这些规定，对于公安司法机关正确办理未成年人刑事案件，落实对未成年人的“教育、感化、挽救”方针和“教育为主、惩罚为辅”原则，保障未成年人的合法权益发挥了重要作用。

3. 进入 21 世纪后的稳步推进时期

进入 21 世纪后，我国未成年人刑事立法和司法呈现出一种稳步推进、不断发展的局面，逐步形成了以宪法为统领，以刑事诉讼法、未成年人保护法和预防未成年人犯罪法等法律为基本框架，以行政法规、部门规章、司法解释和其他规范性文件为制度内容，并借鉴联合国司法准则、其他国家与地区的先进经验，较为健全的未成年人刑事司法规范体系。

2001 年 4 月 4 日，最高人民法院发布《关于审理未成年人刑事案件的若干规定》，在总结我国多年立法和司法实践经验的基础上，对审理未成年人刑事案件应当遵循的基本原则、审判组织、少年法庭的受案范围、开庭前的准备工作、审判和执行等都作了比较细致的规定。

2002 年 4 月 22 日，最高人民检察院发布《人民检察院办理未成年人刑事案件的规定》，明确规定办理未成年人刑事案件实行"教育、感化、挽救"的方针，坚持"教育为主、惩罚为辅"的原则；并对未成年人刑事案件的审查批捕、审查起诉与出庭支持公诉、法律监督以及申诉检察工作等作了规定，成为检察机关办理未成年人刑事案件时遵守适用的重要依据。

2006 年 1 月 11 日，最高人民法院发布《关于审理未成年人刑事案件具体应用法律若干问题的解释》，对人民法院办理未成年人刑事案件时经常遇到的一些实体和程序问题作出全面规定，同时废止最高人民法院 1995 年 5 月 2 日发布的《关于办理未成年人犯罪案件适用法律的若干问题的解释》。

在构建社会主义和谐社会的背景下，宽严相济刑事政策的提出为办理未成年人刑事案件提供了全新的政策依据，对于最大限度地预防和减少犯罪、化解社会矛盾、维护社会和谐稳定，具有重要意义。2007 年 1 月 15 日，最高人民检察院发布《关于在检察工作中贯彻宽严相济刑事司法政策的若干意见》，对检察机关贯彻宽严相济刑事政策的指导思想和原则、建立健全检察工作机制和办案方式等作出详细规定。同时，为了贯彻落实宽严相济刑事政策，切实发挥检察机关在保障未成年人合法权益中的重要作用，最高人民检察院于 2006 年 12 月 28 日发布修订后的《人民检察院办理未成年人刑事案件的规定》，废止了最高人民检察院 2002 年 4 月 22 日发布的《人民检察院办理未成年人刑事案件的规定》。2010 年 2 月最高人民法院发布了《关于贯彻宽严相济刑事政策的若干意见》，对各级法院在刑事诉讼中进一步贯彻落实宽严相济刑事政策作出规定。根据宽严相济刑事政策的要求，对于未成年人犯罪，应当更加体现“宽”的一面。综合考虑未成年人实施犯罪的动机和目的、犯罪性质、情节和社会危害程度，以及是否属于初犯，归案后是否悔罪，个人成长经历和一贯表现等因素，坚持“教育、感化、挽救”的方针和“教育为主、惩罚为辅”的原则，进行宽缓化的处理。

为进一步贯彻落实《刑事诉讼法》、《未成年人保护法》、《预防未成年人犯罪法》和宽严相济刑事政策的要求，贯彻落实对涉嫌犯罪未成年人的“教育、感化、挽救”方针及“教育为主，惩罚为辅”原则，健全和完善我国社会主义未成年人刑事司法制度，2010 年 10 月中央综治委预防青少年违法犯罪工作领导小组、最高人民法院、最高人民检察院、公安部、司法部、共青团中央联合发布《关于进一步建立和完善办理未成年人刑事案件配套工作体系的若干意见》，充分吸收联合国《儿童权利公约》及其他国际刑事司法准则的有关规定，明确提出各级公安机关、人民检察院、人民法院、司法行政机关要进一步建立、巩固和完善办理未成年人刑事案件的专门机构和专门队伍；在办理未成年人刑事案件的各个阶段积极采取有效措施，尊重和维护涉案未成年人的合法权益；注意工作各环节的衔接和配合，进一步建立、健全配套工作制度；建立健全办理未成年人刑事案件配套工作的协调和监督机制。

在建立和完善我国保护未成年人权益的法律制度、司法体系的同时，我国也努力把法律、政策与贯彻保护未成年人的国际公约结合统一起来。联合国《儿童权利公约》、联合国《少年司法最低限度标准规则》（即《北京规则》）、《预防少年犯罪准则》（即《利雅得准则》）、《保护被剥夺自由少年规则》等国际性文件所确立的关于未成年人刑事司法的基本原则、标准和规范，在我国法律中都通过相应的条款予以体现和贯彻，成为未成年人案件刑事诉讼程序的法律依据。①

除了未成年人刑事司法的法律规范体系不断趋于健全和完善外，在司法实践中，基于对未成年犯罪嫌疑人、被告人权利保护不足的现实反思，一些地方积极探索改善未成年人刑事司法处遇及权利保护的体制和工作机制改革创新，取得了良好的法律效果和社会效果。例如，合适成年人参与未成年人刑事诉讼程序，律师参与未成年人案件审查批捕程序，外来涉罪未成年人适用非羁押措施，附条件不起诉，涉罪未成年人的矫治机制和未成年人刑事记录封存等。各地办案机关在司法实践中针对未成年人刑事司法开展的有益探索，进一步拓展了刑事诉讼程序中保护未成年人合法权益的途径和方式，对于改革和完善我国未成年人刑事司法制度积累了丰富经验，提供了可操作性的实践样本。

4. 2012 年《刑事诉讼法》修正之后的快速发展时期

我国现行《刑事诉讼法》是在 1979 年 7 月 1 日经第五届全国人民代表大会第二次会议通过后施行，根据 1996 年 3 月 17 日第八届全国人民代表大会第四次会议《关于修改〈中华人民共和国刑事诉讼法〉的决定》进行了第一次修正，2012 年 3 月 14 日经第十一届全国人民代表大会第五次会议审议通过《关于修改〈中华人民共和国刑事诉讼法〉的决定》进行第二次修正，第二次修正后的《刑事诉讼法》自 2013 年 1 月 1 日起正式施行。

与 1996 年对《刑事诉讼法》的第一次修改相比，2012 年对《刑事诉讼法》的修改在刑事诉讼价值取向上保持一致，即在强调正当程序和保障人权的同时更加注重对实现保障人权与控制犯罪的平衡，尤其强调对犯罪嫌疑人、被告人的诉讼权利及合法权益的保障。在很多具体制度、程序和规则的设计上是对 1996 年刑事诉讼法修改的延续，例如进一步强化辩护作用在整个刑事诉讼过程中的

① 陈光中主编：《刑事诉讼法》，北京大学出版社、高等教育出版社 2012 年版，第 402 页。

发挥，拓展律师辩护职能发挥的空间，继续完善证据制度，详细规定不得强迫任何人证实自己有罪和非法证据排除规则，强调庭审实质性，加强控辩双方在法庭上的有效对抗与质证等。同时，针对上一次修改中存在的问题进行了纠正，并对近些年来司法实践中遇到的需要迫切解决的问题给出了相应的对策，例如监视居住定位的调整、适用范围、条件与具体方式的修改，公诉案件案卷移送方式的修改，证人保护与强制证人出庭作证，扩大简易程序的适用范围，审理期限的延长和确立四种特别程序等。此外，本次修改还吸收了1996年修改后出台的相关司法解释中较为成熟的内容，也对各地司法实践中取得良好社会效果和法律效果的创新机制予以吸纳，例如，对未成年人的社会调查、附条件不起诉，当事人和解的公诉案件诉讼程序等。①

具体到未成年人刑事诉讼方面，2012年《刑事诉讼法》在第五编“特别程序”中增设专章规定“未成年人刑事案件诉讼程序”，并用十一个法条对未成年人刑事诉讼的特别程序进行较为具体的制度设计，在《未成年人保护法》、《预防未成年人犯罪法》有关规定的基础上，再次重申未成年人刑事司法应当坚持的基本方针与原则，明确了未成年人刑事司法的若干重要制度。主要包括：

第一，明确对犯罪的未成年人实行“教育、感化、挽救”的方针和“教育为主、惩罚为辅”的原则。（第266条第1款）

第二，人民法院、人民检察院和公安机关办理未成年人刑事案件，应当保障未成年人行使其诉讼权利，保障未成年人得到法律帮助，并由熟悉未成年人身心特点的审判人员、检察人员、侦查人员承办。（第266条第2款）

第三，未成年犯罪嫌疑人、被告人没有委托辩护人的，人民法院、人民检察院、公安机关应当通知法律援助机构指派律师为其提

① 宋英辉主编：《中华人民共和国刑事诉讼法精解》，中国政法大学出版社2012年版，编写说明第2页。

供辩护。（第 267 条）

第四，公安机关、人民检察院、人民法院根据情况可以对未成年犯罪嫌疑人、被告人的成长经历、犯罪原因、监护教育等情况进行调查。（第 268 条）

第五，对未成年犯罪嫌疑人、被告人严格限制适用逮捕措施，人民检察院审查批准逮捕和人民法院决定逮捕时，应当讯问未成年犯罪嫌疑人、被告人，听取辩护律师的意见。（第 269 条第 1 款）

第六，对被拘留、逮捕和执行刑罚的未成年人与成年人分别关押、分别管理、分别教育。（第 269 条第 2 款）

第七，讯问和审判未成年犯罪嫌疑人、被告人时，应当通知其法定代理人到场，无法通知、法定代理人不能到场或者法定代理人是共犯的，可以通知未成年犯罪嫌疑人、被告人的其他成年亲属，所在学校、单位、居住地基层组织或者未成年人保护组织的代表到场；到场的法定代理人可以代为行使未成年犯罪嫌疑人、被告人的诉讼权利。到场的法定代理人或者其他人员认为办案人员在讯问、审判中侵犯未成年人合法权益的，可以提出意见。讯问笔录、法庭笔录应当交给到场的法定代理人或者其他人员阅读或者向他宣读。（第 270 条第 1、2 款）

第八，讯问女性未成年犯罪嫌疑人，应当有女工作人员在场。（第 270 条第 3 款）

第九，对于未成年人涉嫌刑法分则第四章、第五章、第六章规定的犯罪，可能判处一年有期徒刑以下刑罚，符合起诉条件，但有悔罪表现的，人民检察院可以作出附条件不起诉的决定。（第 271 条第 1 款）

第十，审判时被告人不满十八周岁的，不公开审理。但是，经未成年被告人及其法定代理人同意，未成年被告人所在学校和未成年人保护组织可以派代表到场。（第 274 条）

第十一，审判未成年人刑事案件，未成年被告人最后陈述后，其法定代理人可以进行补充陈述。（第 270 条第 4 款）

第十二，犯罪的时候不满十八周岁，被判处五年有期徒刑以下刑罚的，应当对相关犯罪记录予以封存。犯罪记录被封存的，不得向任何单位和个人提供，但司法机关为办案需要或者有关单位根据国家规定进行查询的除外。依法进行查询的单位，应当对被封存的犯罪记录的情况予以保密。(第 275 条)

2012 年《刑事诉讼法》修正之后，最高人民法院、最高人民检察院和公安部也陆续对配套适用的有关司法解释或者部门规定进行了大规模的修订，并且有的机关还专门针对未成年人刑事诉讼程序制定了司法文件，关于未成年人刑事司法的规定得到进一步明确和细化。2012 年 10 月 29 日，最高人民检察院发布《关于进一步加强未成年人刑事检察工作的决定》，明确指出加强未成年人刑事检察工作的重要意义、总体思路和发展目标，要求“充分认识未成年人生理和心理的特殊性，着力贯彻‘教育、感化、挽救’方针、‘教育为主、惩罚为辅’原则和‘两扩大、两减少’政策，着力加强未成年人刑事检察工作专业化、制度化建设，着力促进政法机关办理未成年人刑事案件配套工作体系和未成年人犯罪社会化帮教预防体系建设，着力加强对未成年人刑事检察工作的领导，依法保护未成年人合法权益，最大限度地教育挽救涉罪未成年人，最大限度地预防未成年人犯罪。”同时，最高人民检察院《加强未成年人刑事检察工作决定》还对每一方面的工作作出了细致全面的阐释。

2012 年 11 月 22 日，最高人民检察院发布了修订后的《人民检察院刑事诉讼规则（试行）》，自 2013 年 1 月 1 日施行，1999 年 1 月发布的《人民检察院刑事诉讼规则》予以废止。2012 年最高人民检察院《刑诉规则》在条文数量上从原来的 12 章共 468 条增加到 17 章共 708 条，除净增 240 条以外，还对许多条文进行了不同程度的修改。其中专门规定未成年人刑事案件诉讼程序的有 26 条，对检察机关在实践中贯彻落实《刑事诉讼法》关于未成年人刑事诉讼的内容作出了详细规定。包括由专门机构或办案人员办理未成年人刑事案件、进行社会调查、严格适用逮捕措施、讯问时法定代理人或其他合适成年人到场、附条件不起诉、犯罪记录封存等内容。

2012 年 12 月 20 日，最高人民法院发布了修订后的《关于适用〈中华人民共和国刑事诉讼法〉的解释》，自 2013 年 1 月 1 日起施行，1998 年 9 月发布的《关于执行〈中华人民共和国刑事诉讼法〉若干问题的解释》予以废止。2012 年最高人民法院《刑诉法解释》共 548 条，比 1998 年最高人民法院《刑诉法解释》的 367 条增加了 181 条，同时还对许多条文作出了不同程度的修改，内容更趋完善科学。其中专门规定未成年人刑事案件诉讼程序的有 37 条，对法院在实践中贯彻落实《刑事诉讼法》关于未成年人刑事诉讼的内容作出了详细规定，包括审理未成年人刑事案件的一般规定、开庭准备、审判和执行等内容。

2012 年 12 月 24 日，公安部发布了修订后的《公安机关办理刑事案件程序规定》，自 2013 年 1 月 1 日起正式施行，1998 年 5 月发布的《公安机关办理刑事案件程序规定》和 2007 年 10 月发布的《公安机关办理刑事案件程序规定》修正案予以废止。2012 年修订后的公安部《刑事程序规定》共 376 条，其中专门规定未成年人刑事案件诉讼程序的有 16 条，对公安机关在实践中贯彻落实《刑事诉讼法》关于未成年人刑事诉讼的内容作出了详细规定，包括由专门机构或办案人员办理未成年人刑事案件、制作社会调查报告、讯问时法定代理人或其他合适成年人到场、对检察机关附条件不起诉决定的复议复核、犯罪记录封存等内容。

2013 年 2 月 4 日，最高人民法院、最高人民检察院、公安部、司法部联合发布《关于刑事诉讼法律援助工作的规定》，自 2013 年 3 月 1 日起施行，2005 年 9 月 28 日最高人民法院、最高人民检察院、公安部、司法部发布的《关于刑事诉讼法律援助工作的规定》同时废止。2013 年最高人民法院等四部门《刑事诉讼法律援助规定》共 28 条，其中明确规定“对于犯罪嫌疑人、被告人是未成年人且没有委托辩护人的，公安机关、人民检察院、人民法院应当自发现该情形之日起3日内，通知所在地同级司法行政机关所属法律援助机构指派律师为其提供辩护，并且应当指派熟悉未成年人身心特点的律师担任辩护人。”

2013年10月23日，最高人民法院、最高人民检察院、公安部、司法部联合发布《关于依法惩治性侵害未成年人犯罪的意见》，对依法惩治性侵害未成年人犯罪中的实体和程序问题作了详细的规定，以更好地保护未成年人合法权益。

2013年12月19日，最高人民检察院第十二届检察委员会第十四次会议通过第二次修订的《人民检察院办理未成年人刑事案件的规定》，对检察机关办理未成年人刑事案件需要遵循的方针、政策和基本原则、审查逮捕需要把握的条件和情形、审查起诉与出庭支持公诉、附条件不起诉、未成年人刑事案件的法律监督和刑事申诉检察等内容作出明确规定。

2014年12月2日，最高人民检察院发布《关于进一步加强未成年人刑事检察工作的通知》，从“进一步加强对未成年人保护相关法律规定的学习，着力促进司法观念转变”；“进一步履行法定职责，严厉打击侵害未成年人的犯罪，保护救助未成年被害人”；“进一步完善未成年人刑事检察工作制度机制，着力推动专业化体系构建”；“进一步加强未成年人刑事检察专门机构建设，着力提升未成年人刑事检察队伍专业化水平”；“进一步推动社会化制度构建，着力建立多部门合作及司法借助社会力量的长效机制”；“进一步加强对未成年人刑事检察工作的组织领导、业务指导”等六个方面对加强未成年人刑事检察工作作了原则性的规定，以实现最大限度保护未成年人合法权益，最大限度教育挽救涉罪未成年人，最大限度预防未成年人犯罪。

2014年12月18日，最高人民法院、最高人民检察院、公安部、民政部联合发布《关于依法处理监护人侵害未成年人权益行为若干问题的意见》，对司法实践中法院、检察院、公安机关和民政部门在处理监护人侵害未成年人权益行为时应当遵守的原则、程序、措施和处理结果等内容作了规定。明确指出，处理监护侵害行为，应当遵循未成年人最大利益原则，充分考虑未成年人身心特点和人格尊严，给予未成年人特殊、优先保护。

2015 年 5 月 27 日，最高人民检察院颁布《检察机关加强未成年人司法保护八项措施》，针对“严厉惩处各类侵害未成年人的犯罪”；“努力保护救助未成年被害人”；“最大限度教育挽救涉罪未成年人”；“充分发挥法律监督职能优势”；“积极参与犯罪预防和普法宣传工作”；“建立检察机关内部保护未成年人联动机制”；“推动完善政法机关衔接配合以及与政府部门、未成年人保护组织等跨部门合作机制”；“推动建立未成年人司法借助社会专业力量的长效机制”等八个方面的问题作了规定，对于检察机关更加全面地维护各类未成年人群体的合法权益具有重要意义。

2015 年 12 月，最高人民检察院正式成立未成年人检察工作办公室。据相关媒体报道，成立未成年人检察工作办是检察机关全面贯彻落实中央和全国人大常委会关于未成年人保护各项政策方针的一项重大举措。这既是适应未成年人保护新形势的客观需要，也是全面推进检察机关未成年人司法保护工作的必然要求，有利于将原来分散在检察机关内部各个业务部门的未成年人检察工作和司法资源有效整合起来，实现未成年人司法保护工作的集约化和专业化，推动未成年人司法保护综合体系建设。其主要职责包括：负责全国未成年人检察工作的综合业务指导以及未成年人涉嫌犯罪案件、侵害未成年人人身权利犯罪案件审查逮捕、审查起诉、出庭公诉以及涉及未成年人的刑事、民事、行政诉讼监督活动的个案指导；调查研究与未成年人检察工作有关的法律、法规、政策执行情况；研究提出完善未成年人检察工作规范和机制的意见；研究提出检察机关依法履行检察职能、参与青少年维权活动和预防未成年人犯罪的有效模式和意见；承担与中央预防青少年违法犯罪专项组的联络工作；办理其他与未成年人检察工作相关的事项。[①] 截至 2016 年 3 月，全国共设立有编制的未成年人检察专门机构 1027 个，在公诉部门下设未成年人检察工作办公室、专业办案组 1400 多个，7000 多名检察人员奋斗在未检工作一线。[②] 未成年人检察专门机构的设置将带动少年警务改革和少年审判改革，促进公安机关和人民法院严格依照未成年人保护法、预防未成年人犯罪法、刑事诉讼法等法律的规定履行未成年人保护职责。[③]

此外，还有一些综合性的法律法规、司法解释或其他规范性文件也涉及未成年人刑事司法的内容，同样是未成年人刑事司法体系的重要组成部分。例如，2015 年 6 月 24 日，中共中央办公厅、国务院办公厅印发《关于完善法律援助制度的意见》，其中规定“认真组织办理困难群众就业、就学、就医、社会保障等领域涉及法律援助的案件，积极提供诉讼和非诉讼代理服务，重点做好农民工、下岗失业人员、妇女、未成年人、老年人、残疾人和军人军属等群体法律援助工作，切实维护其合法权益。”再如，针对农村留守儿童、困境儿童等特殊类型未成年人群体的权利保护与生活安置，国务院于 2016 年 2 月 4 日制定了《关于加强农村留守儿童关爱保护工作的意见》、2016 年 6 月 6 日制定了《关于加强困境儿童保障工作的意见》等专门文件。这些规范性文件对于地方政府解决特殊未成年人的现实困境和加强对未成年人群体的权利保护具有重要的指导意义。

2016 年 12 月 1 日，国务院法制办公室公布《中华人民共和国社区矫正法（征求意见稿）》及其说明全文，向社会征求意见，

① 徐日丹：《最高人民检察院成立未成年人检察工作办公室》，载《检察日报》2015 年 12 月 24 日，第 1 版。

② 薛应军：《全国检察机关未成年人检察工作 30 年座谈会在沪举行》，载《民主与法制时报》2016 年 6 月 6 日，第 1 版。

③ 孙静：《最高人民检察院设未成年人保护机构》，载《北京青年报》2015 年 12 月 24 日，第 A22 版。

截至2016年12月31日，为期一个月。《社区矫正法（征求意见稿）》第25条对未成年人的社区矫正作了原则性规定。根据第25条规定，对未成年社区矫正人员实行监督管理，执行下列规定：（一）矫正宣告不公开进行，其矫正档案不对外公开；（二）矫正小组应当有熟悉青少年成长特点的人员参加；（三）监督管理应当与成年社区矫正人员分开进行；（四）针对未成年社区矫正人员的年龄、心理特点和发育需要等特殊情况，采取有益于其发展的矫正措施。对此，有学者指出“应当在社区矫正法中设立未成年人社区矫正专章，把未成年人社区矫正确立为替代涉罪未成年人监禁矫正的保护性承接制度，在特殊保护与必要惩戒之间找到一个合适的平衡点。”①

纵览我国关于未成年人刑事司法的政策、法律规范和司法实践发展的基本状况可以发现，我国在总体上已经形成一套与成年人有别，以“教育、感化、挽救”方针和“教育为主、惩罚为辅”原则为总领指引，以实现对未成年人的教育矫治和促进重新回归社会为目标，侧重对未成年人的权利保护和司法转处，鼓励政府、社会组织和民间力量对未成年人刑事司法的有效参与，较为规范和健全的未成年人刑事司法体系。这一日趋成熟的未成年人刑事司法体系，在实现控制犯罪、维护国家利益和社会秩序的同时，为落实对未成年人的区别对待和刑罚个别化原则，加强对未成年人的教育挽救、帮助矫治，充分发挥刑事诉讼的程序分流功能，促进未成年人的非犯罪化和非刑罚化，有效保障未成年人的合法权益，促进未成年人重新回归社会，提供了有力的法律保障。

当然，在充分肯定我国未成年人刑事司法发展取得的突出成绩的同时，也要看到我国未成年人刑事司法仍然存在诸多不足，对未成年人的司法保护、家庭保护、社会保护和国家保护的综合保护格

① 蒲晓磊：《社区矫正法征求意见稿公开征求意见结束 业内人士指出：有必要设立未成年人社区矫正专章》，载《法制日报》2017年1月3日，第11版。

局尚未建立，尽管按照我国法律规定的公安机关、检察院、法院、民政、教育、关工委、妇联等多个部门从本部门工作职责的角度都负有保护和关爱未成年人的具体职责，但由于职责分散、职责交叉、沟通不畅、协调不力，导致对未成年人各方面保护无法落到实处，各部门都有保护未成年人的职责，但又难免出现相互扯皮、保护真空的现象。归根结底根本的问题就是，未成年人司法尚未与成年人司法实现彻底的脱离，尽管我国立法和政策对未成年人给予特殊关怀和保护，但未成年人司法仍然是作为成年人司法的附属部分，在成年人语境下来制定未成年人保护的立法和相关规定。因此，从长远发展来看，必须打破这种不区分未成年人和成年人的思维和话语上的藩篱，实现未成年人与成年人司法的分离，单独制定未成年人保护方面的法律、司法政策和各项规范性文件，以更好地保护未成年人，既包括实施犯罪行为的未成年犯罪嫌疑人、被告人，也包括遭受犯罪行为侵害的未成年被害人。

二、未成年人刑事司法的理论基础

制度存在的价值或意义在于其内在所具有的正当性证成。基础是制度得以产生和持续发展的合理根据，预设了制度运作的逻辑框架和实践机理。因此，在深入阐释某项制度之前应当对该制度所赖以存在和发展的理论基础加以剖析。正如英国先哲培根所言，“若期待在旧事物上加添和移植一些新事物的做法来在科学中取得什么巨大的进步，这是无聊的空想。我们若是不愿意老兜圈子而仅有极微小可鄙的进步，我们就必须从基础上重新开始。”① 对未成年人刑事司法的系统研究也要从理论基础开始。总体来说，未成年人刑事司法的理论基础可以从两个层面来进行理解：一是不区分成年人和未成年人而适用于所有刑事案件的一般性理论，例如人权保障、无罪推定、宽严相济、恢复性司法等。其中，宽严相济刑事政策与

① ［英］培根：《新工具》，许宝骙译，商务印书馆1984年版，第16页。

恢复性司法理论对促进我国未成年人刑事司法的科学化、规范化的影响尤为突出。二是未成年人刑事司法特有的理论基础，主要包括儿童福利理论和国家亲权理论。这些具有特殊性的诉讼理论构建起一套与成年人刑事司法相区别、专门适用于未成年人刑事案件的法律规范和诉讼原则、规则、制度体系。未成年人刑事司法的不断发展和完善，贯彻了未成年人刑事司法的基本理念和原则，彰显了我国立法、司法和刑事政策对未成年人群体的特殊关照，是我国人权保障事业发展进步的重要体现。

（一）儿童福利理论

儿童福利是社会福利在特殊群体中的具体化。儿童福利实际上是对儿童时期的生理、心理、社会环境提供满足需要、促进发展的社会政策、专业科学知识以及具体行为等的总称。它包含着理念、策略、社会政策、机构、行为等多方面的内容。[①] 作为一项专门针对未成年人的基础性理念，儿童福利是对一系列关涉未成年人生命、自由、发展和权利保护等多项内容的归纳和凝练，是一种提纲挈领式的“宣言”，同时也是对整个国家和社会提出的一项要求和期许，是在根本上达致儿童利益最大化的目标。其中包含着社会公正、平等、公平等社会意识，承认儿童的社会弱势地位，尊重儿童发展的能动性、主动性，尊重每一个儿童的独特性的进步儿童观，以及成人社会和政府的责任、策略等丰富的内涵。[②]

儿童福利理念是未成年人刑事司法制度得以健康、有序发展的根基，未成年人刑事司法必须致力于不断发展完善儿童福利，确保实现儿童利益最大化。这在联合国有关的国际性文件均有明示。联合国《儿童权利公约》第 3 条规定：“关于儿童的一切行为，不论是由公私社会福利机构、法院、行政当局或立法机构执行，均应以

---

① 参见陆士桢、常晶晶：《简论儿童福利和儿童福利政策》，载《中国青年政治学院学报》2003 年第 1 期。

② 陆士桢、常晶晶：《简论儿童福利和儿童福利政策》，载《中国青年政治学院学报》2003 年第 1 期。

儿童的最大利益为一种首要考虑。缔约国应承担确保儿童享有其幸福所必需的保护和照顾，考虑其父母、法定监护人，或任何对其负有法律责任的个人的权利和义务，并为此采取一切适当的立法和行政措施。”联合国《少年司法最低限度标准规则》（北京规则）第1条规定，“会员国应努力按照其总的利益来促进少年及其家庭的福利。”第5.1条进一步指出：“少年司法制度应强调少年的幸福，并应确保对少年犯作出的任何反应均应与罪犯和违法行为情况相称。”由此表明少年司法的两个重要目的：一是增进少年的福利，保护少年的地位、权益、发展和幸福；二是“相称原则”，要求对少年违法行为的严重性有公正的估量，限制对少年采取惩罚性处分。联合国《保护被剥夺自由少年规则》第1条即开宗明义地指出：“少年司法系统应维护少年的权利和安全，增进少年的身心福祉，监禁办法只应作为最后手段加以采用。”联合国《预防少年犯罪准则》（利雅得准则）第52条规定：“各国政府应颁布和实施一些特定的法律和程序，促进和保护所有青少年的权利和福祉。”

世界大多数国家和地区都是以儿童福利理论为基本指导思想来构建其未成年人刑事司法制度的，有的还在立法或其他规范性文件中作了明确规定。在英国，19世纪20年代，针对未成年人刑事犯罪的社会福利模式开始盛行，并体现在随后的一系列立法中。社会福利模式认为，犯了罪的未成年人与存在其他问题的未成年人没有本质差别，应当从社会预防、观护和社会福利的角度去对待他们，不应径直将他们送入充满强制力的司法程序，除非其他方法都不起作用。1969年英国《儿童与青少年法》是未成年人刑事司法采行福利模式的集中表现，该法旗帜鲜明地以社会福利模式来构建未成年人刑事司法制度，强调尽可能减少以司法方式来处理未成年人犯罪问题。该法主张进一步提高未成年人刑事责任的年龄到14岁（该条款未获通过），同时指出应当以监督、治疗和社会福利等方法来解决未成年人犯罪问题，而不是一味地对未成年人施以监禁刑。[①] 在美国，少年与家事法院法官理事会（National Council of Juvenile and Family Court Judges）在2005年出版的《未成年人违法犯罪指南》（Juvenile Delinquency Guidelines）中特别指出，“儿童福利体系对少年司法有着重要影响”。[②] 在新西兰，2010年11月修订的《2004年儿童抚养法》第3条指出，该法颁行之目的在于“通过确保相应监护权及关爱之落实，推动未成年人福利及儿童最佳利益、促进未成年人（身心）发展；确认未成年人某些权利”。我国台湾地区“儿童及少年福利法”第5条规定，“政府及公私立机构、团体处理儿童及少年相关事务时，应以儿童及少年之最佳利益为优先考虑；有关其保护及救助，并应优先处理。”[③]

我国未成年人刑事立法、政策和司法实践同样以儿童福利理念为基础，有关部门相继出台了一系列专门的法律法规和司法解释等规范性文件，诸多原则、规则和制度架构均以实现对未成年人的权利保护和利益最大化为最终目标。例如，《未成年人保护法》第3条第1款规定：“未成年人享有生存权、发展权、受保护权、参与权等权利，国家根据未成年人身心发展特点给予特殊、优先保护，保障未成年人的合法权益不受侵犯。”第5条规定：“保护未成年人的工作，应当遵循下列原则：（一）尊重未成年人的人格尊严；（二）适应未成年人身心发展的规律和特点；（三）教育与保护相结合。”2010年中央综治委预青组等六部门《未成年人刑事案件配套工作体系意见》规定，在办理未成年人刑事案件中，加强对涉案未成年人的保护，是维护人权、实现司法公正的客观要求，是保障刑事诉讼活动顺利进行的需要。各级公安机关、人民检察院、人

---

① 宋英辉等：《未成年人刑事司法改革研究》，北京大学出版社2013年版，第233~234页。

② Michael Nash and Shay Bilchik. Child Welfare and Juvenile Justice——Two Sides of the Same Coin, Juvenile and Family Justice Today. 2009,（22）: 1.

③ 张鸿巍：《少年司法通论》，人民出版社2011年版，第309页。

民法院、司法行政机关应当在办理未成年人刑事案件的各个阶段积极采取有效措施，尊重和维护涉案未成年人的合法权益。2012 年《刑事诉讼法》第 266 条规定："对犯罪的未成年人实行教育、感化、挽救的方针，坚持教育为主、惩罚为辅的原则。人民法院、人民检察院和公安机关办理未成年人刑事案件，应当保障未成年人行使其诉讼权利，保障未成年人得到法律帮助，并由熟悉未成年人身心特点的审判人员、检察人员、侦查人员承办。"2012 年最高人民检察院《加强未成年人刑事检察工作决定》第 4 条规定，检察机关要坚持把"教育、感化、挽救"方针贯穿于办案始终。要在依法的前提下，充分体现未成年人刑事检察工作的特殊性，认真贯彻"教育、感化、挽救"方针、"教育为主、惩罚为辅"原则和"两扩大、两减少"政策。要以是否有利于涉罪未成年人教育、感化、挽救为标准，慎重决定是否批捕、起诉、如何提量刑建议、是否开展诉讼监督。要坚持在审查逮捕、审查起诉和出庭公诉等各个环节对涉罪未成年人进行教育、感化、挽救，寓教于审，并注重用科学的方式、方法提高帮教效果。要加强与涉罪未成年人家长、有关部门和社会力量的配合，认真分析涉罪未成年人犯罪原因、身心特点和帮教条件，制定帮教方案，落实帮教措施，有针对性地开展帮助教育和心理矫正。此外，2012 年最高人民法院《刑诉法解释》、2012 年最高人民检察院《刑诉规则》和 2012 年公安部《刑事程序规定》等关于未成年人刑事案件诉讼程序的规定，都体现了儿童福利理念，致力于实现儿童利益的最大化。

（二）国家亲权理论

由罗马法发展而来的国家亲权理论，其主要含义为：父母只是一家之主。而国王则是一国之君。他是他的国家和全体国民的家长。因此，他有责任也有权力保护他的臣民，特别是必须保护那些没有能力照管自己及财产的儿童。英国吸收罗马法国家亲权学说，到 15 世纪前后，逐渐形成了"国家是少年儿童最高监护人，而不是惩办官吏”的衡平法法学理论。① 一般认为，国家亲权理论的核心含义在于当未成年人的父母或监护人不能保护未成年人的合法利益时，国家有义务、有责任代位保护其“未来财产”——未成年人，其精髓在于其以“保护”优于“刑罚”的立场来处理问题少年的犯罪与偏差问题。②

国家亲权理论强调的是国家对于未成年人保护的责任与权力，而这种保护责任和权力具有高于家长监护权的地位。这一理论在赋予国家对未成年人最终监护权人地位的同时，也要求国家积极行使这一权力，并在行使这一权力时加以保护未成年人权益为目的。国家亲权理论对刑法变革的最大影响在于促使传统刑法放弃了对犯罪少年报应刑观念，而树立起了教育、保护的观念。在国家亲权观念下，少年犯罪被认为与成人犯罪有质的差别，甚至连刑法和刑事司法的一些基本术语也避免适用于少年，以体现对于少年保护的思想。美国著名的少年法院运动代表人物朱利安·马克法官曾指出：“为什么我们不应像贤明和慈悲的父亲对待其错误尚未被当局发觉的子女那样对待没人管的儿童呢？这样处理少年犯又有什么不正确、不恰当呢？国家的责任不应该只限于查问这个男孩子或那个小姑娘是不是犯了哪种罪，而应该进一步查明他在身体、精神、道德方面是什么情况。如果发现他走向犯罪道路并被控告，则不应一味地予以惩罚，而应该实行改造；不是让他从此堕落下去，而是要他振奋起来；不是要把他摧垮，而是要他发展；不是要把他变成罪犯，而是要把他造就成为有益于社会的公民。”③ 对待犯罪的未成年人，首要的目的是教育而不是惩罚。国家在特定情形下有权代替家长对未成年被告人予以惩戒和治疗，但其代替“家长”的身份

① 康树华、郭翔主编：《青少年法学概论》，中国政法大学出版社 1987 年版，第 268~269 页。

② 张鸿巍：《少年司法通论》，人民出版社 2011 年版，第 305 页。

③ 姚建龙：《少年刑法与刑法变革》，中国人民公安大学出版社 2005 年版，第 30 页。

也要求其在具体的惩戒和管教过程中，体现家庭的和缓氛围和作为一名合格家长所应采取的行动与措施。①

普通法中的“国家亲权”理论和“刑事责任的限制年龄”原则为世界各国建立未成年人刑事司法制度提供了正当依据。对于未成年人的违法犯罪行为，国家有权对其进行治疗、矫正，促使其重获新生。因此，尽管对于未成年犯在法律上也应对其犯罪（犯罪意图必须被证明）负责，但是其最为根本的目的还是对其教育和使其康复。并且，对未成年人的处理不是建立在他的罪行或者罪行的严重程度之上，而是建立在未成年犯罪者和他或者她的需要上。对未成年犯罪人进行教育，而忽略一般的预防、威慑。这并不意味着对未成年犯罪人进行处理不需要遵循比例原则。对未成年犯罪人的处置必须在教育原则的指引之下与其自身的犯罪行为和犯罪人的基本情况相适应。②

英美法系国家大都将国家亲权理论作为其少年司法制度的理论根基。在中世纪时期，英国大法官法庭首先开始运用国家亲权理论作为干预未成年人的合理化根据。当时的大法官法庭主要关心的是财产权利的保护，但其管辖权已经涉及到儿童福利。具体来说，中世纪时期英国大法官法庭审理的案件主要包括监护人职责、财产的使用和控制、臣民与君主的关系等。大法官法庭奉行的一个重要理论是认为未成年人和其他无行为能力人都处于国王的保护之下，这样一种理论被称为国家亲权理论。③ 美国的少年司法制度是“国家亲权思想”的产物，这种思想认为当少年的父母没有适当地履行其义务的时候，国家理所当然地应该介入其中，代替不称职或者无

① 宋英辉、甄贞主编：《未成年人犯罪诉讼程序研究》，北京师范大学出版社2011年版，第29~30页。

② Hans-Jorg Albrecht, Youth Justice in Germany, 31 The University of Chicago Crime and Justice, (2004), P453.

③ 姚建龙：《国家亲权理论与少年司法——以美国少年司法为中心的研究》，载《法学杂志》2008年第3期。

计可施的父母，以未成年人监护人的身份行使亲权，这样国家也就拥有了与父母一样的权利来规制孩子的行为。[①] 而与美国的少年法院制度几乎同时，在北欧国家也产生了对少年违法犯罪行为进行处理的“福利委员会”模式。社会福利委员会在处理违法少年问题时，不是着眼于单纯的处理个别犯罪少年干了什么，而是将有关少年的各种问题，例如酗酒、旷课、离家出走、偷盗、精神障碍等等，摆在广泛的社会领域里，寻找造成的原因，然后加以解决，而对少年本身则完全采取一种保护的姿态。[②]

我国未成年人刑事司法制度也建基于国家亲权理论基础之上，即便是在强调家庭中父权至上，家长对未成年人负有当然的不可推卸的监护义务的古代社会，基于国家对未成年人给予特殊关照的“恤刑”思想，国家亲权理念仍可见端倪。在现代社会，我国更加注重国家亲权理念在未成年人刑事司法中的贯彻落实，有关法律法规、司法解释和其他规范性文件均有所规定，并通过一系列具体制度将其予以落实。例如，《未成年人保护法》第6条规定：“保护未成年人，是国家机关、武装力量、政党、社会团体、企业事业组织、城乡基层群众性自治组织、未成年人的监护人和其他成年公民的共同责任。”《预防未成年人犯罪法》第3条规定：“预防未成年人犯罪，在各级人民政府组织领导下，实行综合治理。政府有关部门、司法机关、人民团体、有关社会团体、学校、家庭、城市居民委员会、农村村民委员会等各方面共同参与，各负其责，做好预防未成年人犯罪工作，为未成年人身心健康发展创造良好的社会环境。”

在刑事诉讼制度上，未成年人刑事案件的法律援助辩护，讯问或审判未成年人时合适成年人在场等内容，都是国家亲权理论的具

① 莫然：《不断摆动的钟摆——论少年司法制度的理念及其发展》，载《科技创新导报》2008年第4期。

② 康树华、赵可：《国外青少年犯罪及其对策》，北京大学出版社1985年版，第174~175页。

体实现。根据1996年《刑事诉讼法》的规定，公诉案件自案件移送审查起诉之日起，犯罪嫌疑人有权委托辩护人。在法庭审判阶段，如果被告人是盲、聋、哑或者未成年人而没有委托辩护人的，人民法院应当指定承担法律援助义务的律师为其提供辩护，从而确定了对未成年犯罪嫌疑人、被告人的强制辩护制度。2001年最高人民法院《审理未成年人刑事案件规定》第15条对未成年人刑事案件的强制辩护作了进一步的规定。根据该条，人民法院应当依法保证未成年被告人获得辩护。开庭审理时不满十八周岁的未成年被告人没有委托辩护人的，人民法院应当指定承担法律援助义务的律师为其提供辩护。2010年中央综治委预青组等六部门《未成年人刑事案件配套工作体系意见》将辩护人参与未成年人刑事诉讼的时间提前到侦查阶段，规定“在第一次对未成年犯罪嫌疑人讯问时或自采取强制措施之日起，公安机关应当告知未成年人及其法定代理人有关诉讼权利和义务，在告知其有权委托辩护人的同时，应当告知其如果经济困难，可以向法律援助机构申请法律援助，并提供程序上的保障。”同时，在确认讯问和审判未成年犯罪嫌疑人、被告人时应当通知法定代理人到场的基础上，增加规定了“法定代理人无法或不宜到场的，可以经未成年犯罪嫌疑人、被告人同意或按其意愿通知其他关系密切的亲属朋友、社会工作者、教师、律师等合适成年人到场。”

随着我国经济社会快速发展，人口流动日益频繁，流动人口的未成年人犯罪和留守儿童犯罪成为我国未成年人刑事司法实践中面临的一大问题。对于流动人口的未成年人和留守儿童，在他们实施犯罪行为之后，往往通知不到他们的法定代理人，或者法定代理人相隔甚远、无法及时参与刑事诉讼，从而未成年人在刑事诉讼中无法得到法定代理人的必要帮助和抚慰，还有的未成年人案件在审前程序中没有律师的参与，从而未成年犯罪嫌疑人在面对讯问和审查逮捕等情形下得不到律师的法律帮助，难以有效实现辩护权。基于此，为了更好地保障未成年人在刑事诉讼中的诉讼权利及其他权益，突出对未成年人的区别对待和特殊关照，实践中许多地区积极探索未成年人刑事司法的改革创新，强化国家对未成年人的监护责任，取得了良好的效果，积累了丰富经验。例如，有的地区将律师参与刑事诉讼的范围延伸到审前程序，并为没有委托律师的未成年犯罪嫌疑人提供法律援助律师，维护未成年犯罪嫌疑人在审前程序中的权利；有的地区吸收社会力量以合适成年人的身份参与到讯问和其他诉讼活动中去，从而弥补法定代理人不到场的不足，更好地维护未成年人合法权益；有的地区规定合适成年人和法定代理人可以同时参与刑事诉讼。

在吸收已有立法、司法解释等规定和司法实践经验的基础上，2012年《刑事诉讼法》进一步强化了国家亲权理论在未成年人刑事司法中的要求。例如，明确了律师在侦查程序中的辩护人地位，并规定侦查机关负有告知犯罪嫌疑人有权委托律师担任辩护人的义务。[①] 据此，律师在侦查阶段即有权以辩护人的身份参与到刑事诉讼中来，从而更早、更充分地行使辩护权，切实有效地履行辩护职能，维护未成年人的诉讼权利及其他合法权益。在整个刑事诉讼过程中，对没有委托辩护人的未成年犯罪嫌疑人、被告人，人民法院、人民检察院、公安机关应当通知法律援助机构指派律师为其提供辩护。再如，讯问或审判未成年人时，无法通知或法定代理人不能到场或者法定代理人是共犯的，要通知未成年犯罪嫌疑人、被告人的其他成年亲属，所在学校、单位、居住地基层组织或者未成年人保护组织的代表到场。又如，对于未成年人涉嫌刑法分则第四章、第五章、第六章规定的犯罪，可能判处一年有期徒刑以下刑罚，符合起诉条件，但有悔罪表现的，人民检察院可以作出附条件不起诉的决定，并由检察机关负责对未成年人的考察帮教；犯罪的

① 第33条规定："犯罪嫌疑人自被侦查机关第一次讯问或者采取强制措施之日起，有权委托辩护人；在侦查期间，只能委托律师作为辩护人……侦查机关在第一次讯问犯罪嫌疑人或者对犯罪嫌疑人采取强制措施的时候，应当告知犯罪嫌疑人有权委托辩护人……"

时候不满十八周岁，被判处五年有期徒刑以下刑罚的，办案机关应当对相关犯罪记录予以封存等。

（三）恢复性司法理论

恢复性司法，也称为修复式司法、修复性正义、复合公义，是与报应性司法相对而言的一种理念。报应性司法主张国家对刑罚权的垄断，其刑事司法理念是以国家对犯罪人施加一定制裁为中心的；恢复性司法则主张将加害人、被害人看作是整个刑事诉讼程序的核心要素，注重基于犯罪行为而破损的社会关系的修复，强调对加害人和被害人之间矛盾的化解，鼓励双方当事人以及各方的亲戚、朋友和其他受到犯罪影响的个人或社会组织都参与到对刑事纠纷的处理中来，以一种对话和交谈的方式解决当事人之间的刑事纠纷。

现代意义上的恢复性司法理念诞生于20世纪70年代的中期。根据有的学者考证，最早的恢复性司法实践产生于1974年加拿大安大略省的基奇纳，被称为“被害人——加害人和解项目”（Victim Offender Reconciliation Program，简称“VORP”）。从20世纪70年代末到80年代初，一些基于恢复性司法理念和原则，仿效基奇纳模式的试验性项目在北美和欧洲国家出现。在80年代，恢复性司法的做法在规模和数量上都很有限，对司法制度也只有很小的影响。从80年代中期到90年代中期，不少国家逐渐承认了此种运动，将其作为对此有兴趣的被害人与加害人的可行选择。到了90年代后期，很多国家和地区将恢复性司法纳入到法律文本中予以规定。

恢复性司法既可以说是一种理念或原则，也可以被视作一种处理犯罪活动的方法、程序和结果。联合国《关于在刑事事项中采用恢复性司法方案的基本原则》在序言中指出，恢复性司法是对犯罪的一种不断发展变化的对策，它使受害者、罪犯和社区复原，从而尊重每个人的尊严与平等，重建理解并促进社会和谐；这种方法为受害者提供了获得补偿、增强安全感和寻求将事情了结的机会，使罪犯能够深刻认识其行为的原因和影响并切实承担责任，同时使社区能够理解犯罪的根本原因，促进社区福利并预防犯罪。这一联合国文件中提到的“恢复性司法方案”是指采用恢复性程序并寻求实现恢复性结果的任何方案。“恢复性程序”是指通常在调解人帮助下，受害者和罪犯及酌情包括受犯罪影响的任何其他个人或社区成员共同积极参与解决由犯罪造成的问题的程序，包括调解、调和、会商和共同确定责任。恢复性司法程序要求，采取一种纠纷解决的方法来处理犯罪所造成的后果。恢复性司法程序的主要目标是为了关注被害人的需要，通过帮助犯罪人重新回归社会以预防其进一步犯罪，促使犯罪人承担其因实施犯罪而应当承担的责任，避免进入正式的刑事司法程序。[①]“恢复性结果”是指由于恢复性程序而达成的协议。恢复性结果可能包括旨在满足当事方的个别和共同需要和履行其责任并实现受害者和罪犯重新融入社会的补偿、归还、社区服务等对策和方案。

在未成年人刑事案件中，绝大多数的未成年犯罪嫌疑人、被告人的主观恶性并不大，对自我行为缺乏足够的认识，实施行为之前通常不会考虑后果。如果一律依照严格的刑事诉讼程序并判处刑罚，容易造成对未成年人的身心伤害，不利于对未成年人的矫正效果和重新回归社会。对犯了罪的未成年人，以一种恢复性司法的理念，采用相对非正式的诉讼程序，强化诉讼过程中对未成年人的人文关怀，尽可能给予非刑罚化、非监禁化的处理，最大限度地实现对未成年人的教育和矫正，弱化未成年人的犯罪标签心理，帮助其重拾对生活的信心，顺利回归社会。

在未成年人刑事案件中贯彻落实恢复性司法理念，尽可能采取一种相对宽松的非正式的诉讼程序来解决未成年人犯罪问题，扩大对未成年犯罪人的司法分流，减少对未成年人适用严苛的监禁刑，

---

① Tony Francis Marshall：“Restorative Justice: An Overview”, London: Home Office, 1999, P9.

在有关的联合国文件中有所体现。联合国《儿童权利公约》第 40 条规定："应采用多种处理办法，诸如照管、指导和监督令、辅导、察看、寄养、教育和职业培训方案及不交由机构照管的其他办法，以确保处理儿童的方式符合其福祉并与其情况和违法行为相称。"联合国《少年司法最低限度标准规则》（北京规则）第 17.1 条规定："主管当局的处置应遵循下列原则：（a）采取的反应不仅应与犯罪的情况和严重性相称，而且应与少年的情况和需要，以及社会的需要相称；（b）只有在经过审慎考虑之后才可对少年的人身自由加以限制并应尽可能保持在最低限度；（c）除非判决少年犯有涉及对他人刑事暴力的严重行为，或屡犯其他严重罪行，并且不能对其采取其他合适的对策，否则不得剥夺其人身自由；（d）在考虑少年案件时，应把其福祉看作为主导因素。"2002 年 4 月联合国预防犯罪和刑事司法委员会第 11 届会议通过《关于在刑事事项中采用恢复性司法方案的基本原则》的决议中指出，鼓励各会员国在制定和实施恢复性司法方案时利用这一文件，吁请各会员国相互协助，促进就恢复性司法进行讨论和交流经验的活动。

从世界各国的立法和实践来看，普遍确认了恢复性司法理念在未成年人刑事案件中的适用。

在英国，1998 年《犯罪与扰乱治安法》首次表明政府对恢复性司法措施与被害人利益保护的兴趣。这一法案引入了"青少年犯罪小组"，即地方政府与警察、缓刑部门、医疗和教育部门协商后，必须建立代表上述部门的青少年犯罪小组，以协助青少年犯罪者复归社会、弥补犯罪损失，增进其责任感。如果评估结果表明未成年人需要帮助，青少年犯罪小组就会设计一套详细的恢复性计划。这些计划是多种多样的，青少年犯罪小组会根据目标进度而在不同的阶段选择不同的计划，从而在根本上消除促使未成年人犯罪的各项因素。例如，青少年担保计划（youth inclusion programmes）、年轻人积极行动计划（positive activities for young people）、指导计划（mentoring programmes）和父母计划（parenting programmes）等。1999

年英国《少年司法与刑事证据法》第一次明确在未成年人司法中采纳恢复性司法的原则。该法案规定了移送命令，即所有初次犯罪的少年犯罪者在少年法庭作出有罪答辩后，除非他们将被判处监禁或是会被撤销起诉，都将会被移送到少年犯罪者委员会。委员会由来自社区的非专业成员和一名当地青少年犯罪小组的成员组成。少年犯罪者委员会为未成年犯罪人、他的家庭成员和被害人提供一个交流沟通的平台。然后，委员会会设计一个未成年犯罪人必须遵守的"行为计划"（programme of behaviour）。行为计划的主要目的也是为了预防未成年人犯罪或再犯。内容可以包括：给被害人的经济或其他赔偿；与被害人和解；为社区提供无偿劳动或服务；上学或就业；参加特定活动，如酒精或毒品治疗、咨询、解决犯罪行为的课程；教育或培训等。2000 年英国《刑事法院（量刑）权力法》规定，转处令应当成为少年法院或治安法院在审理未成年刑事案件时，对全部初次犯罪的未成年人的标准处理，除非他们的犯罪严重到必须予以关押，或者法院作出无条件释放或强制医疗的命令。① 在英格兰和威尔士，对于成年人适用恢复性司法，并没有成文法上的规定。但在司法实践中，很多刑事司法程序中的监狱、警察以及其他非政府机构，都热心于恢复性司法的理念和实践。其中较为突出的是泰晤士谷的警察，于 1997 年创设了恢复性警告（restorative cautioning）和会谈（conferencing），到 1998 年，推广适用于成年人。警察会使用拟定好的问题，旨在发现事件的后果以及情感。如果在适用恢复性警告时，被害人被请到警察局，恢复性警告就转变为恢复性协商会谈。②

在新西兰，恢复性司法在未成年人和成年人司法体系都有体现。新西兰在 1989 年通过了《儿童、未成年人及其家庭法令》

① Raymond Arthur："Young Offenders and The Law：How The Law Responds to Youth Offending"，Routledge publishing，2010，P91-93.

② Shari Tickell & Kate Akester："Restorative Justice：The Way Ahead"，Fretwells Ltd，2004，p89.

(Children, Young Persons and Their Families Act),以解决长期以来公众对青少年犯罪者,尤其是对毛利人司法处遇的不满。该法令确立了新西兰青少年司法中的一些新原则,并规定了有关保护未成年人的新程序。该法令旨在融合传统的毛利人的纠纷解决方式,在解决纠纷过程中,加害人、被害人及他们的亲友、支持者直接介入,重在治愈因犯罪造成的损害。这些实践的运行机制,便是"家庭群体协商会谈"(FGC)。[①] 新西兰为少年加害人首创的FGC,被认为是恢复性司法中具有开拓性的模式。1994年,根据一些调查报告中所反映的批评,新西兰对《儿童、未成年人及其家庭法令》进行了修正。修正案强调被害人的参与和会议的时间或地点与被害人进行协商。被害人现在有权与其支持者一起参与家庭群体协商会谈,虽然这些支持者在处理决定形成中没有说话的权利。[②]

在澳大利亚,恢复性司法项目主要建立在新西兰的协商会谈模式的基础上。他们通常被认为是更适合青少年的模式。澳大利亚对未成年人的分流程序可追溯到19世纪末期的"救救孩子"的社会思潮。20世纪80年代后期,出现了对少年分流程序的不满和批判。这些不满包括青少年司法应当从简单的惩罚转向使其为行为负责,同时将家庭纳入到对孩子的决定过程与满足被害人的需要和权利中。90年代末期的新西兰的协商会谈模式对澳大利亚有较大地影响。澳大利亚没有效仿新西兰的"被害人——加害人和解",或者是"圆形会谈"模式,但接受了"协商会谈"的模式。[③]

在德国,少年刑事法、刑法典、刑事诉讼法典从不同角度明确规定了刑事和解的具体内容。1990年少年刑事法明确规定了刑事

---

① Heather Strang:"Restorative Justice Programs in Australia", available at http://www.criminologyresearchcouncil.gov.au/reports/strang/report.pdf,访问时间:2016年7月13日。

② 参见宋英辉:《刑事诉讼原理导读》,中国检察出版社2008年版,第365~371页。

③ Heather Strang:"Restorative Justice Programs in Australia", available at http://www.criminologyresearchcouncil.gov.au/reports/strang/report.pdf,访问时间:2016年7月13日。

和解是一种刑事转处措施，自1994年以来，如果被告人已赔偿了被害人损失或者在审判之前至少真诚地努力去这样做，法庭就有权据此减轻刑罚、判处缓刑或对一年以下的自由刑及罚金免予刑罚。《少年法院法》第45条规定，如果未成年人案件符合刑事诉讼法第153条规定，即未成年人责任轻微，追究此犯罪的公共利益不明显，则经过法院同意检察院可以不予追究；如果刑法对未成年人的犯罪没有规定最低刑罚标准，且该未成年人的犯罪后果显著轻微，则无需法院同意即可不予追究；另外如果未成年人已经执行了教育处分，如实现了与被害人的和解，检察官认为无科处刑罚必要的，也可以免于追诉。修改后的1998年少年刑事法补充规定："少年犯与被害人的和解是法官可以科处的教育处分措施；如果已执行教育处分，检察官认为无科处少年刑罚之必要的可免于追诉，法官则可终止诉讼程序。"①

在我国，公安司法机关也越来越重视以恢复性司法的理念和方法来处理未成年人刑事案件。作为对未成年人刑事案件的一种处理，未成年人案件的刑事和解已成为各地司法实践中积极尝试的一项改革。例如，无锡市针对少年犯引入刑事和解制度，给未成年人改过自新的机会；上海市试点未成年人案件刑事和解，帮助失足少年重新回归社会。此外，北京、上海、浙江、湖南、四川等省市也相继颁布规范性文件，用于指导司法机关进行未成年人案件刑事和解的实践。实践表明，适用刑事和解来处理未成年人犯罪的案件，办案机关通过对未成年犯罪人进行耐心、细致的说服教育，促使其悔过自新、吸取教训、重新做人，同时与家长、学校一起对青少年犯罪者进行悉心的劝诫、教导和监护。此外，还可以通过事后进一步的回访考察及跟踪帮教，进一步检查和落实社会帮教措施，帮助其顺利重新回归社会、投入到正常的学习工作生活中去。因此，以

---

① 宋英辉、甄贞主编：《未成年人犯罪诉讼程序研究》，北京师范大学出版社2011年版，第257~258页。

刑事和解的方式来处理未成年人犯罪案件，通过家长、学校、社会各界的共同参与，建立社会各部门介入的预防犯罪新体系，可以实现司法资源与社会资源的有效结合，使对未成年犯罪人的教育矫正取得较好的效果。

2012年《刑事诉讼法》在吸收实践经验的基础上，增加了“当事人和解的公诉案件诉讼程序”，明确了当事人和解诉讼程序的适用范围、主要程序和和解后的处理。根据2012年《刑事诉讼法》的规定，对于因民间纠纷引起，涉嫌刑法分则第四章、第五章规定的犯罪案件，可能判处三年有期徒刑以下刑罚的；或者除渎职犯罪以外的可能判处七年有期徒刑以下刑罚的过失犯罪案件，犯罪嫌疑人、被告人真诚悔罪，通过向被害人赔偿损失、赔礼道歉等方式获得被害人谅解，被害人自愿和解的，双方当事人可以和解。但是，犯罪嫌疑人、被告人在五年以内曾经故意犯罪的，不适用当事人和解程序。对于达成和解协议的案件，公安机关可以向人民检察院提出从宽处理的建议。人民检察院可以向人民法院提出从宽处罚的建议；对于犯罪情节轻微，不需要判处刑罚的，可以作出不起诉的决定。人民法院可以依法对被告人从宽处罚。2012年最高人民检察院《加强未成年人刑事检察工作决定》第6条规定，检察机关在办理未成年人刑事案件中，要加强对被告人认罪服法教育，促其认罪悔罪，主动向被害人赔礼道歉、赔偿损失。要加强与被害人的联系，听取其意见，做好释法说理工作，并注重对未成年被害人的同等保护，充分维护其合法权益。对于符合刑事和解条件的，要发挥检调对接平台作用，积极促进双方当事人达成和解，及时化解矛盾，修复社会关系。第18条规定，检察机关要建立健全刑事和解制度。对于符合法定条件的涉及未成年人的犯罪案件，应当及时告知当事人双方有刑事和解的权利和可能引起的法律后果，引导双方达成刑事和解，并对和解协议的自愿性、合法性进行审查，主持制作和解协议书。对于达成刑事和解的未成年犯罪嫌疑人，一般不予批准逮捕和起诉。必须起诉的，可以建议法院从宽处罚。据此，在未成年人刑事诉讼中落实恢复性司法理念，扩大以当事人和解的方式处理未成年人刑事案件有了明确的法律依据。

（四）社会参与理论

犯罪在根本上是一种复杂的社会现象，作为应对机制的刑事司法也不是封闭式的自我运作，而应与其他社会机制相互协作、互为补充。近些年来，随着刑事诉讼中人权保障理念和国民参与社会管理意识的不断增强，社会参与原则逐渐为世界各国所认识，并上升为现代刑事司法的一项基本原则，发挥着越来越重要的作用。

未成年人刑事诉讼中的社会参与与一般意义上的社会参与有所区别。在一般意义上，社会参与是指由国家司法权以外的社会力量介入诉讼，使司法活动能够体现社会关于秩序、自由、公正等的价值标准，避免国家司法权专断。其实质是让人民参与司法，因为司法权属于人民。贯彻社会参与原则可以确保社会民众能够参与到司法活动中，使司法活动不只是司法机关及专门的法律职业者的行为，人民也是积极参与诉讼活动的主体，整个诉讼过程便成为一个在民众的参与下进行的民主的程序。[①] 而在未成年人刑事诉讼中，社会参与不仅包括一般意义上的人民参与司法，同时还强调普通民众和社会组织在刑事诉讼各个环节对司法活动的辅助与支持，主要是协助未成年人行使诉讼权利和对未成年人进行教育帮助等，目的在于更好地维护未成年人的合法权益，促使其顺利回归社会。

基于未成年人刑事案件的特殊性，在未成年人刑事诉讼中强调社会民众的参与，积极意义尤为明显。

第一，有助于更好地维护未成年人诉讼权利及其他合法权益。这是刑事诉讼中区别对待未成年人与成年人的应有之义。未成年人身心尚未成熟，知识体系并不健全，缺乏相应的法律及其他必要知识，社会认知能力存在一定缺陷，理性对待和处理问题的经验匮乏。在面临刑事追诉时，由于受到传统刑事诉讼固有的封闭性的影

① 宋英辉：《刑事诉讼原理导读》，中国检察出版社 2008 年版，第 128 页。

响，未成年人在防御与保护自身权益方面往往能力不足，难以充分有效地行使诉讼权利和维护其合法权益。吸收社会力量参与，为身处刑事诉讼中的未成年人提供一定的法律帮助、心理辅导和知识教育，有利于缓解他们的紧张、恐惧心理，可以更好地维护其合法权益。

第二，有助于保持未成年人与社会外界的正常联系，减少刑事诉讼程序对未成年人产生的消极影响。未成年人对事物的判断能力和社会认知能力不高，对社会的依赖性较强。因此，未成年人的成长过程必不可少地需要来自家庭、学校和社会各方面的持续关心与教育，尽量避免阻断他与社会外界的联系。传统刑事诉讼倾向于惩罚犯罪和对犯罪人定罪判刑，忽视了未成年人群体的特殊性及社会化问题。由于实施了一定的违法犯罪行为，未成年人脱离其所熟悉的社会环境，完全被纳入一种国家权力运作居于主导地位的，只有司法人员和专门的法律职业者参与的相对封闭的司法系统中，将会对他们的身心健康造成非常不利的影响，甚至在未来工作、生活中留下难以磨灭的阴影。引入社会力量参与未成年人刑事诉讼程序，可以保持未成年人在一定范围内与社会外界的接触，防止由于刑事司法程序的封闭性而给未成年人造成的不利影响，保证其顺利回归社会。

第三，有助于未成年人重新回归社会，防止其再次犯罪。犯罪学上的社会控制理论认为，任何人都是潜在的犯罪人，个人与社会的联系可以阻止个人进行违反社会准则的越轨与犯罪行为，当这种联系薄弱时，个人就会无约束地随意进行犯罪行为。[①] 而未成年人刑事司法的社会参与，是加强未成年人与社会联系的一种有利途径。通过发挥家庭、学校、社区、社工、社会团体、爱心企业等社会力量的积极作用，对未成年犯罪嫌疑人、被告人进行关爱、帮

① ［美］特拉维斯·赫希：《少年犯罪原因探讨》，吴宗宪、程振强、吴艳兰译，中国国际广播出版社 1997 年版，第 3 页。

助、教育和监督，可以使未成年人仍然置身于开放性的社会环境中，有利于引导他们重新回归社会，预防未成年人再次犯罪。调查发现，通过吸收社会力量参与未成年人刑事诉讼，在作出处理之后一段时间内，大部分未成年人都恢复了正常生活，少有重新犯罪的现象发生。①

联合国有关文件中明确规定了社会参与未成年人刑事司法的内容。联合国《少年司法最低限度标准规则》（北京规则）第 1.3 条规定："应充分注意采取积极措施，这些措施涉及充分调动所有可能的资源，包括家庭、志愿人员及其他社区团体以及学校和其他社区机构，以便促进少年的幸福，减少根据法律进行干预的必要，并在他们触犯法律时对他们加以有效、公平及合乎人道的处理。"第 25.1 条规定："应发动志愿人员、自愿组织、当地机构以及其他社区资源在社区范围内并且尽可能在家庭内为改造少年犯作出有效的贡献。"第 28.2 条规定："有关当局应对从监禁机关假释的少年给予帮助和监督，社区应予充分的支持。"第 29.1 条规定："应努力提供帮助少年重获社会新生的半监禁式办法，如重返社会训练所、教养院、日间训练中心及其他这类适当的安排办法。"联合国《保护被剥夺自由少年规则》第 59 条规定："应提供一切手段确保所内少年与外界充分接触，这是他们有权享有的公正人道待遇的一个组成部分，对使青少年做好准备重返社会来说也极其重要。"联合国经济及社会理事会制定的《刑事司法系统中儿童问题行动指南》第 42 条规定："为防止进一步过分依靠刑事司法措施来解决儿童行为问题，应努力建立和实行旨在加强社会援助的方案，这将可以酌情使儿童接受教改而避开司法系统，以及更好地实行非拘禁措施和重返社会方案。为建立和实行这类方案，需要促进少年司法部

---

① 对昆明市盘龙区 49 名涉罪未成年人回访后发现，87.7%的涉罪未成年人重新上学或就业，其中 28 人继续学业；15 人就业或帮工。没有一个人重新犯罪，也没有其他违法、违纪行为（行政处罚、学校处分等）。

门、不同执法机构、社会福利和教育部门之间的密切合作。”

在我国，《刑事诉讼法》、有关的司法解释和规范性文件规定了未成年人刑事诉讼的社会参与原则。2012 年《刑事诉讼法》增设未成年人刑事案件的特殊诉讼程序，其中诸多条款贯彻了社会参与原则，例如对未成年人的成长经历、犯罪原因、监护教育等情况进行调查，讯问和审判未成年人时，法定代理人或者其他合适的成年人到场，附条件不起诉的社会帮教，对未成年人的社区矫正等。除此之外，最高人民法院、最高人民检察院的司法解释和公安部有关规定中均对未成年人刑事诉讼的社会参与作出了规定。

2012 年最高人民法院《刑诉法解释》第 460 条规定：“人民法院应当加强同政府有关部门以及共青团、妇联、工会、未成年人保护组织等团体的联系，推动未成年人刑事案件人民陪审、情况调查、安置帮教等工作的开展，充分保障未成年人的合法权益，积极参与社会管理综合治理。”

2001 年最高人民法院《审理未成年人刑事案件规定》第 5 条规定，人民法院要加强同政府有关部门、共青团、妇联、工会等人民团体以及未成年人保护组织等有关社会团体的联系，共同做好未成年罪犯的教育和挽救工作。第 8 条第 2 款规定，审判未成年人刑事案件的人民陪审员，一般由熟悉未成年人特点，热心于教育、挽救失足未成年人工作，并经过必要培训的共青团、妇联、工会、学校的干部、教师或者离退休人员、未成年人保护组织的工作人员等担任。

2010 年最高人民法院《关于进一步加强少年法庭工作的意见》第 22 条至第 25 条规定，各级法院应当在党委政法委的领导、协调下，加强与同级公安、检察、司法行政等部门的工作沟通，积极建立和完善“政法一条龙”工作机制，形成有效预防、矫治和减少未成年人违法犯罪的合力。各级法院应当加强与有关职能部门、社会组织和团体的协调合作，积极建立和完善“社会一条龙”工作机制，努力调动社会力量，推动未成年罪犯的安置、帮教措施的落实，确保未成年人民事和行政案件得到妥善处理，推动涉诉未成年人救助制度的建立和完善。各级法院应当加强未成年人保护的法制宣传教育工作，促进全社会树立尊重、保护、教育未成年人的良好风尚，教育和帮助未成年人维护自己的合法权益，增强自我保护的意识和能力。各级法院应当在党委政法委的领导、协调下，积极与有关部门协商，推动制定本地区关于未成年人社会调查、司法救助、复学安置等问题的规范性文件，切实解决相关问题。

2012 年最高人民检察院《加强未成年人刑事检察工作决定》第 25 条规定，检察机关要加强与综治、共青团、关工委、妇联、民政、社工管理、学校、社区、企业等方面的联系配合，整合社会力量，促进党委领导、政府支持、社会协同、公众参与的未成年人权益保护、犯罪预防帮教社会化、一体化体系建设，实现对涉罪未成年人教育、感化、挽救的无缝衔接。有条件的地方要积极建议、促进建立健全社工制度、观护帮教制度等机制，引入社会力量参与对被不批捕、不起诉的未成年人进行帮教。

2013 年最高人民检察院《办理未成年人刑事案件规定》第 6 条规定，人民检察院办理未成年人刑事案件，应当加强与公安机关、人民法院以及司法行政机关的联系，注意工作各环节的衔接和配合，共同做好对涉案未成年人的教育、感化、挽救工作。人民检察院应当加强同政府有关部门、共青团、妇联、工会等人民团体，学校、基层组织以及未成年人保护组织的联系和配合，加强对违法犯罪的未成年人的教育和挽救，共同做好未成年人犯罪预防工作。

2013 年最高人民法院、最高人民检察院、公安部、司法部《关于依法惩治性侵害未成年人犯罪的意见》第 6 条规定，性侵害未成年人犯罪案件，应当由熟悉未成年人身心特点的审判人员、检察人员、侦查人员办理，未成年被害人系女性的，应当有女性工作人员参与。人民法院、人民检察院、公安机关设有办理未成年人刑事案件专门工作机构或者专门工作小组的，可以优先由专门工作机构或者专门工作小组办理性侵害未成年人犯罪案件。

此外，2014 年最高人民法院等四部门《关于依法处理监护人侵害未成年人权益行为若干问题的意见》第 3 条中规定，人民法院、人民检察院、公安机关设有办理未成年人案件专门工作机构的，应当优先由专门工作机构办理监护侵害案件。

2014 年最高人民检察院《加强未成年人刑事检察工作通知》第 5 条规定："进一步推动社会化制度构建，着力建立多部门合作及司法借助社会力量的长效机制。社会调查、合适成年人到场、附条件不起诉帮教考察等工作涉及面广、专业性强，需要加强与有关部门的配合协调。各级检察机关在与公安、法院、司法行政等部门衔接配合的同时，要进一步加强与共青团、妇联、民政、教育、卫生、社区等方面的联系，建立多部门合作及司法借助社会力量的长效机制，通过促进未成年人犯罪预防帮教社会化体系建设，实现对涉罪未成年人教育、感化、挽救的无缝衔接，共同将社会调查、合适成年人到场、强制辩护、附条件不起诉、犯罪记录封存以及心理疏导、司法救助等保护未成年人合法权益的制度措施落到实处。"

2015 年最高人民检察院《加强未成年人司法保护八项措施》第七项规定，推动完善政法机关衔接配合以及与政府部门、未成年人保护组织等跨部门合作机制。进一步加强与公安机关、人民法院、司法行政机关的沟通协调，在工作评价标准、法律援助、社会调查、讯问（询问）未成年人同步录音录像、逮捕必要性证据收集与移送、合适成年人选聘、分案起诉、观护帮教、犯罪记录封存等需要配合的制度机制上相互衔接，形成保护未成年人合法权益的工作体系；积极与政府各部门、未成年人保护组织等加强联系，推动建立跨部门合作的长效机制，促进司法保护与家庭保护、学校保护、社会保护的紧密衔接，形成保护未成年人合法权益、救助困境儿童、挽救失足未成年人以及预防和减少未成年人犯罪的工作合力。第八项规定，推动建立未成年人司法借助社会专业力量的长效机制。大力支持青少年事务社会工作专业人才队伍建设工作，主动与青少年事务社会工作专业机构链接，以政府购买服务等方式，将社会调查、合适成年人参与未成年人刑事诉讼、心理疏导、观护帮教、附条件不起诉监督考察等工作，交由专业社会力量承担，提高未成年人权益保护和犯罪预防的专业水平，逐步建立司法借助社会专业力量的长效机制。

在司法实践中，一些地方积极探索社会力量参与未成年人司法的做法，通过吸收社会力量参与未成年人司法工作，既可以切实维护未成年人的合法权益，也有助于妥善处理未成年人案件。实践中的有益做法，很好的证明了社会力量对司法运作所起的辅助和支持作用。司法机制的运作并不是自我封闭的，而是在一个自由开放的社会系统中进行的，实际上司法仅是实施社会管理的一种手段而已。它既需要从社会这一“营养源”中吸取“养分”，不断走向成熟，也需要与其他社会机制保持密切联系，互相协作、共同发展，推进社会管理机制的体系化、科学化。其中，较为典型的做法就是未成年人的管护教育基地。① 调查发现，作为取保候审和监视居住的社会支持机制，管护教育基地可以为那些不能提供保证人又交不起保证金的未成年犯罪嫌疑人、被告人提供保证人和临时住所，从而扩大非羁押措施的适用。这符合 2012 年《刑事诉讼法》关于严格限制对未成年人适用逮捕措施的规定。除作为取保候审和监视居住的社会支持机制以外，管护基地还可以承担对被不起诉的未成年人进行帮教和对罪犯进行社区矫正的职能。对于被不起诉的未成年人，由管护机关开展有针对性的帮教、心理矫治和技能培训等。对于已经判处刑罚的罪犯，定位于矫正。包括心理矫正、行为矫正等

① 也有的叫“观护基地”、“关护基地”等，名称虽有不同，但并无本质区别。基本内容是以爱心企业、学校、敬老院等作为取保候审的社会支持机构，由其对为在本地不具备取保候审条件的涉罪外来未成年人提供食宿、工作、教育条件和保证人。在取保候审期间，基地对管护对象进行监督管理。包括安排学校学习、提供力所能及的工作机会、进行技能培训、心理辅导，帮助他们确立积极的生活理想和人生目标。基地对管护对象在基地期间的表现出具情况证明，提供给办案机关。人民检察院决定不起诉、人民法院确定刑期或者刑罚执行方式时，将该情况证明作为考量因素。

等，让其认识到自身行为的社会危害性，预防再犯。管护基地可以聘请心理咨询专家或者与心理咨询机构合作，依靠心理专家对未成年罪犯进行心理辅导。管护基地也可以与社区矫正机制相衔接，共享教育资源，强化判刑后的帮教措施。技能培训也可以作为一种预防重新犯罪的矫正措施来实施。

2012 年《刑事诉讼法》增加规定了对未成年人的附条件不起诉制度，并且规定由人民检察院对被附条件不起诉的未成年犯罪嫌疑人进行监督考察，未成年犯罪嫌疑人的监护人应当对未成年犯罪嫌疑人加强管教，配合人民检察院做好监督考察工作。在司法实践中，有些监护人难以实际承担监督考察工作，因而，对未成年人在考察期间的监督工作，应当引入社会力量。探索建立由社区、学校、社会团体等社会力量来协助和支持检察机关对被附条件不起诉的未成年人进行监督考察，既可以保证对被附条件不起诉的未成年人的监督考察效果，也有助于切实保护未成年人的合法权益。这与 2012 年最高人民检察院《加强未成年人刑事检察工作决定》第 25 条的规定相一致，也符合刑事诉讼中社会参与原则的要求。

社会参与是落实对未成年人的国家与社会责任，实现对未成年人的司法保护与社会保护一体化的有效路径。未成年人是祖国的未来，民族的希望。创造良好的刑事司法与社会环境，保证未成年人的健康成长，是国家、社会和家庭三位一体的共同责任。社会力量参与未成年人刑事司法，为保持涉嫌犯罪未成年人与外界社会的密切联系提供了一条可行途径，使他们始终置于开放的社会环境中，促成对未成年人司法保护与社会保护的无缝衔接。调查发现，在实施违法犯罪行为之后，如果能够得到及时有效的帮助、教育和矫治，未成年人通常能够以一种积极状态回归社会，而且效果非常明显。从这个角度而言，对犯了罪的未成年人进行教育、矫治和保护，不只是一种司法程序内的活动，而是一项覆盖整个社会各方面的系统工程，是一种国家和社会基于对未成年人应尽之监护义务而承担的国家责任，需要借助和整合整个社会的力量来进行。因此，对于犯罪的未成年人，除了司法上给予充分的保护外，还要加强整个社会对他们的关心和保护。对未成年人的司法保护和社会保护是相辅相成、互为补充的，无论是司法保护也好，还是社会保护也好，两者都是为了实现为未成年人营造良好的成长环境，维护未成年人合法权益的根本目标。

《未成年人保护法》第四章规定了对未成年人开展社会保护的内容。根据规定，全社会应当树立尊重、保护、教育未成年人的良好风尚，关心、爱护未成年人。国家鼓励社会团体、企业事业组织以及其他组织和个人，开展多种形式的有利于未成年人健康成长的社会活动。各级人民政府应当保障未成年人受教育的权利，并采取措施保障家庭经济困难的、残疾的和流动人口中的未成年人接受义务教育。各级人民政府应当建立和改善适合未成年人文化生活需要的活动场所和设施，鼓励社会力量兴办适合未成年人的活动场所，并加强管理。国家采取措施，预防未成年人沉迷网络。禁止任何组织、个人制作或者向未成年人出售、出租或者以其他方式传播淫秽、暴力、凶杀、恐怖、赌博等毒害未成年人的图书、报刊、音像制品、电子出版物以及网络信息等。营业性歌舞娱乐场所、互联网上网服务营业场所等不适宜未成年人活动的场所，不得允许未成年人进入，经营者应当在显著位置设置未成年人禁入标志；对难以判明是否已成年的，应当要求其出示身份证件。禁止向未成年人出售烟酒，经营者应当在显著位置设置不向未成年人出售烟酒的标志；对难以判明是否已成年的，应当要求其出示身份证件。任何人不得在中小学校、幼儿园、托儿所的教室、寝室、活动室和其他未成年人集中活动的场所吸烟、饮酒。任何组织或者个人按照国家有关规定招用已满十六周岁未满十八周岁的未成年人的，应当执行国家在工种、劳动时间、劳动强度和保护措施等方面的规定，不得安排其从事过重、有毒、有害等危害未成年人身心健康的劳动或者危险作业。任何组织或者个人不得披露未成年人的个人隐私。对未成年人的信件、日记、电子邮件，任何组织或者个人不得隐匿、毁弃；除因追查犯罪的需要，由公安机关或者人民检察院依法进行检查，或者对无行为能力的未成年人的信件、日记、电子邮件由其父母或者其他监护人代为开拆、查阅外，任何组织或者个人不得开拆、查阅。公安机关应当采取有力措施，依法维护校园周边的治安和交通秩序，预防和制止侵害未成年人合法权益的违法犯罪行为。县级以上人民政府及其民政部门应当根据需要设立救助场所，对流浪乞讨等生活无着未成年人实施救助，承担临时监护责任；公安部门或者其他有关部门应当护送流浪乞讨或者离家出走的未成年人到救助场所，由救助场所予以救助和妥善照顾，并及时通知其父母或者其他监护人领回。对孤儿、无法查明其父母或者其他监护人的以及其他生活无着的未成年人，由民政部门设立的儿童福利机构收留抚养。未成年人救助机构、儿童福利机构及其工作人员应当依法履行职责，不得虐待、歧视未成年人；不得在办理收留抚养工作中牟取利益。未成年人已经完成规定年限的义务教育不再升学的，政府有关部门和社会团体、企业事业组织应当根据实际情况，对他们进行职业教育，为他们创造劳动就业条件。居民委员会、村民委员会应当协助有关部门教育和挽救违法犯罪的未成年人，预防和制止侵害未成年人合法权益的违法犯罪行为。未成年人的合法权益受到侵害的，被侵害人及其监护人或者其他组织和个人有权向有关部门投诉，有关部门应当依法及时处理。

（五）宽严相济刑事政策

宽严相济刑事政策是谦抑理念和刑罚个别化原则在我国刑事司法领域的具体应用和体现，对于最大限度地预防和减少犯罪、化解社会矛盾、维护社会和谐稳定，具有非常重要的意义。

宽严相济的基本内容是当宽则宽，当严则严，宽严结合，区别对待。由于案件情况不同，主观恶性大小与犯罪行为的社会危害性不同，对不同犯罪的处理也应当有所区别。因此，要综合考虑社会危害性、犯罪人的主观恶性、犯罪的原因以及案件的社会影响等各种因素，在全面分析和权衡的基础上，对犯罪嫌疑人、被告人予以从宽或者从严处理。对于严重危害公共安全和社会治安的犯罪、严重破坏市场经济秩序的犯罪以及国家工作人员利用职权实施的犯罪，应当依法从严打击；对于轻微犯罪，尤其是未成年人、弱势群体实施的轻微犯罪，亲友、邻里、同事间发生的轻微犯罪，应当予以从宽处理。在程序方面，应当根据案件及犯罪嫌疑人、被告人的不同情况，予以从宽或者从严，正确适用法律规定的措施和程序处理。①

宽严相济刑事政策的提出，为我国进一步在未成年人刑事诉讼中贯彻谦抑理念和刑罚个别化原则提供了政策依据。刑罚个别化以犯罪的个别预防为出发点，其基本内容是应当根据犯罪人的人身危险性、犯罪后的表现等综合因素来决定适用的刑罚。现代刑法由于确立刑罚适用的预防与报应一体的思想，因而刑罚个别化不仅要着眼于犯罪人的再犯可能性，而且要着眼于犯罪所造成的危害、社会对犯罪行为的评价。② 贯彻落实宽严相济刑事政策，就是充分吸收了刑罚个别化思想，针对犯罪嫌疑人、被告人的个体情况分别采取不同的处理程序，真正有利于实现个体正义和个别预防的价值目标。

根据宽严相济刑事政策，在办理未成年人刑事案件时应当更加体现从“宽”的方面，具备法定从宽的情形就要坚决予以从宽处理，不具备法定从宽的情形，结合案情和未成年人自身的情况可以从宽的，也要尽可能予以从宽。能不以犯罪论处的不认定为犯罪，能不逮捕的不逮捕，能不起诉的不起诉，能不判处刑罚的不判处刑罚，必须判处刑罚的尽可能适用非监禁刑，执行监禁刑过程中注重对未成年犯罪人的教育矫治，以帮助未成年人更好地回归社会和健康成长。严格限定对未成年人从“严”的情形，只有符合法定对

① 宋英辉：《宽严相济：贯穿于刑事诉讼全过程》，载《检察日报》2007 年 4 月 27 日，第 3 版。

② 翟中东：《刑罚个别化的蕴涵——从发展角度所作的考察》，载《中国法学》2001 年第 2 期。

未成年人从严的情形，才能予以从严处理，否则不得对未成年人从严处理。

2012年《刑事诉讼法》修改之前，宽严相济刑事政策的要求在最高人民法院和最高人民检察院颁布的司法解释中已有明确体现。2006年12月28日最高人民检察院颁布的《关于在检察工作中贯彻宽严相济刑事司法政策的若干意见》第11条规定，对未成年人犯罪案件依法从宽处理。办理未成年人犯罪案件，应当坚持"教育、感化、挽救"的方针和"教育为主、惩罚为辅"的原则。要对未成年犯罪嫌疑人的情况进行调查，了解未成年人的性格特点、家庭情况、社会交往、成长经历以及有无帮教条件等情况，除主观恶性大、社会危害严重的以外，根据案件具体情况，可捕可不捕的不捕，可诉可不诉的不诉。对确需提起公诉的未成年被告人，应当根据情况依法向人民法院提出从宽处理、适用缓刑等量刑方面的意见。第19条规定，改革完善未成年人犯罪案件的办案方式。对未成年人犯罪案件，应当设立专门工作机构、专门工作小组或者指定专人办理。建立适合未成年人特点的审查逮捕、审查起诉工作机制。对成年人与未成年人共同犯罪案件，原则上实行分案处理。对未成年人犯罪案件适用简易程序的，公诉人一般应当出庭支持公诉并开展庭审教育活动。对于因犯罪情节轻微决定不起诉的未成年人，要落实帮教措施。

2010年2月8日最高人民法院发布的《关于贯彻宽严相济刑事政策的若干意见》第20条规定，对于未成年人犯罪，在具体考虑其实施犯罪的动机和目的、犯罪性质、情节和社会危害程度的同时，还要充分考虑其是否属于初犯，归案后是否悔罪，以及个人成长经历和一贯表现等因素，坚持"教育为主、惩罚为辅"的原则和"教育、感化、挽救"的方针进行处理。对于偶尔盗窃、抢夺、诈骗，数额刚达到较大的标准，案发后能如实交代并积极退赃的，可以认定为情节显著轻微，不作为犯罪处理。对于罪行较轻的，可以依法适当多适用缓刑或者判处管制、单处罚金等非监禁刑；依法可免予刑事处罚的，应当免予刑事处罚。对于犯罪情节严重的未成年人，也应当依照刑法第十七条第三款的规定予以从轻或者减轻处罚。对于已满十四周岁不满十六周岁的未成年犯罪人，一般不判处无期徒刑。同时第39条规定，要建立健全符合未成年人特点的刑事案件审理机制，寓教于审，惩教结合，通过科学、人性化的审理方式，更好地实现“教育、感化、挽救”的目的，促使未成年犯罪人早日回归社会。要积极推动有利于未成年犯罪人改造和管理的各项制度建设。对公安部门针对未成年人在缓刑、假释期间违法犯罪情况报送的拟撤销未成年犯罪人的缓刑或假释的报告，要及时审查，并在法定期限内及时作出决定，以真正形成合力，共同做好未成年人犯罪的惩戒和预防工作。2012年《刑事诉讼法》，2010年中央综治委预青组等六部门《未成年人刑事案件配套工作体系意见》、2012年最高人民法院《刑诉法解释》、2012年最高人民检察院《刑诉规则》和2012年公安部《刑事程序规定》等关于未成年人刑事案件诉讼程序的规定，也体现了宽严相济刑事政策的基本要求，突出对未成年人的教育、感化、挽救，体现了对未成年人区别对待和从宽处理的精神。

我国刑事司法一贯提倡对未成年人予以区别对待和从宽处理的精神，坚持“教育、感化、挽救”方针和“教育为主、惩罚为辅”原则，贯彻落实宽严相济刑事政策，切实保障未成年人的诉讼权利及其他合法权益，营造良好的成长环境。在司法实践中，办案机关在办理未成年人刑事案件时，对于法律法规、司法解释或有关规范性文件中已经作了明确规定的，要严格按照法律规定执行；对于法律法规、司法解释或有关规范性文件中没有明确规定的，要遵照有关刑事政策的精神加以妥善处理。例如，对未成年人的犯罪记录封存。根据2012年《刑事诉讼法》第275条的规定，只是对相关犯罪记录予以封存，而没有规定对刑事立案、不起诉决定或者强制措施决定予以封存。但是，刑事诉讼法里没有明确规定，是否就意味着对未成年犯罪嫌疑人、被告人适用不起诉或者采取强制措施的决定，办案机关就可以不封存呢？根据宽严相济刑事政策和 2010 年中央综治委预青组等六部门《未成年人刑事案件配套工作体系意见》的规定，对未成年犯罪人的档案应严格保密，建立档案的有效管理制度；对违法和轻微犯罪的未成年人，有条件的地区可以试行行政处罚和轻罪纪录消灭制度。非有法定事由，不得公开未成年人的行政处罚记录和被刑事立案、采取刑事强制措施、不起诉或因轻微犯罪被判处刑罚的记录。可见，从政策执行的角度而言，对于未成年犯罪嫌疑人、被告人被刑事立案、采取刑事强制措施、不起诉或因轻微犯罪被判处刑罚的记录，也要予以封存。总体来说，凡是可能影响未成年犯罪嫌疑人、被告人的健康成长，可能影响他顺利复归社会的一些不利信息都要封存，从而为他营造一个良好的成长环境，这是我国立法包括政策制定的初衷和目的。

三、未成年人刑事司法的方针与原则

原则是理念或者目的的实定化和具体化，有关的规则、制度和程序等则是对原则的进一步实现。对于未成年人刑事司法来说，其理论基础衍生出各项原则，进而指导和规范具体规则、制度和程序之实践。正如美国著名的法理学家罗斯科·庞德指出："有了各种原则和概念，我们就有可能在只有较少规则的场合下进行工作，并有把握来应付那些没有现成规则可循的各种新情况。"[①] 未成年人具有不同于成年人的群体特征，需要本着儿童福利理念的立场以儿童利益最大化和有利于未成年人的未来发展为基点来制定未成年人刑事司法的各项原则和具体的规则、制度和诉讼程序。

我国立法、政策与司法对未成年人刑事司法实行一种与成年人区别对待的基本立场，以促其顺利回归社会为目标，坚持"教育、感化、挽救"方针，注重对未成年人的权利保护、教育、帮助和

① ［美］罗斯科·庞德：《通过法律的社会控制》，沈宗灵译，商务印书馆 1984 年版，第 23 页。

矫治。在此基础上，确立了未成年人刑事司法的各项基本原则。其中，有的原则既可以看作是未成年人刑事司法的一项指导原则，也可以说是处理未成年人刑事案件的一项具体制度。

（一）教育感化挽救方针与教育为主惩罚为辅原则

"教育、感化、挽救"方针是我国刑事立法、政策一贯强调的办理未成年人刑事案件应当遵守的基本准则。其中教育是对未成年人所实施的有计划、有组织、有目的并带有强制性的影响活动；感化是要对未成年人动之以情、晓之以理，寓理于情，寓教于行；挽救是通过教育感化对未成年犯罪嫌疑人、被告人予以救助并帮助其开始新的生活。"教育、感化、挽救"既是未成年人刑事诉讼的目的，也是全社会的共同职责。①

"教育、感化、挽救"方针引申出的一个重要原则就是"教育为主、惩罚为辅"，这与未成年人刑事案件的特点有着密切联系。德国法学教授阿尔布莱希特指出，尽管对于未成年人也应对其犯罪（犯罪意图必须被证明）负责，但是其最为根本的目的还是对其教育和使其康复。并且，对未成年人的处理不是建立在他的罪行或者罪行的严重程度之上，而是建立在未成年犯罪者和他或者她的需要上。② 因此，在未成年人刑事诉讼中，应当侧重于对未成年犯罪嫌疑人、被告人的教育、帮助和矫治，除非确有必要才能对其予以刑事处罚，即便对未成年人予以刑事处罚，也要依法从轻、减轻或者免除处罚，以最大限度地帮助未成年人重新回归社会，维护其合法权益。

"教育为主、惩罚为辅"原则是相辅相成、共同发挥作用的两个方面。"教育为主、惩罚为辅的原则"，主要是指在处理教育与惩罚的关系时，要以教育为主要目的，而不能以刑罚作为目的，刑

① 宋英辉主编：《中华人民共和国刑事诉讼法精解》，中国政法大学出版社 2012 年版，第 322 页。

② Hans-Jorg Albrecht, *Youth Justice in Germany*, 31 The University of Chicago Crime and Jusitce, 2004, p453.

罚也是对其教育的一种手段，服从于教育、感化、挽救的目的。这就要求在办理未成年人犯罪案件过程中应当查清犯罪事实，确保法律正确适用，保护其合法权益，同时根据犯罪原因有针对性地对其进行法制教育，以矫正其犯罪心理和不良行为习惯，促其改过自新，重新融入社会。[①]“教育为主”要求不能把犯了罪的未成年人当作社会对立面，一罚了之，而应当在整个诉讼过程中特别注重对未成年人的教育感化挽救，以降低对未成年人可能造成的身心伤害，促使其真诚地认识到自身错误，重新走上正途，做一个对国家和社会有用的人。“惩罚为辅”是指为了达到矫治教育的目的，只有在极其特殊必要的情况下，才能对未成年犯罪人采取带有惩罚性的措施，而且这一惩罚措施应当与未成年人个体情况、罪行轻重等相适应。可见，在未成年人刑事司法中，惩罚只是手段而不是目的，即使是较为严厉的惩罚措施也是如此。对未成年人实施必要的惩罚也是为了实现对未成年人的教育挽救，因而教育挽救才是未成年人刑事司法的目的。

作为未成年人刑事司法中一项带有根本性的指导原则，“教育为主、惩罚为辅”贯穿于未成年人刑事诉讼的整个过程。在侦查阶段，侦查人员在讯问未成年犯罪嫌疑人时，应当将获取口供与教育未成年犯罪嫌疑人密切结合起来，讯问者要全面了解未成年犯罪嫌疑人的生活、学习环境、成长经历、性格特点、心理状态及社会交往等情况，然后采取适合未成年犯罪嫌疑人特点的教育方式进行调查讯问。在审查起诉阶段，检察人员要结合未成年犯罪嫌疑人的情况进行有针对性的教育，对于符合不起诉条件的未成年犯罪嫌疑人，检察机关在作出不起诉决定前，更应当强调对其进行教育和矫正，防止重新犯罪。在审判阶段，一方面应当注意掌握未成年被告人的生理和心理特点，依法准确，及时地查明起诉指控的案件事

---

① 参见郎胜主编：《中华人民共和国刑事诉讼法释义》，法律出版社 2012 年版，第 582~583 页。

实；对于构成犯罪的未成年人，应当帮助其认识犯罪原因和犯罪行为的社会危害性，做到寓教于审，惩教结合；另一方面，还应当在宣判阶段加强说服教育工作。尤其是裁判文书要增强说理性，把对未成年被告人的教育体现在判决书中。案件结束后，有关机关还应当做好跟踪帮教和定期走访工作，帮助未成年人改过自新，重新回归社会。在执行阶段，执行机关应当根据未成年罪犯的个体情况进行有针对性的教育矫正，加强对未成年罪犯的法制教育，对未成年罪犯进行职业技术教育，对没有完成义务教育的未成年罪犯，应当保证其继续接受义务教育。

在我国，有关的法律、司法解释和其他规范性文件明确规定对未成年人实行“教育、感化、挽救”方针和“教育为主、惩罚为辅”原则。《未成年人保护法》第54条规定：“对违法犯罪的未成年人，实行教育、感化、挽救的方针，坚持教育为主、惩罚为辅的原则。对违法犯罪的未成年人，应当依法从轻、减轻或者免除处罚。”《预防未成年人犯罪法》第44条第1款规定：“对犯罪的未成年人追究刑事责任，实行教育、感化、挽救方针，坚持教育为主、惩罚为辅的原则。”2001年最高人民法院《审理未成年人刑事案件规定》第3条、2013年最高人民检察院《办理未成年人刑事案件规定》第2条、1995年公安部《办理未成年人违法犯罪案件规定》第2条，都有类似规定。在此基础上，2012年《刑事诉讼法》第266条第1款再次重申：“犯罪的未成年人实行教育、感化、挽救的方针，坚持教育为主、惩罚为辅的原则。”

最高人民法院、最高人民检察院制定的司法解释和公安部的部门规章中也都对办理未成年人刑事案件坚持“教育、感化、挽救”的方针和“教育为主、惩罚为辅”的原则作了规定。2012年最高人民法院《刑诉法解释》第459条规定：“人民法院审理未成年人刑事案件，应当贯彻教育、感化、挽救的方针，坚持教育为主、惩罚为辅的原则，加强对未成年人的特殊保护。”第485条规定：“法庭辩论结束后，法庭可以根据案件情况，对未成年被告人进行教育；判决未成年被告人有罪的，宣判后，应当对未成年被告人进行教育。对未成年被告人进行教育，可以邀请诉讼参与人、刑事诉讼法第二百七十条第一款规定的其他成年亲属、代表以及社会调查员、心理咨询师等参加。”2012年最高人民检察院《加强未成年人刑事检察工作决定》第4条规定，检察机关要在依法的前提下，充分体现未成年人刑事检察工作的特殊性，认真贯彻“教育、感化、挽救”方针、“教育为主、惩罚为辅”原则和“两扩大、两减少”政策。2012年公安部《刑事程序规定》第306条规定：“公安机关办理未成年人刑事案件，实行教育、感化、挽救的方针，坚持教育为主、惩罚为辅的原则。”

在司法实践中，贯彻落实“教育为主、惩罚为辅”原则，需要注意以下几个问题：第一，教育主体的多元化。承担对未成年人进行教育的责任主体不仅包括公检法等专门机关，还包括未成年人所在的家庭、学校和社区。治理未成年人犯罪是一个系统工程，需要多方齐抓共管。第二，教育内容和手段的多样化。在内容上，既要促其讲清楚犯罪事实，认识到犯罪的原因和教训，使其能够较好的认罪悔罪；还要对其进行诉讼权利的教育，保障整个诉讼的顺利进行。同时，在诉讼结束后，还应当帮助未成年人树立改过自新的信心和决心。[①] 在教育手段上，不能停留于表面上的说教，应当突出对未成年人的心理辅导和矫治。第三，办理模式的和缓化。尽量采用相对缓和化的办案模式，而不是严肃的、正式的、对抗的诉讼模式。可以引入恢复性司法理念，采用圆桌办案模式等，拉近未成年人与办案人员、被害人、社区之间的关系，营造和缓的办案氛围，弱化控辩双方的对抗性，减少未成年人被追诉和惩罚的感受，让未成年人在诉讼中有回到课堂受教育般的感觉。第四，案件处理结果的轻缓化。在各个诉讼阶段，对未成年犯罪嫌疑人、被告人的

① 邹川宁主编：《少年刑事审判若干程序问题研究》，法律出版社2007年版，第35~36页。

处理应当体现宽缓精神，比照成年人依法从轻、减轻或者免除处罚，以示区别对待。[①]

（二）权益特别保护原则

权益特别保护原则，是指法院、检察院和公安机关在处理未成年人刑事案件的整个过程中，应当充分保障未成年犯罪嫌疑人、被告人依法享有的各项诉讼权利，以实现对未成年人合法权益的特别保护。权益特别保护原则是儿童福利理念和儿童利益最大化原则的在刑事诉讼中的具体表现，也是国家亲权理念的内在要求。与成年人相比，未成年人对社会和外界事物的认知和辨别能力较低，对刑事诉讼中可能发生的风险和诉讼权利的行使缺乏自主判断，因而在未成年人刑事诉讼中，应当赋予未成年犯罪嫌疑人、被告人更多防御性且更具针对性的诉讼权利，并且公安司法机关在办案过程中应当确保未成年人权利得到有效实现，以保障未成年人的合法权益不受侵害。该原则的宗旨应是有效保障刑事诉讼中的未成年人的合法权益，尤其是被刑事追诉的未成年人的合法权益；该原则应适用于刑事诉讼的全过程；该原则要求对未成年人提供适合其需要的特别帮助和保护，主要是关于辩护律师的特别帮助、合适成年人的帮助以及从程序上对其提供的特别保护。

权益特别保护原则是联合国司法准则对未成年人刑事案件的基本要求。联合国《公民权利和政治权利国际公约》明确指出未成年人在刑事司法程序中应当享有某些与成年人相区别的特殊权利，联合国《儿童权利公约》、《少年司法最低限度标准规则》（北京规则）、《保护被剥夺自由少年规则》等国际性文件中均对未成年人在刑事诉讼中享有的基本权利作了明确规定。联合国《儿童权利公约》第40条规定，被指控刑事犯罪的儿童享有以下诉讼权利：无罪推定、被告知指控罪名、获得独立公正的主管当局或司法机关

① 参见宋英辉、甄贞主编：《未成年人犯罪案件诉讼程序》，北京师范大学出版社2011年版，第48~50页。

的迅速审理权、要求父母或者法定监护人在场、不得被迫作口供或认罪、要求高一级主管当局或司法机构复查判决、获得免费翻译、尊重隐私权。联合国《少年司法最低限度标准规则》（北京规则）第7条规定了少年犯罪嫌疑人、被告人在刑事诉讼中享有的基本权利，"在诉讼的各个阶段，应保证基本程序方面的保障措施，诸如假定无罪、指控罪状通知本人的权利、保持缄默的权利、请律师的权利、要求父或母或监护人在场的权利、与证人对质和盘诘证人的权利和向上级机关上诉的权利。"第8条规定，"应在各个阶段尊重少年犯享有隐私的权利，以避免由于不适当的宣传或加以点名而对其造成伤害。原则上不应公布可能会导致使人认出某一少年犯的资料。"联合国《保护被剥夺自由少年规则》也规定了被逮捕或待审讯的少年应当享有的各项诉讼权利，主要包括：假定为无罪、尽可能避免拘留、尽量缩短拘留时间、获得法律顾问并申请法律援助、获得一定的拘留待遇等。

在我国，《刑事诉讼法》、有关的司法解释或其他规范性文件详细规定了犯罪嫌疑人、被告人在刑事诉讼中拥有的一系列诉讼权利，这些一般性的权利同样适用于未成年的犯罪嫌疑人、被告人。主要包括：有权用本民族语言文字进行诉讼；有权及时获知被指控的内容和理由，获知所享有的诉讼权利；有权自行或在辩护人协助下获得辩护；有权申请侦查人员、检查人员、审判人员、书记员、鉴定人、翻译人员回避，对驳回申请回避的决定，有权申请复议；有权拒绝回答侦查人员提出的与本案无关的问题，不被强迫证实自己有罪；有权参加法庭调查，就指控事实发表陈述，对证人、鉴定人发问，辨认、鉴别物证，听取未到庭的证人的证言笔录、鉴定人的鉴定意见、勘验检查笔录和其他证据文书，并就上述书面证据发表意见；有权申请通知新的证人到庭、调取新的物证，申请重新鉴定或者勘验；有权向法庭作最后陈述；对人民法院未发生法律效力的第一审判决、裁定，有权提出上诉；对人民法院已经发生法律效力的判决、裁定，有权提出申诉；自诉案件的被告人有权对自诉人进行反诉；对于审判人员、检察人员和侦查人员侵犯其诉讼权利和人身侮辱的行为，有权提出控告，等等。此外，犯罪嫌疑人、被告人还享有一系列程序性权利。主要包括：在未经人民法院依法判决的情况下，不得被确定有罪；获得人民法院的公开审判；获得人民法院独立、公正的审判；在刑事诉讼过程中，不受审判人员、检察人员、侦查人员以刑讯逼供等非法方法进行的讯问；不受侦查人员实施的非法逮捕、拘留、取保候审、监视居住等强制措施，不受侦查人员的非法搜查、扣押等侦查行为；在提出上诉时不得被加重刑罚，等等。以上这些一般性的诉讼权利，对于充分保障未成年犯罪嫌疑人、被告人的合法权益同等重要。

基于未成年人群体的特殊性，未成年犯罪嫌疑人、被告人在刑事诉讼中除了享有法律规定的一般性诉讼权利外，还享有一些特殊的诉讼权利。2012 年《刑事诉讼法》第 266 条第 2 款规定："人民法院、人民检察院和公安机关办理未成年人刑事案件，应当保障未成年人行使其诉讼权利，保障未成年人得到法律帮助，并由熟悉未成年人身心特点的审判人员、检察人员、侦查人员承办。"除了这一原则性规定外，2012 年《刑事诉讼法》还具体规定了未成年人在刑事诉讼中享有的一系列特殊权利。例如，对于没有委托辩护人的未成年犯罪嫌疑人、被告人，公安司法机关在办案过程中应当通知法律援助机构指派律师为其提供辩护；有权与成年人分别关押、分别管理、分别教育；在接受讯问和审判时，有权通知未成年人的法定代理人到场，无法通知、法定代理人不能到场或者法定代理人是共犯的，有权通知其他成年亲属，所在学校、单位、居住地基层组织或者未成年人保护组织的代表到场；不公开审理的权利；要求将符合条件的犯罪记录予以封存的权利，等等。此外，2012 年最高人民法院《刑诉法解释》、2012 年最高人民检察院《刑诉规则》、2012 年公安部《刑事程序规定》、2010 年中央综治委预青组等六部门《未成年人刑事案件配套工作体系意见》、2001 年最高人民法院《审理未成年人刑事案件规定》、2013 年最高人民检察院

《办理未成年人刑事案件规定》、1995 年公安部《办理未成年人违法犯罪案件规定》等规范性文件中也都对充分保障未成年人的诉讼权利作了细化规定。

在未成年人刑事案件诉讼程序中，也要注意对未成年人个体利益的保护与维护社会公共利益之间的平衡，以及对未成年犯罪嫌疑人、被告人的权利保护与对未成年被害人的权利保护相结合。在强调对未成年犯罪嫌疑人、被告人权利保护的同时，也要关注对未成年被害人的权利保护，保持二者之间的平衡，以免顾此失彼，造成对未成年被害人的“二次伤害”。要正确处理对未成年犯罪嫌疑人、被告人权利保护与未成年被害人权利保护之间的关系，既不能一味地强调对未成年犯罪嫌疑人、被告人的权利保护，而忽视对遭受犯罪侵害的未成年被害人的权利保护；也不能只看到未成年被害人遭受犯罪侵害的事实，而不顾对未成年犯罪嫌疑人、被告人的区别对待与“教育为主，惩罚为辅”，以确保未成年人刑事案件的办案效果，维护社会和谐稳定。因此，对于未成年人案件，要在保护社会利益和保护未成年人利益中予以权衡，既不能仅强调对国家、社会和被害人的保护，而忽视了对未成年人的保护，也不能仅注重于保护未成年人，而轻视对公众利益的保护，使国家、集体甚至被害人的利益遭受损害。①

（三）办案组织专业化原则

办案组织专业化原则主要包括两个方面的内容：一是办案组织的专门化，即应当设置专门的办案机构或者指定专门的办案人员来办理未成年人刑事案件。二是办案人员的专业化，是指办理未成年人刑事案件的办案组织或者办案人员除具有法律知识以外，还应当具有教育、心理等符合未成年人身心特点方面的专业知识，具有一定的办理未成年人刑事案件的经验和素养，可以在侦查、审查起

① 谢安平、郭华主编：《未成年人刑事诉讼程序研究》，中国政法大学出版社 2015 年版，第 42 页。

诉、审判和执行等各个诉讼阶段有针对性地对未成年人进行教育、帮助和矫治。联合国《少年司法最低限度标准规则》（北京规则）在第22条的说明中指出，“对于所有这些人员都要求具有最低限度的法律、社会学、心理学、犯罪学和行为科学的知识，这是同组织专业化和主管当局的独立性同等重要的。”办案组织的专业化，对于实现在整个刑事诉讼过程中对未成年犯罪嫌疑人、被告人的权利保护、教育矫治、预防再犯，以及帮助其重新回归社会具有重要意义。

从联合国刑事司法准则和世界各国的法律规定来看，都强调办理未成年人刑事案件的机构或人员的专门化。早在1955年，联合国第一届预防犯罪和罪犯待遇大会通过的《防止少年犯罪决议》就强调“防止少年犯罪，是警察机关的重要职责之一，应重点强调这一工作。国家应积极促使在普通警察机构中设立少年科，并加强对少年警士的训练和少年犯犯罪侦查的特殊训练与研究，以帮助他们提高解决少年犯罪问题的能力。”联合国《少年司法最低限度标准规则》（北京规则）规则第12.1条要求，各国“为了圆满地履行起职责，经常或专门同少年打交道的警官或主要从事少年犯罪的警官应接受专门指导和训练，在大城市中，应为此目的设立特种警察小组。”在美国，专门的少年警察机构和少年警官在少年犯罪预防、调查与处置中处于非常重要的地位，有的州还成立了少年警官协会。[①] 在英国，警察部门专门设有“少年部”。地方警察机构中有相当多的警员专职负责青少年犯罪的防治和对青少年的保护工作，有的地方从事此项工作的警力达到总警力的20%以上。[②] 在日本，各都、道、府、县警察本部及警察署，分别设置了“少年警察课”或“少年警察股”，配备了包括少年案件承办人、妇女辅导

① 姚建龙：《长大成人：少年司法制度的建构》，中国人民公安大学出版社2003年版，第87页。

② 周路：《英国少年司法制度新进展》，载《天津市政法管理干部学院学报》2001年第2期。

员等在内的专职少年警察，专门处理少年案件。[①] 据 2001 年 4 月统计，日本全国约有 8600 名警察从事“少年警察活动”，其中专职警察 3800 人。在 8600 名少年警察中，各都、道、府、县警察本部共计约 1300 人，地区警察署约 7300 人。[②] 在德国，较大的警察局一般都设有一个分局或部，专管少年案件的调查和讯问。[③]

由专业的办案组织或者办案人员来办理未成年人刑事案件，符合联合国刑事司法准则的基本要求。联合国《儿童权利公约》第 39 条第 3 款规定，“缔约国应致力于促进规定或建立专门适用于被指称、指控或确认为触犯刑法的儿童的法律、程序、当局和机构”。联合国《少年司法最低限度标准规则》（北京规则）第 6.3 条规定：“行使处理权的人应具有特别资历或经过特别训练，能够根据自己的职责和权限明智地行使这种处理权。”第 22.1 条规定：“应利用专业教育、在职培训、选修课程以及其他各种适宜的授课方式，使所有处理少年案件的人员具备并保持必要的能力”；第 22.2 条规定：“少年司法工作人员的组成应反映出触犯少年司法制度的少年的多样成分，应努力确保少年司法机构中有合理的妇女和少数民族工作人员。”联合国《预防少年犯罪准则》（利雅得准则）第 58 条规定：“为适应青少年的特殊需要，应培训一些男女执法人员及其他有关人员，尽可能地使他们熟悉和利用各种方案和指引办法，不把青少年放在司法系统中处置。”2004 年 9 月在北京举行了第十七届国际刑法学大会，会议对全球化时代未成年人的刑事责任问题展开了深入交流，并形成了《国内法与国际法原则下的未成年人刑事责任决议》。该《决议》指出，未成年人的刑事责任以及由这种责任所产生的后果必须由专门的司法部门确定。何谓

---

① ［日］大谷实：《刑事政策学》，黎宏译，法律出版社 2000 年版，第 348 页。

② 王国琦：《日本的少年警察制度》，载《人民公安》2007 年第 11 期。

③ 康树华等编著：《中外少年司法制度》，华东师范大学出版社 1991 年版，第 332 页。

"专门的司法部门"，其内涵应当包括：该司法部门要有不同于成年人的独立的司法权；要有不同于成年人的专门法庭对未成年人的犯罪行为进行审理；要有具备特殊资格的人员，即不同于审理成年人的专业法官、警察、检察官、律师等参与全部诉讼活动。①

在我国，法律、司法解释和有关的规范性文件中都规定了办理未成年人刑事案件的机构或人员专门化的内容。《未成年人保护法》第55条规定："公安机关、人民检察院、人民法院办理未成年人犯罪案件和涉及未成年人权益保护案件，应当照顾未成年人身心发展特点，尊重他们的人格尊严，保障他们的合法权益，并根据需要设立专门机构或者指定专人办理。"2012年《刑事诉讼法》明确要求办理未成年人刑事案件的办案机构或人员的专门化。根据第266条第2款的规定，应当由熟悉未成年人身心特点的审判人员、检察人员、侦查人员承办未成年人刑事案件。此外，最高人民法院、最高人民检察院有关司法解释和有关单位制定的规范性文件也都有此规定。

2001年最高人民法院《审理未成年人刑事案件规定》第6条规定："中级人民法院和基层人民法院可以建立未成年人刑事审判庭。条件尚不具备的地方，应当在刑事审判庭内设立未成年人刑事案件合议庭或者由专人负责办理未成年人刑事案件。高级人民法院可以在刑事审判庭内设立未成年人刑事案件合议庭。未成年人刑事审判庭和未成年人刑事案件合议庭统称少年法庭。最高人民法院和高级人民法院设立少年法庭指导小组，指导少年法庭的工作，总结和推广未成年人刑事审判工作的经验。少年法庭指导小组应当有专人或者设立办公室负责具体指导工作。"第8条规定："审判未成年人刑事案件合议庭的审判长，应当由熟悉未成年人特点、善于做未成年人思想教育工作的审判员担任，并且应当保持其工作的相对稳定性。审判未成年人刑事案件的人民陪审员，一般由熟悉未成年

① 沈志先主编：《未成年人审判精要》，法律出版社2012年版，第91~92页。

人特点，热心于教育、挽救失足未成年人工作，并经过必要培训的共青团、妇联、工会、学校的干部、教师或者离退休人员、未成年人保护组织的工作人员等担任。”

1995 年公安部《办理未成年人违法犯罪案件规定》第 6 条规定：“公安机关应当设置专门机构或者专职人员承办未成年人违法犯罪案件。办理未成年人违法犯罪案件的人员应当具有心理学、犯罪学、教育学等专业基本知识和有关法律知识，并具有一定的办案经验。”

2010 年中央综治委预青组等六部门《未成年人刑事案件配套工作体系意见》中规定，要建立健全各级公安机关、人民法院、人民检察院、司法行政机关办理未成年人刑事案件的专门机构和专门队伍。

第一，公安部、省级和地市级公安机关应当指定相应机构负责指导办理未成年人刑事案件。区县级公安机关一般应当在派出所和刑侦部门设立办理未成年人刑事案件的专门小组，未成年人刑事案件数量较少的，可以指定专人办理。

第二，最高人民检察院和省级人民检察院应当设立指导办理未成年人刑事案件的专门机构。地市级人民检察院和区县级人民检察院一般应当设立办理未成年人刑事案件的专门机构或专门小组，条件不具备的，应当指定专人办理。

第三，最高人民法院和高级人民法院应当设立少年法庭工作办公室。中级人民法院和基层人民法院一般应当建立审理未成年人刑事案件的专门机构，条件不具备的，应当指定专人办理。

第四，司法部和省级司法行政机关应当加强对办理未成年人刑事案件配套工作的指导，成立相关工作指导小组。地市级和区县级司法行政机关所属法律援助机构应当成立未成年人法律援助事务部门，负责组织办理未成年人的法律援助事务，条件不具备的，应当指定专人办理。司法行政机关社区矫正工作部门一般应当设立专门小组或指定专人负责未成年人的社区矫正工作。

第五，各级公安机关、人民检察院、人民法院、司法行政机关应当选任政治、业务素质好，熟悉未成年人特点，具有犯罪学、社会学、心理学、教育学等方面知识的人员办理未成年人刑事案件，并注意通过加强培训、指导，提高相关人员的专业水平。对办理未成年人刑事案件的专门人员应当根据具体工作内容采用不同于办理成年人刑事案件的工作绩效指标进行考核。

2012 年最高人民法院《刑诉法解释》第 461 条规定："审理未成年人刑事案件，应当由熟悉未成年人身心特点、善于做未成年人思想教育工作的审判人员进行，并应当保持有关审判人员工作的相对稳定性。未成年人刑事案件的人民陪审员，一般由熟悉未成年人身心特点，热心教育、感化、挽救失足未成年人工作，并经过必要培训的共青团、妇联、工会、学校、未成年人保护组织等单位的工作人员或者有关单位的退休人员担任。"第 462 条规定："中级人民法院和基层人民法院可以设立独立建制的未成年人案件审判庭。尚不具备条件的，应当在刑事审判庭内设立未成年人刑事案件合议庭，或者由专人负责审理未成年人刑事案件。高级人民法院应当在刑事审判庭内设立未成年人刑事案件合议庭。具备条件的，可以设立独立建制的未成年人案件审判庭。未成年人案件审判庭和未成年人刑事案件合议庭统称少年法庭。"

2012 年最高人民检察院《刑诉规则》第 484 条规定："人民检察院应当指定熟悉未成年人身心特点的检察人员办理未成年人刑事案件。"

2012 年最高人民检察院《加强未成年人刑事检察工作决定》第 7 条规定："大力推进专门机构建设。省级、地市级检察院和未成年人刑事案件较多的基层检察院，原则上都应争取设立独立的未成年人刑事检察机构；条件暂不具备的，省级院必须在公诉部门内部设立专门负责业务指导、案件办理的未成年人刑事检察工作办公室，地市级院原则上应设立这一机构，县级院应根据本地工作量的大小，在公诉科内部设立未成年人刑事检察工作办公室或者办案组或者指定专人。对于专门办案组或者专人，必须保证其集中精力办理未成年人犯罪案件，研究未成年人犯罪规律，落实对涉罪未成年人的帮教措施。有些地方也可以根据本地实际，指定一个基层院设立独立机构，统一办理全市（地区）的未成年人犯罪案件。”第 8 条规定：“科学设定专门机构的工作模式。设立未成年人刑事检察独立机构的检察院，一般应实行捕、诉、监（法律监督）、防（犯罪预防）一体化工作模式，由同一承办人负责同一案件的批捕、起诉、诉讼监督和预防帮教等工作。要健全内外部监督制约机制，充分发挥部门负责人、分管检察长和案件管理部门的职能作用，严格案件的流程管理和质量管理，组织开展案件评查、备案审查等业务活动，严格办案纪律，确保依法公正办理好未成年人犯罪案件。”

2013 年最高人民检察院《办理未成年人刑事案件规定》第 8 条规定，省级、地市级人民检察院和未成年人刑事案件较多的基层人民检察院，应当设立独立的未成年人刑事检察机构。地市级人民检察院也可以根据当地实际，指定一个基层人民检察院设立独立机构，统一办理辖区范围内的未成年人刑事案件；条件暂不具备的，应当成立专门办案组或者指定专人办理。对于专门办案组或者专人，应当保证其集中精力办理未成年人刑事案件，研究未成年人犯罪规律，落实对涉案未成年人的帮教措施等工作。

2014 年最高人民检察院《加强未成年人刑事检察工作通知》第 4 条规定，进一步加强未成年人刑事检察专门机构建设，着力提升未成年人刑事检察队伍专业化水平。未成年人刑事检察工作设置专门机构、配齐配强专业人员，是贯彻国家对未成年人特殊刑事政策，落实一系列保护未成年人的特殊制度机制，实现未成年人刑事案件办理工作专业化的重要保障。各级检察机关要积极采取有效措施落实《规定》要求，着力推进未成年人刑事检察专门机构建设，提升队伍专业化水平：一是要抓住当前深化司法体制改革的时机，积极推进未成年人刑事检察主任检察官办案责任制试点，允许有条件的地方积极探索，解决未成年人刑事检察专门机构和专业化队伍建设问题；已建立专门未成年人刑事检察机构和专业化队伍的地方应当保持和巩固。二是强化未成年人刑事检察专业人员配备。案件量较小、指定专人办理未成年人刑事案件的地方实行检察官办案责任制的，指定的专人应当具有主任检察官资格。三是采取多种形式开展岗位练兵、业务培训和业务竞赛活动，着力建立一支素质、业务过硬的未成年人刑事检察队伍。四是制定未成年人刑事检察岗位素能基本标准，推进未成年人刑事检察队伍专业化、职业化建设。

2012 年公安部《刑事程序规定》第 308 条规定："公安机关应当设置专门机构或者配备专职人员办理未成年人刑事案件。未成年人刑事案件应当由熟悉未成年人身心特点，善于做未成年人思想教育工作，具有一定办案经验的人员办理。"此外，公安部《办理未成年人违法犯罪案件规定》第 6 条第 1 款规定，公安机关应当设置专门机构或者专职人员承办未成年人违法犯罪案件。

（四）审前非羁押原则

审前非羁押原则，也可以称为"审前不被羁押原则"，是指在刑事诉讼中应当严格限制对未成年犯罪嫌疑人、被告人适用羁押性强制措施，当必须采取一定的强制措施时，如果通过非羁押性的强制措施即可达到保障刑事诉讼顺利进行之目的，就不应采用羁押措施；除非确有必要予以羁押的，否则不得实施羁押。对于已经被羁押的未成年犯罪嫌疑人、被告人，如果羁押条件在诉讼过程中发生变化，不再具备羁押必要性时，也应当及时变更为非羁押性措施。

在刑事诉讼中，对犯罪嫌疑人、被告人适用强制措施的目的是为了保证刑事诉讼顺利进行，并非要切断犯罪嫌疑人、被告人的一切社会关系，他应当享有必要的人身自由，以保持正常的社会关系和获取外界对他的帮助。羁押乃是将犯罪嫌疑人、被告人临时拘束在一个相对封闭、与外界无过多接触的场所，从而限制其在一定期限内的人身自由，以确保刑事诉讼顺利进行。应该说，羁押是为了实现保障诉讼顺利进行以维护大多数公民利益的目的，而对少数公民的基本自由权施加限制的措施，只有在必要且具有充分之理由时才能适用。联合国《公民权利和政治权利国际公约》、《保护所有遭受任何形式拘留或监禁的人的原则》及《非拘禁措施最低限度标准规则》等国际性文件中均明确规定，等待审判的人受监禁不应作为一般原则，但可规定释放时应保证在司法程序的任何其他阶段出席审判，并在必要时报到听候执行判决；在适当考虑对指控犯罪的调查以及对社会和被害人的保护的同时，审前羁押应当作为刑事程序中的最后手段加以使用；审前羁押应作为刑事诉讼程序的最后手段加以使用，并适当考虑对被指称犯法行为的调查和对社会及受害者的保护；应尽量在早期阶段采用替代审前羁押的措施。因此，不管是成年人刑事案件，还是未成年人刑事案件，审前不被羁押都应当是犯罪嫌疑人、被告人享有的一项基本权利。

在我国刑事诉讼中，逮捕是最为严厉的一种强制措施，逮捕的后果往往是较长时间的羁押。逮捕措施适用不当，会直接侵犯犯罪嫌疑人、被告人的人身自由及其他诉讼权利，也容易导致冤错案发生，酿成无法挽回的重大损害。对于未成年犯罪嫌疑人、被告人而言，由于他们心智尚未成熟，自我控制和承受压力的能力较差，缺乏必要的社会、生活和法律知识，在涉嫌犯罪之后往往不能正确面对诉讼，容易产生抵触心理，一旦羁押，更加不利于对其犯罪行为的教育矫正，不利于顺利回归社会。羁押也会使得未成年人无从寻求及时有效的帮助，不利于其充分行使诉讼权利，保障合法权益；被羁押之后他们往往在心理上承受较大压力，如果得不到及时有效的舒缓，容易产生心理问题或性格缺陷；还容易造成同被羁押人之间的交叉感染，不利于未成年人重新回归社会及维护社会和谐稳定。因此，在未成年人刑事案件中尤其应当强调非羁押原则，遵循一种更为严格、谨慎的逮捕审查程序，尽可能减少对未成年人适用逮捕，以更好地维护未成年人的诉讼权利及其他合法权益。

审前非羁押原则是无罪推定这一刑事诉讼根本原则在强制措施制度上的体现和应用，有助于实现人权保障和司法公正之诉讼目的。根据无罪推定原则，任何人在未经司法程序最终确认有罪之前，应假定其无罪。而一个在法律上处于无罪地位的人要想正常的从事社会活动，必然以享有人身自由为基本前提。从这个意义上来讲，应当保证犯罪嫌疑人、被告人在刑事诉讼中充分享有免受不当羁押、获得人身自由的权利。换句话说，也只有犯罪嫌疑人、被告人在刑事诉讼程序中处于一种人身自由的状态，才能真正地贯彻无罪推定原则。正如美国联邦最高法院大法官文森在史戴克诉博乐案中指出的："这项在被定罪之前享有人身自由的传统权利，使得被告人的辩护准备不受妨碍，并且有助于防止其在定罪之前遭到处罚。除非保障被告人在接受审判之前有权获得保释，否则无罪推定原则将会变得没有任何意义。"① 基于此，办案机关在适用强制措施时，应当以不羁押为原则，优先适用非羁押强制措施，以减少羁押措施的适用。

纵观现代法治国家，羁押通常是作为一项例外规定而适用的。在适用羁押时，由法官审查其必要性，对于符合逮捕条件，但不必要羁押的嫌疑人或被告人，规定不得采取羁押措施。在这些国家的诉讼法中，规定了羁押替代措施，如规定附条件释放已经合法宣布逮捕或羁押的人或者采取其他能够代替羁押的强制措施，以便既能达到羁押所预期的目的，又能避免嫌疑人或被告人实际置于被羁押的状态，使当事人的人身权利得到合理的保护。② 德国《刑事诉讼法》规定只有对具备羁押理由的重罪被指控人才能采取羁押措施，对于轻罪被指控人，必须具有第 113 条规定的情形之一，即被指控人已经逃避过程序一次，或者已做逃跑准备；在刑事诉讼法效力范围内无固定住所、居所；被指控人不能证明其身份，才能予以羁押。意大利《刑事诉讼法》第 280 条则要求只能对依法应判无期

---

① Stack v. Boyle, 342U. S.1, 72S. Ct. 1, 96L. Ed. 3(1951).

② 唐磊、吴常青：《论羁押的替代措施和我国取保候审制度的完善》，载《江西公安专科学校学报》2004 年第 4 期。

徒刑或者三年以上有期徒刑的犯罪，才能适用强制措施。同时，为防止羁押措施的滥用，要求其适用必须符合比例性的要求。这就是说，羁押的适用及其期限应当与指控的犯罪行为的严重性和可能科处的刑罚相适应；要求羁押的适用必须以达到法定目的危险度；要求在所有能够达到法定目的的强制手段中，必须选择其中会使人的权利、自由受到最少侵害的方法。[①]

在未成年人刑事诉讼中，国际刑事司法准则和世界各国立法更加强调对未成年犯罪嫌疑人、被告人的非羁押原则，以严格限制适用羁押性强制措施。例如，联合国《儿童权利公约》第 37 条（b）项规定："不得非法或任意剥夺任何儿童的自由。对儿童的逮捕、拘留或监禁应符合法律规定并仅应作为最后手段，期限应为最短的适当时间。"联合国《少年司法最低限度标准规则》（北京规则）第 13 条规定："审前拘留应仅作为万不得已的手段使用，而且时间应尽可能短。如有可能，应采取其他替代办法，诸如密切监视，加强看管或安置在一个家庭或一个教育机关或环境内。"联合国《保护被剥夺自由少年规则》第 2 条规定："只应根据本《规则》和《联合国少年司法最低限度标准规则》所规定原则和程序来剥夺少年的自由。剥夺少年的自由应作为最后的一种处置手段，时间应尽可能短，并只限于特殊情况。制裁的期限应由司法当局确定，同时不排除今后早日释放的可能性。"第 17 条规定："被逮捕扣押的少年或待审讯（未审讯）的少年应假定是无罪的，并当作无罪者对待。应尽可能避免审讯前拘留的情况，并只限于特殊情况。因此，应作出一切努力，采用其他的替代办法。在不得已采取预防性拘留的情况下，少年法院和调查机构应给予最优先处理，以最快捷方式处理此种案件，以保证尽可能缩短拘留时间。应将未审讯的拘留者与已判罪的少年分隔开来。"

---

① 陈瑞华：《问题与主义之间——刑事诉讼基本问题研究》，中国人民大学出版社 2008 年版，第 144 页。

我国《刑事诉讼法》明文规定的强制措施包括拘传、取保候审、监视居住、拘留和逮捕五种。其中，拘留和逮捕以剥夺犯罪嫌疑人、被告人的人身自由为基本特征，是带有羁押性的两种强制措施。1996年《刑事诉讼法》中没有明确规定对未成年犯罪嫌疑人、被告人的非羁押原则，实践中针对未成年人适用逮捕措施的比例也比较高。“由于立法上没有一个确定的制度性指向，导致在实践中，虽然大部分办案人员都认为应当在取保候审问题上给予未成年人特殊的、更为宽松的待遇，但在具体案件的办理中，犯罪嫌疑人、被告人是未成年人这一因素并不会对办案人员作出是否取保候审的决定产生多大的影响，未成年人取保候审的比率依旧较低。”[①]此外，对本地和外地未成年人在取保候审适用上的差别对待，也是未成年人适用强制措施中的一个问题。针对流动的未成年犯罪嫌疑人、被告人难以适用取保候审的问题，司法实践中有的地区积极探索以拓展未成年人取保候审的社会支持机制的方法来扩大非羁押强制措施的适用，以尽可能减少羁押，取得了良好效果。[②]

2012年《刑事诉讼法》在明确对未成年人的“教育、感化、挽救”方针和“教育为主、惩罚为辅”原则的基础上，还在第269条规定了对未成年犯罪嫌疑人、被告人应当严格限制适用逮捕措施。这意味着对未成年犯罪嫌疑人、被告人应当采取非羁押原则，除非具有逮捕的必要，否则通常情况下不得适用逮捕措施，应尽可能适用非羁押措施。同时，最高人民法院、最高人民检察院有关的司法解释以及其他机关制定的一些规范性文件也都明确规定了对未成年犯罪嫌疑人、被告人的审前非羁押原则。

2010年中央综治委预青组等六部门《未成年人刑事案件配套工作体系意见》也指出，公安机关办理未成年人刑事案件，对未

---

① 宋英辉、何挺：《我国取保候审制度之完善——以加拿大保释制度为借鉴》，载《法学评论》2007年第5期。

② 王贞会：《羁押替代性措施改革与完善》，中国人民公安大学出版社2012年版，第205~208页。

成年人应优先考虑适用非羁押强制措施，加强有效监管；羁押性强制措施应依法慎用，比照成年人严格适用条件。办理未成年人刑事案件不以拘留率、逮捕率或起诉率作为工作考核指标。对被羁押的未成年人应当与成年人分别关押、管理，有条件的看守所可以设立专门的未成年人监区。有条件的看守所可以对被羁押的未成年人区分被指控犯罪的轻重、类型分别关押、管理。未成年犯罪嫌疑人、被告人入所后服从管理、依法变更强制措施不致发生社会危险性，能够保证诉讼正常进行的，公安机关、人民检察院、人民法院应当及时变更强制措施；看守所应提请有关办案部门办理其他非羁押强制措施。

2012 年最高人民检察院《刑诉规则》第 487 条规定："人民检察院办理未成年犯罪嫌疑人审查逮捕案件，应当根据未成年犯罪嫌疑人涉嫌犯罪的事实、主观恶性、有无监护与社会帮教条件等，综合衡量其社会危险性，严格限制适用逮捕措施。"第 488 条规定："对于罪行较轻，具备有效监护条件或者社会帮教措施，没有社会危险性或者社会危险性较小，不逮捕不致妨害诉讼正常进行的未成年犯罪嫌疑人，应当不批准逮捕。对于罪行比较严重，但主观恶性不大，有悔罪表现，具备有效监护条件或者社会帮教措施，具有下列情形之一，不逮捕不致妨害诉讼正常进行的未成年犯罪嫌疑人，可以不批准逮捕：（一）初次犯罪、过失犯罪的；（二）犯罪预备、中止、未遂的；（三）有自首或者立功表现的；（四）犯罪后如实交代罪行，真诚悔罪，积极退赃，尽力减少和赔偿损失，被害人谅解的；（五）不属于共同犯罪的主犯或者集团犯罪中的首要分子的；（六）属于已满十四周岁不满十六周岁的未成年人或者系在校学生的；（七）其他可以不批准逮捕的情形。"

2012 年最高人民检察院《加强未成年人刑事检察工作决定》第 5 条规定，坚持依法少捕、慎诉、少监禁。要综合犯罪事实、情节及帮教条件等因素，进一步细化审查逮捕、审查起诉和诉讼监督标准，最大限度地降低对涉罪未成年人的批捕率、起诉率和监禁率。对于罪行较轻，具备有效监护条件或者社会帮教措施，没有社会危险性或者社会危险性较小的，一律不捕；对于罪行较重，但主观恶性不大，真诚悔罪，具备有效监护条件或者社会帮教措施，并具有一定从轻、减轻情节的，一般也可不捕；对已经批准逮捕的未成年犯罪嫌疑人，经审查没有继续羁押必要的，及时建议释放或者变更强制措施。

2013 年最高人民检察院《办理未成年人刑事案件规定》第 13 条规定，人民检察院办理未成年犯罪嫌疑人审查逮捕案件，应当根据未成年犯罪嫌疑人涉嫌犯罪的事实、主观恶性、有无监护与社会帮教条件等，综合衡量其社会危险性，严格限制适用逮捕措施，可捕可不捕的不捕。第 19 条规定，对于罪行较轻，具备有效监护条件或者社会帮教措施，没有社会危险性或者社会危险性较小，不会妨害诉讼正常进行的未成年犯罪嫌疑人，一般不予批准逮捕。对于罪行比较严重，但主观恶性不大，有悔罪表现，具备有效监护条件或者社会帮教措施，不具有社会危险性，不会妨害诉讼正常进行，并具有下列情形之一的未成年犯罪嫌疑人，也可以依法不予批准逮捕：初次犯罪、过失犯罪的；犯罪预备、中止、未遂的；有自首或者立功表现的；犯罪后能够如实交代罪行，认识自己行为的危害性、违法性，积极退赃，尽力减少和赔偿损失，得到被害人谅解的；不是共同犯罪的主犯或者集团犯罪中的首要分子的；属于已满十四周岁不满十六周岁的未成年人或者系在校学生的；其他没有逮捕必要的情形。对于不予批准逮捕的案件，应当说明理由，连同案卷材料送达公安机关执行。需要补充侦查的，应当同时通知公安机关。必要时可以向被害方作说明解释。

2012 年公安部《刑事程序规定》第 316 条规定："对未成年犯罪嫌疑人应当严格限制和尽量减少使用逮捕措施。未成年犯罪嫌疑人被拘留、逮捕后服从管理、依法变更强制措施不致发生社会危险性，能够保证诉讼正常进行的，公安机关应当依法及时变更强制措施；人民检察院批准逮捕的案件，公安机关应当将变更强制措施情况及时通知人民检察院。”

为了落实对未成年犯罪嫌疑人、被告人的审前非羁押原则，立法还规定了逮捕时应当讯问未成年犯罪嫌疑人、被告人和听取辩护律师意见的制度。2012 年《刑事诉讼法》第 269 条规定：“对未成年犯罪嫌疑人、被告人应当严格限制适用逮捕措施。人民检察院审查批准逮捕和人民法院决定逮捕，应当讯问未成年犯罪嫌疑人、被告人，听取辩护律师的意见。”2012 年最高人民检察院《刑诉规则》第 490 条规定：“在审查逮捕、审查起诉中，人民检察院应当讯问未成年犯罪嫌疑人，听取辩护人的意见，并制作笔录附卷。”2012 年最高人民检察院《加强未成年人刑事检察工作决定》第 14 条规定：“建立健全法律援助制度和听取律师意见制度。审查逮捕或审查起诉时发现未成年犯罪嫌疑人未委托辩护人的，应当依法通知法律援助机构指派律师为其提供法律援助，并认真听取律师关于无罪、罪轻或者无批捕、起诉必要的意见。要监督公安机关、人民法院保障未成年人得到法律帮助。有条件的地方，可以推动司法行政机关建立专业化的未成年人法律援助律师队伍，并将法律援助对象范围扩大到未成年被害人。”

对未成年人审查批准或者决定适用逮捕措施，不仅应当讯问犯罪嫌疑人、被告人，而且应当听取辩护律师意见。这就是说，不管辩护律师是否提出了听取意见的要求，人民检察院或者人民法院都要听取辩护律师的意见。听取辩护律师意见，既可以口头的方式听取，也可以书面的方式听取。辩护律师通过参与人民检察院审查批准逮捕和人民法院决定逮捕程序，为未成年人提供法律帮助和实施社会调查等活动，可以弥补未成年人心智不成熟、社会阅历浅、法律知识欠缺，理解、沟通和表达能力差等不足，有利于检察机关或法院全面了解未成年犯罪嫌疑人、被告人的基本信息，准确评估未成年犯罪嫌疑人、被告人的人身危险程度、社会危害性以及是否具有逮捕必要性，严格限制对未成年人适用逮捕措施，同时也能通过听取律师意见的方式及时发现诉讼过程中的违法行为，以最大限度地维护未成年人的诉讼权利及其他合法权益。

除了明确规定对未成年人严格限制适用逮捕措施外，2012 年《刑事诉讼法》还对取保候审和监视居住的适用情形作了区分，将监视居住定位为逮捕的替代措施，明确了采取逮捕措施的各种情形，增加了检察机关对已经被逮捕的犯罪嫌疑人、被告人有无继续羁押必要性进行审查等规定。2016 年 1 月最高人民检察院印发《人民检察院办理羁押必要性审查案件规定（试行）》，对检察机关开展逮捕后的继续羁押必要性审查工作作了较为全面细致的规定。根据该《规定》第 18 条第六项的规定，人民检察院经羁押必要性审查，发现犯罪嫌疑人、被告人系未成年人，且具有悔罪表现，不予羁押不致发生社会危险性的，可以向办案机关提出释放或者变更强制措施的建议。具体到未成年人刑事案件，这些规定都为落实对未成年犯罪嫌疑人、被告人的审前非羁押原则提供了依据。

（五）分案处理原则

分案处理，是指公安司法机关在刑事诉讼过程中应当对未成年人案件与成年人案件实行诉讼程序分离、分案处理，对被拘留、逮捕和执行刑罚的未成年人与成年人分别关押、分别管理、分别教育。分案处理是我国立法对未成年犯罪嫌疑人、被告人采取区别待遇和特别司法保护的重要体现。

对未成年人刑事案件予以分案处理的理论基础在于以下方面：第一，案件类型必须与诉讼程序相适应。任何诉讼程序形态，都必须遵循程序与案件（或者纠纷）相适应的原理。在刑事诉讼程序中，对于轻罪案件，多适用简易程序，对于重罪或者较为复杂案件则往往适用普通诉讼程序。对于成年人刑事案件，多适用一般的诉讼程序，而对于未成年人刑事案件，则通常适用特殊的诉讼程序。第二，有利于避免交叉感染。与成年人相比，未成年犯罪人的主观恶性通常不大，若将其与成年人羁押在一起，往往容易受到“交叉感染”和不良习惯的影响，不利于重新回归社会。在审查起诉和审判过程中，有些成年犯罪嫌疑人、被告人避重就轻甚至当庭翻供、拒不认罪的种种表现，也容易影响未成年犯罪嫌疑人、被告人的认罪、悔罪态度。为了避免上述现象发生，应当对未成年犯罪嫌疑人、被告人分别羁押、分别看管、分案起诉和分案审理。第三，有利于更好地保护未成年犯罪嫌疑人、被告人。采取一系列有别于成年人刑事诉讼的原则、制度和程序，有针对性地对未成年人进行教育、感化和挽救，保护未成年人的诉讼权利和其他合法权益。①

分案处理原则在有关的联合国文件以及世界许多国家和地区的立法中都有明确规定。联合国《囚犯待遇最低限度标准规则》第 8 条（d）项规定，青少年囚犯应同成年囚犯隔离。联合国《公民权利和政治权利国际公约》第 10 条第 2 款（乙）项规定："被控告的少年应与成年人分隔开，并应尽速予以判决。"第 3 款规定："少年罪犯应与成年人隔离开，并应给予适合其年龄及法律地位的待遇。"联合国《少年司法最低限度标准规则》（北京规则）第 13 条第 4 款规定，"审前拘留的少年应与成年人分开看管，应拘留在一个单独的监所或一个也拘留成年人的监所的单独部分。"联合国《保护被剥夺自由少年规则》第 29 条规定："在各种拘留机构内，少年应与成人隔离，除非他们属于同一家庭的成员。作为确经证明有益于所涉少年的特别管教方案内容的一部分，可在管制情况下让少年与经过慎重挑选的成人在一起。"第 30 条规定："应为少年设立开放性的拘留所，开放性的拘留所是完全没有或很少警备设施的场所。这类拘留所内人数应尽可能不多。拘留在完全关闭的拘留所内的少年人数也应不多以便进行个别管教。少年拘留所应进行分权管理，且其规模应便于少年与其家庭的联系和接触。应设小型拘留所，与社区的社会、经济和文化环境融合。"

我国有关的法律、司法解释和其他规范性文件也规定了对未成年人的分案处理原则。2012 年《刑事诉讼法》第 269 条第 2 款规

① 宋英辉、甄贞主编：《未成年人犯罪案件诉讼程序》，北京师范大学出版社 2011 年版，第 50~51 页。

定："对被拘留、逮捕和执行刑罚的未成年人与成年人应当分别关押、分别管理、分别教育。"《未成年人保护法》第55条规定："公安机关、人民检察院、人民法院办理未成年人犯罪案件和涉及未成年人权益保护案件，应当照顾未成年人身心发展特点，尊重他们的人格尊严，保障他们的合法权益，并根据需要设立专门机构或者指定专人办理。"《预防未成年人犯罪法》第46条规定，对被拘留、逮捕和执行刑罚的未成年人与成年人应当分别关押、分别管理、分别教育。《监狱法》第39条规定："监狱对成年男犯、女犯和未成年犯实行分开关押和管理，对未成年犯和女犯的改造，应当照顾其生理、心理特点。"

2012年最高人民法院《刑诉法解释》第464条第1款规定："对分案起诉至同一人民法院的未成年人与成年人共同犯罪案件，可以由同一个审判组织审理；不宜由同一个审判组织审理的，可以分别由少年法庭、刑事审判庭审理。"2012年最高人民检察院《加强未成年人刑事检察工作决定》第19条规定："建立健全分案起诉制度。对于受理的未成年人和成年人共同犯罪案件，在不妨碍查清案件事实和相关案件开庭审理的情况下，应当将成年人和未成年人分案提起公诉，由法院分庭审理和判决。对涉外、重大、疑难、复杂的案件，未成年人系犯罪团伙主犯的案件，刑事附带民事诉讼案件，分案后不利于审理的，也可以不分案起诉，但应对未成年人采取适当的保护措施。对分案起诉的案件，一般要由同一部门、同一承办人办理。要加强与审判机关的沟通协调，确保案件事实认定及法律政策适用的准确和统一。"2013年最高人民检察院《办理未成年人刑事案件规定》第51条第1款规定："人民检察院审查未成年人与成年人共同犯罪案件，一般应当将未成年人与成年人分案起诉。"第53条规定："对于分案起诉的未成年人与成年人共同犯罪案件，在审查起诉过程中可以根据全案情况制作一个审结报告，起诉书以及出庭预案等应当分别制作。"2012年公安部《刑事程序规定》第317条规定："对被羁押的未成年人应当与成年人分别关押、分别管理、分别教育，并根据其生理和心理特点在生活和学习方面给予照顾。”司法部《未成年犯管教所管理规定》第 15 条规定：“对未成年男犯、女犯，应当分别编队关押和管理。未成年女犯由女性人民警察管理。少数民族未成年犯较多的，可单独编队关押和管理。”第 16 条规定：“未成年犯管教所按照未成年犯的刑期、犯罪类型，实行分别关押和管理。根据未成年犯的改造表现，在活动范围、通信、会见、收受物品、离所探亲、考核奖惩等方面给予不同的处遇。”此外，2010 年中央综治委预青组等六部门《未成年人刑事案件配套工作体系意见》也规定，未成年人与成年人共同犯罪的案件，一般应当分案起诉和审判；情况特殊不宜分案办理的案件，对未成年人应当采取适当的保护措施。

分案处理原则体现在未成年人刑事诉讼的各个阶段，主要包括分案侦查、分案起诉、分案审理、分押分管和分别教育等。第一，分案侦查。侦查机关通过专门机构、人员对未成年人刑事案件进行分案侦查，可以在一开始就对未成年犯罪人和成年犯罪人加以区别对待，避免对未成年人的交叉感染，感化、挽救失足青少年，对其进行教育矫治。第二，分案起诉。对于未成年人与成年人共同犯罪的案件，检察机关在不妨碍案件审理的前提下，对未成年犯罪嫌疑人和成年犯罪嫌疑人分别起诉，以最大限度地保护未成年人合法权益。第三，分案审理。法院应当成立专门的未成年人审判组织，并且由专门人员采用不同于成年人的审理方式进行审理。对于不宜分案审理的，也可以一并审理。第四，分押分管。对未成年犯罪嫌疑人、被告人适用拘留、逮捕等强制措施时，要将未成年人与成年人分开关押看管；对判处执行一定期限的监禁刑的未成年人，也要同成年罪犯分开，不能在同一场所执行。[①] 第五，分别教育。法律规定了对犯罪的未成年人以“教育为主，惩罚为辅”，并不是说对成

① 温小洁：《我国未成年人刑事案件诉讼程序》，中国人民公安大学出版社 2003 年版，第 86 页。

年人就不进行教育而一味判处刑罚，而是说在教育的阶段、内容和方法上要区分未成年人与成年人的各自特点，分别进行有针对性的教育。

（六）强制辩护原则

对未成年人实行强制辩护，是指办理未成年人刑事案件必须有辩护人的参与，以切实保护未成年犯罪嫌疑人、被告人的合法权益，如果没有委托辩护人的未成年犯罪嫌疑人、被告人，公安机关、检察院和法院应当通知法律援助机构指派律师为其提供辩护。

为没有委托辩护人的未成年犯罪嫌疑人、被告人提供法律援助，是世界各国和联合国刑事司法准则的基本要求。联合国《儿童权利宣言》中写道："儿童因身心尚未成熟，在其出生以前和以后均需要特殊的保护和照料，包括法律上的适当保护。"联合国《儿童权利公约》第40条第2款（B）规定："所有被指称或者指控触犯列法的儿童至少应得到下列保证……（二）迅速直接地被告知其被控罪名，适当时应通过其父母或者法定监护人告知，并获得准备和提出辩护所需的法律或者其他适当协助。"联合国《少年司法最低限度标准规则》（北京规则）第7.1条规定："在诉讼的各个阶段，应保证基本程序方面的保障措施，诸如假定无罪，指控罪状通知本人的权利，保持沉默的权利，请律师的权利，要求父亲或者母亲或者监护人在场的权利，与证人对质的权利和向上级机关上诉的权利。"第15.1条规定："在整个诉讼程序中，少年应有权由1名法律顾问代表，或者在提供义务法律援助的国家申请这种法律援助。"联合国《保护被剥夺自由少年规则》第18条规定："未审讯少年拘留的待遇条件应与下述各项规定相一致，必要时还可酌情根据假定无罪的要求、拘留期限和有关少年的法律地位和状况，作出具体的补充规定。这些规定应包括但不一定只限于下列各项：(a）这些少年应有权得到法律顾问，并应能申请免费法律援助（如有这种援助的话），并能经常与法律顾问进行联系。此种联系应保证能私下进行，严守机密……"我国已经签署和加入了一系列关于未成年人司法保护的联合国公约，对于公约确立的原则、标准和规范，应当予以遵守。

“有权获得辩护”是我国宪法和法律赋予犯罪嫌疑人、被告人的一项基本权利，在其整个诉讼权利体系中居于核心地位。我国《宪法》第125条规定：“人民法院审理案件，除法律规定的特别情况外，一律公开进行。被告人有权获得辩护。”2012年《刑事诉讼法》第11条规定：“人民法院审理案件，除本法另有规定的以外，一律公开进行。被告人有权获得辩护，人民法院有义务保证被告人获得辩护。”这一“有权获得辩护”的规定，同样适用于审前程序的犯罪嫌疑人。在整个刑事诉讼过程中，犯罪嫌疑人、被告人既可以自行辩护，也可以委托律师或者其他人员进行辩护，对于没有委托辩护人的犯罪嫌疑人、被告人，在法定情形下由法律援助机构指派律师为其提供辩护。

我国1996年《刑事诉讼法》第33条规定，公诉案件自案件移送审查起诉之日起，犯罪嫌疑人有权委托辩护人。因此，犯罪嫌疑人在侦查阶段委托的律师并不居于辩护人的诉讼地位，相应的也就不享有辩护权，其在侦查程序中实施的提供法律咨询、代理申诉、控告等诉讼活动也并非履行辩护职责。2012年《刑事诉讼法》确认了律师在侦查程序中的辩护人地位，并规定侦查机关负有告知犯罪嫌疑人有权委托律师担任辩护人的义务。根据第33条的规定，犯罪嫌疑人自被侦查机关第一次讯问或者采取强制措施之日起，有权委托辩护人；在侦查期间，只能委托律师作为辩护人……在第一次讯问犯罪嫌疑人或者对犯罪嫌疑人采取强制措施时，侦查机关负有告知犯罪嫌疑人有权委托律师担任辩护人的义务。因此，律师在侦查阶段即有权以辩护人的身份参与到刑事诉讼中来，从而更早、更充分地行使法定之辩护权，切实有效地履行辩护职能，维护犯罪嫌疑人的诉讼权利及其他合法权益。

对于未成年人刑事案件，我国《刑事诉讼法》和有关的司法解释、部门规定等一直都有强制辩护的原则和制度，明确要求对于未成年人没有委托辩护人的，由法律援助律师为其进行辩护。1996年《刑事诉讼法》第34条规定，被告人是盲、聋、哑或者未成年人而没有委托辩护人的，人民法院应当指定承担法律援助义务的律师为其提供辩护。2012年修改的《刑事诉讼法》第267条规定，对于“未成年犯罪嫌疑人、被告人没有委托辩护人的，人民法院、人民检察院、公安机关应当通知法律援助机构指派律师为其提供辩护”。

2010年中央综治委预青组等六部门《未成年人刑事案件配套工作体系意见》规定，在第一次对未成年犯罪嫌疑人讯问时或自采取强制措施之日起，公安机关应当告知未成年人及其法定代理人有关诉讼权利和义务，在告知其有权委托辩护人的同时，应当告知其如果经济困难，可以向法律援助机构申请法律援助，并提供程序上的保障。在审查批捕和审查起诉阶段，人民检察院应当告知未成年犯罪嫌疑人及其法定代理人有关诉讼权利和义务，在告知其有权委托辩护人的同时，应当告知其如果经济困难，可以向法律援助机构申请法律援助，并提供程序上的保障。开庭时未满十八周岁的未成年被告人没有委托辩护人的，人民法院应当指定承担法律援助义务的律师为其提供辩护。

2012年最高人民法院《刑诉法解释》第472条规定：“审判时不满十八周岁的未成年被告人没有委托辩护人的，人民法院应当通知法律援助机构指派律师为其提供辩护。”此外，2001年最高人民法院《审理未成年人刑事案件规定》第15条规定：“人民法院应当依法保证未成年被告人获得辩护。开庭审理时不满十八周岁的未成年被告人没有委托辩护人的，人民法院应当指定承担法律援助义务的律师为其提供辩护。在审判过程中，未成年被告人及其法定代理人可以拒绝辩护人为他辩护。”

2012年最高人民检察院《刑诉规则》第485条规定：“人民检察院受理案件后，应当向未成年犯罪嫌疑人及其法定代理人了解其委托辩护人的情况，并告知其有权委托辩护人。未成年犯罪嫌疑人没有委托辩护人的，人民检察院应当书面通知法律援助机构指派律师为其提供辩护。”

2013 年最高人民检察院《办理未成年人刑事案件规定》第 11 条规定：“人民检察院受理案件后，应当向未成年犯罪嫌疑人及其法定代理人了解其委托辩护人的情况，并告知其有权委托辩护人。未成年犯罪嫌疑人没有委托辩护人的，人民检察院应当书面通知法律援助机构指派律师为其提供辩护。”

2012 年公安部《刑事程序规定》第 309 条规定：“未成年犯罪嫌疑人没有委托辩护人的，公安机关应当通知法律援助机构指派律师为其提供辩护。”

2013 年最高人民法院等四部门《刑事法律援助规定》第 9 条规定，犯罪嫌疑人、被告人是未成年人且没有委托辩护人的，公安机关、人民检察院、人民法院应当自发现该情形之日起 3 日内，通知所在地同级司法行政机关所属法律援助机构指派律师为其提供辩护。

可见，未成年人刑事案件必须有辩护人的参与，如果未成年人没有委托辩护人，不论其处于哪一个诉讼阶段，也不论其涉嫌的罪名为何，以及可能判处何种刑罚，公安司法机关都应当通知法律援助机构指派律师为其提供辩护，否则，就不得对未成年人进行追诉和判处刑罚。

在未成年人刑事案件中，辩护律师除了享有与办理成年人刑事案件相同的诉讼权利外，如会见、通信权、阅卷权、调查取证权、提出意见的权利、参加法庭调查和辩论的权利等，2012 年《刑事诉讼法》还对律师参与未成年人刑事案件作了一些特殊规定。例如，规定检察机关审查批准或者人民法院决定逮捕未成年犯罪嫌疑人、被告人时，应当听取律师意见。这就要求，辩护律师在办理未成年人刑事案件时密切结合未成年人的自身特点，选择有针对性的辩护策略和技巧，以更好地为未成年人提供法律帮助和维护未成年人合法权益。

拒绝辩护是犯罪嫌疑人、被告人的一项权利。然而，根据强制辩护原则的要求，虽然未成年犯罪嫌疑人、被告人可以拒绝特定辩护人的辩护，但在刑事诉讼中必须有辩护人为其提供辩护，否则就无法继续对未成年人的刑事诉讼程序。因此，未成年犯罪嫌疑人、被告人拒绝辩护的权利要受到一定限制，不得任意行使。根据2012年最高人民法院《刑诉法解释》第481条的规定，未成年被告人或者其法定代理人当庭拒绝辩护人辩护，要求另行委托辩护人或者指派律师的，合议庭应当准许。未成年被告人或者其法定代理人拒绝辩护人辩护后，没有辩护人的，应当宣布休庭；仍有辩护人的，庭审可以继续进行。有多名未成年被告人的案件，部分被告人或者其法定代理人拒绝辩护人辩护后，没有辩护人的，根据案件情况，可以对该未成年被告人另案处理，对其他未成年被告人的庭审继续进行。重新开庭后，未成年被告人或者其法定代理人再次当庭拒绝辩护人辩护的，不予准许。重新开庭时被告人已满十八周岁的，可以准许，但不得再另行委托辩护人或者要求另行指派律师，由其自行辩护。2013年最高人民法院等四部门《刑事法律援助规定》第15条第2款规定："对于应当通知辩护的案件，犯罪嫌疑人、被告人拒绝法律援助机构指派的律师为其辩护的，公安机关、人民检察院、人民法院应当查明拒绝的原因，有正当理由的，应当准许，同时告知犯罪嫌疑人、被告人需另行委托辩护人。犯罪嫌疑人、被告人未另行委托辩护人的，公安机关、人民检察院、人民法院应当及时通知法律援助机构另行指派律师为其提供辩护。"2001年最高人民法院《审理未成年人刑事案件规定》也有类似规定。

（七）审理不公开原则

审判公开是刑事诉讼的一项基本原则，审理不公开则是未成年人刑事司法的一项特殊原则。所谓审理不公开，是指法院在开庭审理未成年人刑事案件时，不允许群众旁听，不允许记者采访，新闻媒体不得对案件情况进行公开报道，报纸期刊等印刷品不得刊登未成年被告人的姓名、年龄、职业、住址及照片等关涉个人隐私的信息的一项诉讼原则。根据我国《宪法》第125条和《刑事诉讼法》第11条的规定，人民法院在审判刑事案件时，除非具有法律规定的不公开审理的特殊情况外，否则应当一律公开进行。未成年人刑事案件的不公开审理，是审判公开原则的例外。不公开审理的意义在于维护未成年人的名誉，防止公开审理对其造成的精神创伤而导致不利于教育改造的不良后果。不公开审理也是对未成年人实行"教育、感化、挽救"方针和"教育为主、惩罚为辅"基本原则的具体体现。

对未成年人刑事案件采用不公开审理的方式，是国际上大多数国家和地区审理未成年人犯罪案件所共同遵循的一项基本原则。这一原则包括对公众不公开、对新闻媒体不公开、宣判不公开以及犯罪档案保密。[①] 同时，对未成年人的不公开审理还体现在联合国刑事司法准则的有关规定中。根据联合国《公民权利和政治权利国际公约》第14条的规定，对少年刑事案件的审判，可以成为公开审判原则的一项例外。此外，联合国《少年司法最低限度标准规则》（北京规则）第8.1条、8.2条也规定，未成年犯罪嫌疑人、被告人享有隐私保障的权利，办案机关应当在各个阶段尊重少年犯享有隐私的权利，以避免由于不适当的宣传或加以点名而对其造成伤害，原则上也不应公布可能会导致使人认出某一少年犯的资料。

我国有关法律和最高人民法院的司法解释也确认了对未成年人刑事案件实行不公开审理的制度。1996年《刑事诉讼法》第152条第2款规定："十四岁以上不满十八岁未成年人犯罪的案件，一律不公开审理。十六岁以上不满十八周岁未成年人犯罪的案件，一般也不公开审理。"2012年《刑事诉讼法》对这一规定作了修改，第274条规定："审判的时候被告人不满十八周岁的案件，不公开审理。但是，经未成年被告人及其法定代理人同意，未成年被告人

---

① 参见温小洁：《我国未成年人刑事案件诉讼程序研究》，中国人民公安大学出版社2003年版，第110~115页。

所在学校和未成年人保护组织可以派代表到场。”据此，审判时不满十八周岁的未成年人刑事案件，一律不公开审理。至于不公开审理的内容，除了不允许社会公众、新闻媒体等旁听法庭审理情况外，根据《未成年人保护法》第 58 条和《预防未成年人犯罪法》第 45 条第 3 款的规定，新闻报道、影视节目、公开出版物、网络等也不得披露该未成年人的姓名、住所、照片、图像以及可能推断出该未成年人的资料。

2001 年最高人民法院《审理未成年人刑事案件规定》第 13 条规定，未成年人刑事案件判决前，审判人员不得向外界披露该未成年人的姓名、住所、照片及可能推断出该未成年人的资料。未成年人刑事案件的诉讼案卷材料，除依法查阅、摘抄、复制以外，未经本院院长批准，不得查询和摘录，并不得公开和传播。第 31 条规定，对未成年人刑事案件宣告判决应当公开进行，但不得采取召开大会等形式。2012 年最高人民法院《刑诉法解释》第 469 条规定：“审理未成年人刑事案件，不得向外界披露该未成年人的姓名、住所、照片以及可能推断出该未成年人身份的其他资料。查阅、摘抄、复制的未成年人刑事案件的案卷材料，不得公开和传播。”第 487 条规定：“对未成年人刑事案件宣告判决应当公开进行，但不得采取召开大会等形式。对依法应当封存犯罪记录的案件，宣判时，不得组织人员旁听；有旁听人员的，应当告知其不得传播案件信息。”

根据 1996 年《刑事诉讼法》有关不公开审理的规定，对未成年人不公开审理时，除了办案人员及本案的诉讼当事人、必要的诉讼参与人外，其他任何组织和个人都不能旁听法庭审理。实践探索证明，来自未成年被告人所在学校、未成年人保护组织等单位、机构的有关人员参与到未成年人刑事案件审判活动中来，有利于消除未成年被告人的紧张情绪或者畏惧心理，有利于庭审工作顺利进行，也有利于更好地教育、感化、挽救未成年人，符合对未成年人予以特殊保护的利益需要。根据这一实际需要，2012 年《刑事诉讼法》增加规定经未成年被告人及其法定代理人同意，未成年被告人所在学校和未成年人保护组织可以派代表到场。即使这些人员到场，仍属于不公开审理。这一规定既有利于发挥未成年被告人所在学校、未成年人保护组织的积极作用，也考虑了未成年被告人及其法定代理人的意愿。在具体适用中，对允许未成年被告人所在学校和未成年人保护组织派代表到场应当严格限定在有利于未成年被告人利益的范围。①

根据我国法律和司法解释等的规定，不仅要在法庭审理阶段注重对未成年人的隐私保护，在侦查、审查起诉和执行等各个诉讼阶段，都不得对外公开或擅自传播未成年人的有关信息。1995 年公安部《办理未成年人违法犯罪案件规定》第 5 条规定，办理未成年人违法犯罪案件，应当保护未成年人的名誉，不得公开披露涉案未成年人的姓名、住所和影像。2012 年公安部《刑事程序规定》第 307 条规定，公安机关办理未成年人刑事案件，应当保障未成年人行使其诉讼权利并得到法律帮助，依法保护未成年人的名誉和隐私，尊重其人格尊严。2012 年最高人民检察院《刑诉规则》第 502 条规定，人民检察院办理未成年人刑事案件过程中，应当对涉案未成年人的资料予以保密，不得公开或者传播涉案未成年人的姓名、住所、照片、图像及可能推断出该未成年人的其他资料。2013 年最高人民检察院《办理未成年人刑事案件规定》第 5 条规定，人民检察院办理未成年人刑事案件，应当依法保护涉案未成年人的名誉，尊重其人格尊严，不得公开或者传播涉案未成年人的姓名、住所、照片、图像及可能推断出该未成年人的资料。1999 年司法部《未成年犯管教所管理规定》第 24 条规定，对未成年犯的档案材料应当严格管理，不得公开和传播，不得向与管理教育或办案无关的人员泄漏。对未成年犯的采访、报道，须经省、自治区、直辖

① 参见陈光中主编：《中华人民共和国刑事诉讼法修改条文释义与点评》，人民法院出版社 2012 年版，第 409~410 页。

市监狱管理局批准，且不得披露其姓名、住所、照片及可能推断出该未成年犯的资料。任何组织和个人不得披露未成年犯的隐私。

四、未成年人刑事司法中的二元考量

（一）执行法律与落实政策之互动

“如果说政策是个巨人，那么法律只是它的影子。”[①] 法律与政策是一对关系密切而又有所区别的范畴，两者都是统治阶级意志的外在表现形式，都是国家公权力实施社会治理的规范手段。在现代社会，法治并不意味着等同于法律，法律的无处不在也不就是法治。只有良法之治才是法治。法治即良法之治这一理念，意味着法治本身就有着独立的价值判断与价值追求，它超乎法律之上，而又渗透于法律之中。法治并不排斥法律之外的其他社会规范，法治只是意味着其他社会规范不能与法治的原则相背离，更不能动摇法治的权威和根基。[②] 可见，对于一个现代国家和社会来讲，法律与政策都是社会治理中不可缺少的手段，两者互为补充，对于实现良法之治、维护社会和谐稳定起到重要作用。

所谓刑事政策，按照一般的理解，是指代表国家权力的公共机构为维护社会稳定、实现社会正义，围绕预防、控制和惩治犯罪所采取的策略措施，以及对因此而牵涉到的犯罪嫌疑人、犯罪人和被害人所采取的态度。[③] 在现代法治国家，刑事政策不仅要实现其有效预防和控制犯罪的功利追求，而且强调在保障个人自由、实现社会公正的基础上，追求刑事政策的形式正义与实质正义的统一；刑事政策不仅要追求预防和控制犯罪的功利效果，而且期望通过积极的社会干预，消除犯罪产生的社会结构矛盾，通过建设性的社会复

---

① 蔡定剑：《历史与变革——新中国法制建设的历程》，中国政法大学出版社1999年版，第259页。

② 参见胡平仁：《法律政策学：平衡权利与权力的科学》，载《当代法学》2001年第3期。

③ 刘仁文：《刑事政策初步》，中国人民公安大学出版社2004年版，第29页。

归过程实现犯罪人的再社会化。换言之，现代法治国家的刑事政策是效率、自由加平等导向的刑事政策。[①] 刑事政策的终极目的是维持社会秩序，也即强调构成社会的个人和集团之间的调和，安定并促进社会的发展，因此，防止犯罪；防止由于犯罪而产生的人权侵害；保护犯罪被害人的人权；缓和社会普通人的报应感情等措施便有了其存在的必要。[②]

在刑事司法领域，刑事政策意味着一种办案理念上的导向和指引，通过在具体的刑事司法活动中贯彻落实刑事政策的要求，实现对整个刑事司法过程的把握和目标控制。刑事政策虽然不是法律，它并不具体规定刑事司法的明确程序，也不具体规定某个犯罪应当适用何种刑罚，但是因为它们具有相同的价值追求，因此，刑事司法活动除了必须严格遵循法律所确定的刑事诉讼程序，严格依据法律规定适用刑罚等措施外，还必须从预防犯罪、改造犯罪和抑制犯罪的最终目的出发，接受刑事政策的指导。[③]

在未成年人刑事司法中，我国在刑事政策上一贯提倡对未成年人的区别对待和从宽处理，坚持“教育、感化、挽救”方针和“教育为主、惩罚为辅”原则，贯彻落实宽严相济刑事政策，充分体现“宽”的一面，切实保障未成年人的诉讼权利及其他合法权益，营造良好的成长环境。因此，在司法实践中，公安司法机关在办理未成年人刑事案件时，对于法律法规、司法解释或有关规范性文件中已经作了明确规定的，要严格按照法律规定执行；对于法律法规、司法解释或有关规范性文件中没有明确规定的，要遵照有关刑事政策的精神加以妥善处理。

例如，对未成年犯罪人的记录封存。根据2012年《刑事诉讼法》第275条的规定，只是对相关犯罪记录予以封存，而没有规

---

① 梁根林：《刑事政策：立场与范畴》，法律出版社2005年版，第28页。

② ［日］大谷实：《刑事政策学》，黎宏译，法律出版社2000年版，第4页。

③ 陈卫东、石献智：《刑事政策在刑事司法中的地位和作用》，载《江海学刊》2002年第5期。

定对不起诉决定或者强制措施决定予以封存。但是，刑事诉讼法里没有明确规定，是否就意味着对未成年犯罪嫌疑人、被告人适用不起诉或者采取强制措施的决定，公安司法机关可以不封存呢？单独从这一法律条文的规定来理解，似乎可以作此解读。但是，根据宽严相济刑事政策和2010年中央综治委预青组等六部门《未成年人刑事案件配套工作体系意见》的规定，对未成年犯的档案应严格保密，建立档案的有效管理制度；对违法和轻微犯罪的未成年人，有条件的地区可以试行行政处罚和轻罪纪录消灭制度。非有法定事由，不得公开未成年人的行政处罚记录和被刑事立案、采取刑事强制措施、不起诉或因轻微犯罪被判处刑罚的记录。可见，从政策执行的角度而言，对于未成年犯罪嫌疑人、被告人被刑事立案、采取刑事强制措施、不起诉或因轻微犯罪被判处刑罚的记录，也要予以封存。总体来说，凡是可能影响未成年犯罪嫌疑人、被告人的健康成长，可能影响他顺利复归社会的一些不利信息都要封存，从而为他营造一个良好的成长环境，这是我国立法包括政策制定的初衷和目的，应当严格执行。

（二）司法保护与政府保护、社会保护一体化

未成年人承载着国家的希望，民族的未来。他们的心智发育未臻健全，行为和心理承受力较弱，权利保护意识不高，在刑事诉讼中容易受到来自各方面因素的影响，缺乏有效的手段去行使诉讼权利和保障其合法权益。因此，我国刑事诉讼法、未成年人保护法、预防未成年人犯罪法等法律法规和司法解释等对未成年人的司法保护问题作了比较详尽的规定，要求公安司法机关及司法行政部门，应当依法履行职责，在司法活动中切实保护未成年人的合法权益。2012年修正的《刑事诉讼法》专门增设未成年人刑事案件的特别诉讼程序，明确规定对未成年人坚持“教育、感化、挽救”方针和“教育为主，惩罚为辅”原则，保障未成年人行使诉讼权利和得到法律帮助，并对诸多制度内容予以修改和完善。

例如，规定对未成年人实行强制辩护制度，扩大法律援助辩护

的范围；人民检察院审查批准逮捕和人民法院决定逮捕时应当讯问犯罪嫌疑人、被告人，并听取辩护律师的意见；讯问和审判未成年人时有法定代理人或其他合适的成年人到场；增加对未成年人的附条件不起诉和犯罪记录封存制度等，都体现了国家对未成年人犯罪问题的重视和对未成年人的司法保护。

调查发现，在实施违法犯罪行为之后，如果能够得到及时有效的帮助、教育和矫治，未成年人通常能够以一种积极状态回归社会，而且效果非常明显。从这个角度而言，对犯了罪的未成年人进行教育、矫治和保护，不只是一种司法体制内的活动，而是一项覆盖整个社会各方面的系统工程，是一种国家和社会基于对未成年人应尽之监护义务而承担的国家责任，需要借助和整合整个社会的力量来进行。因此，对于犯罪的未成年人，除了司法上给予充分的保护外，还要加强政府和整个社会对他们的关心和保护。对未成年人的司法保护、政府保护和社会保护是相辅相成、互为补充的，无论是司法保护也好，还是政府保护或者社会保护也好，都是为了实现为未成年人营造良好的成长环境，维护未成年人合法权益的根本目标。

尤为重要的是要进一步加强对未成年人的社会保护，这包括社会各个方面对未成年人合法权益的保护。《未成年人保护法》第四章规定了对未成年人开展社会保护的内容，包括多个方面的许多内容。根据《未成年人保护法》的规定，全社会应当树立尊重、保护、教育未成年人的良好风尚，关心、爱护未成年人。国家鼓励社会团体、企业事业组织以及其他组织和个人，开展多种形式的有利于未成年人健康成长的社会活动。各级人民政府应当保障未成年人受教育的权利，并采取措施保障家庭经济困难的、残疾的和流动人口中的未成年人等接受义务教育。各级人民政府应当建立和改善适合未成年人文化生活需要的活动场所和设施，鼓励社会力量兴办适合未成年人的活动场所，并加强管理。国家采取措施，预防未成年人沉迷网络。禁止任何组织、个人制作或者向未成年人出售、出租或者以其他方式传播淫秽、暴力、凶杀、恐怖、赌博等毒害未成年人的图书、报刊、音像制品、电子出版物以及网络信息等。营业性歌舞娱乐场所、互联网上网服务营业场所等不适宜未成年人活动的场所，不得允许未成年人进入，经营者应当在显著位置设置未成年人禁入标志；对难以判明是否已成年的，应当要求其出示身份证件。禁止向未成年人出售烟酒，经营者应当在显著位置设置不向未成年人出售烟酒的标志；对难以判明是否已成年的，应当要求其出示身份证件。任何人不得在中小学校、幼儿园、托儿所的教室、寝室、活动室和其他未成年人集中活动的场所吸烟、饮酒。任何组织或者个人按照国家有关规定招用已满十六周岁未满十八周岁的未成年人的，应当执行国家在工种、劳动时间、劳动强度和保护措施等方面的规定，不得安排其从事过重、有毒、有害等危害未成年人身心健康的劳动或者危险作业。任何组织或者个人不得披露未成年人的个人隐私。对未成年人的信件、日记、电子邮件，任何组织或者个人不得隐匿、毁弃；除因追查犯罪的需要，由公安机关或者人民检察院依法进行检查，或者对无行为能力的未成年人的信件、日记、电子邮件由其父母或者其他监护人代为开拆、查阅外，任何组织或者个人不得开拆、查阅。公安机关应当采取有力措施，依法维护校园周边的治安和交通秩序，预防和制止侵害未成年人合法权益的违法犯罪行为。县级以上人民政府及其民政部门应当根据需要设立救助场所，对流浪乞讨等生活无着未成年人实施救助，承担临时监护责任；公安部门或者其他有关部门应当护送流浪乞讨或者离家出走的未成年人到救助场所，由救助场所予以救助和妥善照顾，并及时通知其父母或者其他监护人领回。对孤儿、无法查明其父母或者其他监护人的以及其他生活无着的未成年人，由民政部门设立的儿童福利机构收留抚养。未成年人救助机构、儿童福利机构及其工作人员应当依法履行职责，不得虐待、歧视未成年人；不得在办理收留抚养工作中牟取利益。未成年人已经完成规定年限的义务教育不再升学的，政府有关部门和社会团体、企业事业组织应当根据实际情况，对他们进行职业教育，为他们创造劳动就业条件。居民委员会、村民委员会应当协助有关部门教育和挽救违法犯罪的未成年人，预防和制止侵害未成年人合法权益的违法犯罪行为。未成年人的合法权益受到侵害的，被侵害人及其监护人或者其他组织和个人有权向有关部门投诉，有关部门应当依法及时处理。

（三）未成年犯罪嫌疑人、被告人保护与未成年被害人保护之并重

随着20世纪中叶被害人学的兴起和被害人要求刑事程序保护的呼声日趋高涨，刑事被害人的地位经历了由高到低再逐渐提高的历史过程，被害人权利的独立性和重要性已经为越来越多的国家所重视，人们已经有了这样的共识：被害人是刑事诉讼启动要素之一，与被告人一样，都是刑事诉讼应予尊重和保护的中心人物，其权利也是完全独立的并不可代替的，维护国家利益与维护被害人利益应当兼顾。① 在这一背景下，各国纷纷强化对刑事被害人权利的保护，同时强调对被害人权利保护不能以损害犯罪嫌疑人、被告人的权利为前提，以防止人权保障的片面化。

强化对刑事被害人的权利保护已经成为国际社会的共识，当今世界各国立法大都规定了对被害人权利予以保护的条款，以平衡犯罪嫌疑人、被告人与被害人在刑事诉讼中的基本处遇。在英国，1994年《皇家检察官准则》规定，皇家检察院依照公共利益办事而不是依照任何个人的利益办事，但检察官是要非常细心地考虑被害人的利益，在决定公共利益之所在时，这是一个重要因素。② 美国的被害人保护运动始于20世纪60年代中期，1965年加州政府率先颁布了《暴力犯罪被害人补偿法》，此后其他各州陆续颁布。1990年《被害人权利及损害恢复法》规定了被害人的七项权利：

① 张剑秋：《刑事被害人权利问题研究》，中国人民公安大学出版社2009年版，第169~170页。

② Cris Lewis，Tom Ellis：《一个刑事被害人保护的法律、政策与实践》，李霞译，载张鸿巍主编：《刑事被害人保护问题研究》，人民法院出版社2007年版，第207页。

受公平处遇及被尊重人格及隐私权；受合理保护，免被他人侵害的权利；受通知法庭程序的权利；除因被害人在场亲聆他人证词足以影响其真实性外，被害人有与本案公开审判庭在场的权利；向承办检察官咨询的权利；损害回复请求权；被通知判决权。1997年《被害人权利保障法》规定了被害人出席和旁听审判的权利，以及作出陈述或提交任何跟量刑有关的信息。2004年10月美国国会又通过了《刑事被害人权利法》，规定了被害人的一系列权利。[①] 在德国，1987年《被害人保护法》明确规定了被害人在刑事诉讼中居于当事人地位，享有诸多诉讼权利。例如，在法庭审理过程中提出异议和申请调查证据的权利，拒绝陈述的权利，独立的上诉权，要求补偿和救济的权利，申请回避的权利，获得相关信息的权利，提起附带民事诉讼的权利，询问被害人时委托律师在场的权利等。[②] 在日本，2000年《刑事程序中保护被害人等附带措施的法律》规定，审判长有义务采取措施帮助被害人等旁听公审程序，确立使犯罪被害人等能够阅览和抄录公审记录的制度，以及在刑事诉讼程序中导入民事和解制度。与该法同时颁布的还有《修改刑事诉讼法及检察审查会法部分条文的法律》，大大强化了刑事诉讼中对被害人的保护。2004年颁布了《被害人基本法》。该法不仅全面、明确地规定了被害人的权利，还规定了国家、地方公共团体以及公民对被害人进行援助的义务。[③]

联合国有关文件也对被害人权利保护问题作了规定。1985年联合国大会第40/34号决议通过的《为罪行和滥用权力行为受害者取得公理的基本原则宣言》规定了保障受害者的基本原则，要求各国采取有效措施尊重和保护刑事案件中的被害人。具体包括：被

---

① 程滔：《刑事被害人的权利及其救济》，中国法制出版社2011年版，第19页。

② ［德］汉斯·约阿希姆·施耐德主编：《国际范围内的被害人》，许章润等译，中国人民公安大学出版社1992年版，第424页。

③ 鲁兰：《修复性司法理念与模式——中、日修复性司法实践模式比较》，载王平主编：《恢复性司法论坛》，群众出版社2005年版，第85~87页。

害人享有各项诉讼权利；为被害人提供各类援助，包括物质、医疗、心理和其他社会援助，要求司法人员及其他有关人员充分认识到这种需要，并确保被害人适当迅速地得到援助；被害人及其亲属有权从罪犯或对其行为负责的第三方处获得公平的赔偿，包括归还财产、赔偿伤害或损失、偿还因受害情况产生的费用、提供服务和恢复权利等；对于遭受严重罪行造成的重大身体伤害或身心健康损害的受害者，或者由于这种受害情况致使受害者死亡或身心残障，其家属、特别是受养人，无法从罪犯或其他来源得到充分的补偿时，由政府向他们提供金钱上的补偿。此外，联合国经济及社会理事会《为罪行的儿童被害人和证人取得公理的准则》等都对被害人的权利保护作了规定。

我国1979年《刑事诉讼法》是特定历史时期的产物，在理念上以打击犯罪为主，兼顾保障人权，被害人不是刑事诉讼的当事人。1996年修改的《刑事诉讼法》明确赋予被害人以诉讼当事人的地位，概括性的规定了被害人享有的诉讼权利，要求公安司法机关在实践中重视对被害人权利的保护。最高人民法院、最高人民检察院、公安部等部门出台的司法解释或规定，细化了被害人权利保护的内容，对于指导司法实践起到积极作用。2012年修改的《刑事诉讼法》进一步强化了被害人对刑事诉讼程序的参与，并对被害人的诉讼权利行使及权益保护问题作了规定。例如，规定附带民事诉讼原告人可以申请人民法院采取保全措施，防止附带民事诉讼被告人事先将财产予以转移，确保将来生效的附带民事诉讼判决能够执行，维护被害人的经济权益。再如，增加当事人和解的公诉案件诉讼程序，对于被害人符合法律规定的案件范围，并且犯罪嫌疑人、被告人真诚悔罪，以赔偿损失、赔礼道歉等方式获得被害人谅解的，被害人自愿和解的，双方当事人可以和解，突出被害人在诉讼过程和案件处理上的重要作用。

在未成年人刑事案件诉讼程序中，也要注意对未成年犯罪嫌疑人、被告人权利保护与未成年被害人权利保护相结合。在强调对未成年犯罪嫌疑人、被告人权利保护的同时，也要关注对未成年被害人的权利保护，并保持二者之间的平衡，以免顾此失彼。我国立法和刑事政策对未成年人犯罪的一贯立场是本着教育感化挽救的方针，采取区别对待和教育为主、惩罚为辅的原则。因此，公安司法机关在办理未成年人案件时应当采取一种与办理成年人刑事案件相区别的方式，更加关注对未成年犯罪嫌疑人、被告人的教育感化和挽救。但是，被害人作为刑事诉讼的一方重要主体，对于诉讼顺利进行和案件处理结果有着直接关系，因而也应当有效保障未成年被害人对诉讼进行和案件处理的参与，关注未成年人刑事案件中对未成年被害人权利的保护。这就要求，在司法实践中，公安司法机关要正确处理对未成年犯罪嫌疑人、被告人权利保护与未成年被害人权利保护之间的关系，既不能一味地强调对未成年犯罪嫌疑人、被告人的权利保护和教育感化挽救，而忽视对遭受犯罪侵害的未成年被害人的权利保护；也不能只看到未成年被害人遭受犯罪侵害的事实，而不顾对未成年犯罪嫌疑人、被告人的区别对待与教育为主、惩罚为辅，以确保未成年人刑事案件的办案效果，维护社会和谐稳定。

根据 2010 年中央综治委预青组等六部门《未成年人刑事案件配套工作体系意见》，办理未成年人刑事案件时，对未成年被害人的权利保护主要包括以下内容：

第一，应当注意保护未成年被害人的合法权益，注意对未成年被害人进行心理疏导和自我保护教育。

第二，应当注意保护未成年被害人的名誉，尊重未成年被害人的人格尊严，新闻报道、影视节目、公开出版物、网络等不得公开或传播该未成年被害人的姓名、住所、照片、图像以及可能推断出该未成年人的资料。

第三，对未成年被害人，特别是性犯罪被害人进行询问时，应当依法选择有利于未成年人的场所，采取和缓的询问方式进行，并通知法定代理人到场。对性犯罪被害人进行询问，一般应当由女性办案人员进行或者有女性办案人员在场。法定代理人无法或不宜到场的，可以经未成年被害人同意或按其意愿通知有关成年人到场。应当注意避免因询问方式不当而可能对其身心产生的不利影响。

第四，应当告知未成年被害人及其法定代理人诉讼权利义务、参与诉讼方式。除有碍案件办理的情形外，应当告知未成年被害人及其法定代理人案件进展情况、案件处理结果，并对有关情况予以说明。对于可能不立案或撤销案件、不起诉、判处非监禁刑的未成年人刑事案件，应当听取被害人及其法定代理人的意见。

第五，对未成年被害人及其法定代理人提出委托诉讼代理人意向，但因经济困难或者其他原因没有委托的，公安机关、人民检察院、人民法院应当帮助其申请法律援助，法律援助机构应当依法为其提供法律援助。

第六，未成年被害人经人民法院准许的，一般可以不出庭作证；或在采取相应保护措施后出庭作证。

第七，公安机关、人民检察院、人民法院、司法行政机关应当推动未成年犯罪嫌疑人、被告人、罪犯与被害人之间的和解，可以将未成年犯罪嫌疑人、被告人、罪犯赔偿被害人的经济损失、取得被害人谅解等情况作为酌情从轻处理或减刑、假释的依据。

2012 年最高人民检察院《加强未成年人刑事检察工作决定》第 6 条规定，检察机关要注重矛盾化解，坚持双向保护。要加强对被告人认罪服法教育，促其认罪悔罪，主动向被害人赔礼道歉、赔偿损失。要加强与被害人的联系，听取其意见，做好释法说理工作，并注重对未成年被害人的同等保护，充分维护其合法权益。对于符合刑事和解条件的，要发挥检调对接平台作用，积极促进双方当事人达成和解，及时化解矛盾，修复社会关系。

2015 年最高人民检察院《加强未成年人司法保护八项措施》第一项规定，严厉惩处各类侵害未成年人的犯罪。对成年人性侵害、拐卖、绑架、遗弃、伤害、虐待未成年人以及教唆、胁迫、诱骗、利用未成年人犯罪等严重侵害未成年人身心健康和合法权益犯罪，坚持零容忍态度，依法从严从快批捕、起诉，加大指控犯罪力度，充分发挥法律威慑和震慑作用，坚决斩断伸向未成年人的黑手。同时，加大对侵害未成年人权益、怠于落实未成年人保护制度方面职务犯罪的查处力度，依法严惩侵吞、挪用、违法发放未成年人专项救助、救济资金等贪污犯罪，对国家工作人员发现或者应当发现未成年人权益受到侵害或可能受到侵害，应当采取措施而未采取措施，导致未成年人重伤或者死亡等严重后果的，应当依法及时查办，保证国家对未成年人保护的法律规定、福利政策落实到位。第二项规定，努力保护救助未成年被害人。依法保障未成年被害人及其法定代理人参与权、知情权等各项诉讼权利，保护未成年被害人的名誉权、隐私权等合法权利，避免在办案中造成“二次伤害”。对于性侵未成年人等刑事案件，有条件的地方检察机关可以会同公安机关建立询问未成年被害人同步录音录像制度。同时，要注重加强与司法、民政、教育、卫生等相关部门和未成年人保护组织的联系和协作，推动落实法律援助、司法救助、身体康复、心理疏导、转移安置、技能培训、经济帮扶等综合救助工作，努力帮助未成年被害人恢复正常的生活和学习。

第二章　非羁押强制措施社会管护机制

刑事诉讼的目的在于实现控制犯罪与保障人权的统一与平衡。从国际刑事司法的发展趋势来看，世界各国或地区大都在实现刑事诉讼惩罚和控制犯罪价值的同时，愈加关注当事人和其他诉讼参与人的诉讼处遇，加强刑事诉讼的人权保障价值。我国传统的刑事司法系以“国家—被追诉人”的单向流动为核心架构，以确定犯罪嫌疑人、被告人的刑事责任并施以相应的刑罚为基本内容，强调国家公权力在实现社会治理方面的积极作用，相对忽视了对诉讼参与人特别是犯罪嫌疑人、被告人的权利保障。随着人权保障理念在国际社会的大力宣扬，我国刑事司法亦非常重视犯罪嫌疑人、被告人的权利保障问题，强化其诉讼主体地位，完善其权利保障体系。特别是2012年《刑事诉讼法》对证据制度、辩护制度、强制措施制度、侦查程序、法庭审理程序等诸多方面做了较大幅度的修改，对刑事诉讼中犯罪嫌疑人、被告人的权利保障作了进一步的完善和细化，可谓朝向现代刑事法治迈出重要一步，具有里程碑的意义。

强制措施可以说是刑事诉讼中人权保障的风向标，它为检测刑事司法的人权保障程度提供了基本参照。正如日本学者高田卓尔指出：“近代以降的人权思想，其核心在于控制刑事诉讼中的强制措施并使之合理化，在此意义上，刑事诉讼的历史亦即合理限制强制措施的历史。”① 强制措施是刑事诉讼中国家权力与公民权利互动

① ［日］高田卓尔：《刑事诉讼法》，青林书院1984年版，第144页。

和对抗的焦点所在。当二者利益发生冲突时，如何在国家权力与公民权利、控制犯罪与保障人权之间作出选择，乃是决定强制措施价值取向的关键因素。刑事强制措施不仅有助于保障刑事诉讼活动有效运行，及时追究和惩罚犯罪，而且直接关系公民人身自由权的维护，对刑事诉讼中的人权保障具有显著影响，鲜明地体现出一个国家的民主和法治程度。但刑事强制措施是一把“双刃剑”，其设置是否科学、合理，直接涉及刑事诉讼打击犯罪与保障人权的目的能否实现、刑事司法中国家权力和公民权利的配置能否平衡。① 一方面，作为国家权力行使的一种外在形式，强制措施之适用必然要满足统治阶级在控制犯罪、维护社会安定上的基本需求，实现对市民社会的良好治理。因此，强制措施的适用必然附着于一定的强制力，以实现国家对犯罪的有效控制与公共利益之维护。另一方面，作为对公民权利的一种“合法干预”，强制措施之适用亦应有所克制，慎重考虑其该当性和必要性，以及对犯罪嫌疑人、被告人的权利保障。亦即，强制措施之司法适用应严格掌握一定的“度”。在这个“度”以内采取强制措施，是一种法律认可的、正当的治理方式；超出这个“度”采取强制措施，则会演变为对公民权利的非法侵犯，为法律所不允。

我国《刑事诉讼法》对强制措施作了较为合理的制度安排，从作为强制到案手段的拘传，到限制人身自由的取保候审和监视居住，再到剥夺人身自由的拘留和逮捕，在强制力上呈现一种递进关系，形成了一套比较完善的以人身自由为核心架构的强制措施体系。特别是2012年《刑事诉讼法》对强制措施作了较大幅度的修改，在侧重实现强制措施应有的诉讼保障功能的同时，愈加关注对犯罪嫌疑人、被告人的权利保障。但是，法律对强制措施的层次性体现不明显，导致长期以来司法实践中各项强制措施的功能趋同，

① 卞建林：《改革开放30年中国刑事诉讼制度发展之回顾与展望》，载《法学杂志》2009年第1期。

最终演变为拘留、逮捕等羁押措施普遍适用。拘留和逮捕的目的客观上具有诉讼保障和预防犯罪之双重目的。取保候审、监视居住适用率较低，限制了羁押向非羁押转化的可能，难以有效发挥替代羁押之作用，导致对犯罪嫌疑人、被告人的羁押率仍然相对较高，超期羁押、变相羁押现象时有发生，刑讯逼供、冤错案件屡禁不止。

随着我国经济社会快速发展，人口流动日益频繁，流动人口犯罪成为司法实践中面临的一个突出问题。在刑事诉讼中，对于涉嫌犯罪的流动人员，由于他们无法提出合适的保证人又交不起保证金，办案机关往往倾向于采取逮捕措施，造成大量涉罪流动人员在审前被羁押。既侵害了流动人员获得平等保护的权利，也不利于对他们进行帮教和复归社会，还造成国家司法资源的大量投入。与成年人相比，未成年人的身心尚未发育成熟，在思维观念和行为模式上容易受到外界因素的干扰。因此，对涉嫌犯罪的未成年人适用逮捕措施，可能带来的负面影响更加严重。他们更容易受到其他犯罪嫌疑人、被告人的感染，不能正确认识自身行为的危害性；一旦中断学业和工作，复归社会可能遇到的障碍更多。从这个意义上讲，研究未成年人审前非羁押的社会管护机制，了解实践中未成年人审前非羁押社会管护机制的运行状况与效果，探讨社会力量参与、协助非羁押强制措施适用的可行路径，具有重要的理论和实践价值。

一、非羁押强制措施之释义

非羁押强制措施，就是用以代替羁押之适用而实现诉讼保障目的的各种非羁押性强制方法或手段的总称。羁押作为我国《刑事诉讼法》规定的强制措施体系中最为严厉的一种人身强制处分，表现为将犯罪嫌疑人、被告人关押在某一特定场所，犯罪嫌疑人、被告人在一定期限内处于人身自由的完全失却状态，而非羁押强制措施并不是对人身自由的剥夺，表现为对犯罪嫌疑人、被告人附加一定的义务条件而确保其不逃避刑事诉讼，在强制性上要明显弱于羁押性措施。以限制人身自由的非羁押性方法来取代对人身自由的剥夺，在确保犯罪嫌疑人、被告人不实施妨害刑事诉讼顺利进行的活动的同时，为犯罪嫌疑人、被告人留存一定程度的人身自由。

较之羁押性强制措施造成人身自由之完全失却的严苛性，非羁押强制措施在适用上具有当然的优先性，通过扩大适用非羁押强制措施，可以在很大程度上减少羁押措施的适用，维护犯罪嫌疑人、被告人的合法权利。非羁押强制措施的优先性，是利益权衡原则在强制措施制度中的应用。“两害相比择其轻，两利相较选其重。”① 羁押性措施造成犯罪嫌疑人、被告人在一定期限里人身自由的完全失却，而非羁押性方法在为犯罪嫌疑人、被告人留存一定程度的人身自由的同时，还保证刑事诉讼的顺利进行。这样既最大限度地保障了犯罪嫌疑人、被告人的个别利益，也实现了对犯罪的控制和对国家根本利益的维护。非羁押强制措施的优先性要求，应当在最大限度内控制羁押措施的适用，除非确有必要予以羁押的，否则不得采取羁押措施。亦即“以适用非羁押强制措施为常态，以适用羁押性措施为例外”。当必须采取一定的强制性措施时，如果通过非羁押性措施即可达到保障刑事诉讼顺利进行的目的，就不要采用羁押性措施；即使犯罪嫌疑人、被告人已经被羁押，如果羁押条件在诉讼过程中发生变化，从而不再具备羁押的必要性，亦应及时变更为相应的非羁押性措施。纵观现代法治国家，羁押通常是作为一项例外规定而使用的。在适用羁押时，由法官审查其必要性，对于符合逮捕条件，但不必要羁押的嫌疑人或被告人，规定不得采取羁押措施。在这些国家的诉讼法中，规定了羁押替代措施，如规定附条件释放已经合法宣布逮捕或羁押的人或者采取其他能够代替羁押的强制措施，以便既能达到羁押所预期的目的，又能避免嫌疑人或被告人实际置于被羁押的状态，使当事人的人身权利得到合理的保

① 宋英辉：《刑事诉讼原理导读》，中国检察出版社 2008 年版，第 52 页。

护。[1] 当然，非羁押强制措施的优先性不是绝对的，并不是说在任何情况下都必须优先适用非羁押强制措施，而是相对于羁押性措施来说，羁押替代性措施应当具有优先性。如果具有必须羁押的情形，那么也要依法将犯罪嫌疑人、被告人予以羁押，以防止给刑事诉讼带来不当干扰或者侵害社会或其他人的合法权益。

在我国，刑事诉讼法规定的非羁押强制措施包括拘传、取保候审和监视居住三种措施，其中拘传主要是一种强制到案的措施，与取保候审、监视居住等强制措施在作用上还是有一定区别的，因而通常所说的非羁押强制措施主要是指取保候审和监视居住。我国对取保候审和监视居住的规定经过了一定的发展和完善过程。1996年《刑事诉讼法》规定的取保候审和监视居住的适用范围相同，凡是能适用取保候审的，也都能适用监视居住；但两者不能同时并用，只能择一而用。至于在具体案件中是适用取保候审还是监视居住，需要根据涉嫌犯罪的严重程度、具体案情、犯罪嫌疑人或被告人的个体情况等因素综合考虑。

2012 年《刑事诉讼法》将取保候审和监视居住区别开来，分别规定了不同的适用范围，并明确将监视居住界定为逮捕的替代措施。第 65 条规定，取保候审适用于以下情形：①可能判处管制、拘役或者独立适用附加刑的；②可能判处有期徒刑以上刑罚，采取取保候审不致发生社会危险性的；③患有严重疾病、生活不能自理，怀孕或者正在哺乳自己婴儿的妇女，采取取保候审不致发生社会危险性的；④羁押期限届满，案件尚未办结，需要采取取保候审的。第 72 条规定，监视居住适用于以下情形：①患有严重疾病、生活不能自理的；②怀孕或者正在哺乳自己婴儿的妇女；③系生活不能自理的人的唯一扶养人；④因为案件的特殊情况或者办理案件的需要，采取监视居住措施更为适宜的；⑤羁押期限届满，案件尚

---

① 唐磊、吴常青：《论羁押的替代措施和我国取保候审制度的完善》，载《江西公安专科学校学报》2004 年第 4 期。

未办结，需要采取监视居住措施的。对符合取保候审条件，但犯罪嫌疑人、被告人不能提出保证人，也不交纳保证金的，可以监视居住。同时第96条还规定，对于犯罪嫌疑人、被告人被羁押的案件，不能在法定的侦查羁押、审查起诉、一审、二审期限内办结，对犯罪嫌疑人、被告人应当予以释放；需要继续查证、审理的，对犯罪嫌疑人、被告人可以取保候审或者监视居住。第97条规定，人民法院、人民检察院或者公安机关对被采取强制措施法定期限届满的犯罪嫌疑人、被告人，应当予以释放、解除取保候审、监视居住或者依法变更强制措施。此处的“变更强制措施”也包括将逮捕变更为监视居住或者取保候审的情形。这都是在强调优先适用非羁押强制措施的根本要求。

二、非羁押强制措施社会管护机制的重要意义

非羁押强制措施的社会管护机制是办案机关在司法实践中探索、产生和归纳总结出来的一项审前非羁押的工作机制，主要来自于实践中各地开展的未成年人审前取保候审的社会管护基地改革。是指对符合取保候审条件，但不能提供保证人又交不起保证金的涉罪人员，或者符合监视居住条件而在本地没有固定住处的犯罪嫌疑人、被告人，通过社区、学校、企业等社会组织提供担保或者临时的居所，并由社会组织或其工作人员履行保证人职责，对其进行监督、管理和帮教，以此来扩大适用非羁押强制措施。同时，在保证刑事诉讼顺利进行的基础上，社区、学校、企业等单位还会有针对性地对犯罪嫌疑人、被告人开展技能培训、心理辅导、学习教育等，使涉罪人员掌握一定的劳动和生活技能，帮助他们顺利回归社会，防止重新犯罪。非羁押强制措施社会管护机制主要的适用对象是涉嫌犯罪的外来未成年人，在有的地区这一机制也适用于不能提供保证人又不能交纳保证金的本地未成年人，并逐步扩大至涉嫌犯罪的成年人案件。通过建立社会管护机制，旨在完善审前非羁押的社会支持机制，探索对涉罪人员扩大适用非羁押强制措施的新路径。

（一）符合人权保障理念的要求，可以有效降低审前羁押率，更好地保障涉罪人员的合法权益，有利于实现程序公正和社会和谐稳定

第一，防止不当羁押和刑讯逼供，维护犯罪嫌疑人、被告人的人身自由权。享有人身自由是公民人权体系中最为重要的一项基本权利，是公民参与社会活动和享有其他权利的前提，非经法定程序且有充分理由，不得被任意剥夺。世界各国都在宪法或宪法性文件中规定了保障公民人身自由权的条款，联合国公约和有关的国际性文件也对此作了规定。非羁押强制措施正是刑事诉讼法对人身自由权之宪法保障的再次宣示，是宪法中保障人身自由权规定在刑事诉讼中的具体落实。基于无罪推定原则，在没有经过法庭的正式审判而作出有罪的确定判决之前，应推定犯罪嫌疑人、被告人无罪。在整个刑事诉讼中，犯罪嫌疑人、被告人应当以一种自由状态参与办案机关的侦查、起诉和审判活动，其人身自由不应被任意限制和剥夺，除非存在法定事由，才能对犯罪嫌疑人、被告人采取一定的强制措施。与羁押对人身自由之剥夺相比，非羁押强制措施是对犯罪嫌疑人、被告人采取的一种附条件释放，更有利于维护其人身自由。

一方面，可以避免对犯罪嫌疑人、被告人的不当羁押。正像“世界上没有两片完全相同的树叶”一样，刑事案件在司法实践中的表现形式也千差万别。每个案件都是在特定时空背景下发生的，不同的犯罪嫌疑人、被告人也都有区别于其他人的自身特点。这就要求，不应无视刑事案件的具体情形以及犯罪嫌疑人、被告人的个体情况等内在因素而不加区分地一律予以羁押，否则，可能会导致对犯罪嫌疑人、被告人的不当羁押。因此，应当确立多样化和层次化的非羁押强制措施，使犯罪嫌疑人、被告人最大限度地避免遭受羁押措施对人身自由权的剥夺，保障犯罪嫌疑人、被告人的合法权益；同时使释放在外的犯罪嫌疑人、被告人得到有效监管，保证刑事诉讼的顺利进行。

另一方面，可以防止刑讯逼供行为，避免冤错案的发生。刑讯逼供被认为是严重侵犯人权和破坏法治的现象，为现代法治国家和刑事司法国际准则明令禁止。将犯罪嫌疑人、被告人予以羁押的一个根本诟病就是，它为办案机关实施刑讯逼供提供了客观条件，与那些未被羁押的犯罪嫌疑人、被告人相比，遭受刑讯逼供的潜在风险要高得多。非羁押强制措施与羁押措施有着同样的适用目的，都是为了保证刑事诉讼的顺利进行，却能够更好地保障犯罪嫌疑人、被告人的基本权利，对于防止刑讯逼供行为和避免冤错案的发生，可以起到积极效果。通过建立非羁押强制措施的社会管护机制，使得犯罪嫌疑人、被告人处于一种相对自由的状态，办案机关无法对其进行严格的人身控制，也就丧失了刑讯逼供的客观条件。

第二，保障犯罪嫌疑人、被告人的程序参与和有效辩护权，实现公正审判。获得由独立法庭进行的公正审判，是犯罪嫌疑人、被告人享有的一项基本权利。美国法理学家德沃金认为，犯罪嫌疑人、被告人受到公正审判的权利是一个原则问题，而有关刑事诉讼中的效率或者牺牲某个犯罪嫌疑人、被告人的权利以有益于整个社会等都是政策的论证。他指出，无论这种政策论证是强大还是脆弱，哪怕以牺牲总体的社会福利为代价，都必须屈从于公民拥有获得公正审判的天赋权利。适用非羁押强制措施，可以在最大程度上保障犯罪嫌疑人、被告人对刑事诉讼程序的参与及有效辩护，有助于实现公正审判。通过社会管护机制，基于享有人身自由之事实，被采取非羁押强制措施的犯罪嫌疑人、被告人可以亲身参与到对他的侦查、起诉或审判中去，充分发表相关意见，从而更好地维护自身权利。而且，通过犯罪嫌疑人、被告人的直接参与，有助于办案机关查清案件事实、作出公正的实体处理。因此，非羁押强制措施社会管护机制通过改善犯罪嫌疑人、被告人在刑事诉讼中的权利处遇，可能影响公正审判的不利因素，保障获得裁判者的公正对待，并增加裁判结果的可接受性。

实现公正审判还建立在犯罪嫌疑人、被告人有效辩护的基础上，非羁押强制措施的功能之一就是确保犯罪嫌疑人、被告人的辩护权得以有效实现。法国启蒙思想家孟德斯鸠曾经说过：“在宽和政体下，即便是最卑微的公民，他的生命也是最可宝贵的，不经过仔细的审查，绝不能剥夺他的荣宠和财产。除非受到国家的控诉，谁也不能剥夺他的生命，而国家对他提起控诉时，必须赋予他一切可能的辩护手段。”① 在刑事诉讼中，辩护权是犯罪嫌疑人、被告人享有的根本性权利，只有辩护权得到切实有效的保障，犯罪嫌疑人、被告人享有的其他诉讼权利才可能得以实现。

一方面，犯罪嫌疑人、被告人可以自行收集对其有利的各种证据，保障自我辩护的权利。我国台湾地区王兆鹏教授指出：“在审判前将被告羁押，等于剥夺其全力为诉讼防御的权利。例如，有许多证据只有被告始可能取得，有许多证人只肯和被告谈话，而不会向辩护人吐实。妨碍被告此一诉讼防御权，有可能造成无辜人民因被羁押而不能取得对自己有利的证据，致成冤狱。”② 另一方面，犯罪嫌疑人、被告人可以更加方便地与辩护律师进行沟通交流，充分获得律师帮助。对于一名被羁押的犯罪嫌疑人、被告人来说，即使法律规定他享有获得律师帮助以及与律师会见和交谈等权利，仍然难以评估律师究竟能够在多大程度上向他提供帮助。一位英国学者曾经谈到：“将犯罪嫌疑人予以羁押不利于其准备庭审。被羁押的犯罪嫌疑人难以与律师接触来准备他的辩护，寻找证人和收集证据或者准备减轻量刑的证据。如果犯罪嫌疑人被羁押的地点很远，他会发现律师根本就不愿意去；甚至当被羁押的地点与市区很近时，他也会发现很难与在自由状态下与律师的接触一样。”③ 相反，对犯罪嫌疑人、被告人适用非羁押强制措施，除了必须履行法律规

---

① ［法］孟德斯鸠：《论法的精神（上）》，许明龙译，商务印书馆 2009 年版，第 81 页。

② 王兆鹏：《刑事诉讼讲义》，元照出版公司 2009 年版，第 273 页。

③ Michael Zander. Cases and Materials on the English Legal System〔M〕, Cambridge University Press, 2007, 274.

定或司法人员附设的特定义务以外，他的人身自由是不受限制的。他不仅可以自己寻找和聘请律师，从而为自己提供法律咨询，及时得到专业帮助来准备辩护；而且，他还可以及时知悉案件的进展情况，并根据案件进展情况随时调整其辩护思路和准备相应的材料。

（二）符合社会控制理论和社会参与原则的要求，有利于对他们的再社会化和防止重新犯罪

犯罪学上的社会控制理论认为，任何人都是潜在的犯罪人，个人与社会的联系可以阻止个人进行违反社会准则的越轨与犯罪行为，当这种联系薄弱时，个人就会无约束地随意进行犯罪行为。[①] 而犯罪在根本上是一种复杂的社会现象，作为应对机制的刑事司法也不是封闭式的自我运作，而应与其他社会机制相互协作、互为补充。与社会控制理论相对应，随着刑事诉讼中人权保障理念和国民参与社会管理意识的不断增强，近些年来社会参与原则逐渐为各法治国家所认识，并上升为现代刑事诉讼的一项原则，发挥着越来越重要的作用。

在一般意义上，社会参与是指由国家司法权以外的社会力量介入诉讼，使司法活动能够体现社会关于秩序、自由、公正等的价值标准，避免国家司法权专断。其具体内容，包括四层涵义：一是律师或者其他人受当事人等委托或者受司法机关指定参与诉讼，以维护当事人合法权益，或者非司法机构、团体或人员根据法律规定参与诉讼，以维护依法应予保护的人的权益；二是公民能够在司法事务中代表民众发表自己的意见，参与司法的裁判过程；三是法律规定的社会组织通过法定程序制约国家专门机关权力的行使，以保证诉讼的公正性；四是指普通社会公众对于诉讼的参与，包括直接到法庭旁听公开审判和通过新闻媒体了解案件的进展情况等。贯彻社会参与原则可以确保社会公众能够参与到司法活动中，使司法活动

① ［美］特拉维斯·赫希：《少年犯罪原因探讨》，吴宗宪、程振强、吴艳兰译，中国国际广播出版社 1997 年版，第 3 页。

不只是司法机关及专门的法律职业者的行为，社会公众也是积极参与诉讼活动的主体，整个诉讼过程便成为一个在民众的参与下进行的民主的程序。[①]

建立非羁押强制措施的社会管护机制，既符合犯罪学上的社会控制理论，也体现了刑事诉讼中社会参与原则的基本要求。传统刑事诉讼倾向于惩罚犯罪和对犯罪人定罪判刑，忽视了涉罪人员的特殊性及社会化问题。由于实施了一定的违法犯罪行为，涉罪人员脱离其所熟悉的社会环境，完全被纳入一种国家权力运作居于主导地位的，只有司法人员和专门的法律职业者参与的相对封闭的司法系统中，将会对他们的身心健康造成非常不利的影响，甚至在未来工作、生活中留下难以磨灭的阴影。在这种本已相对压迫化的气氛下，如果进一步对涉罪人员采取羁押措施，完全限制或剥夺其人身自由，那么既不利于对涉罪人员的再社会化，同时也会加深涉罪人员对社会的对抗情绪，给社会带来了潜在的不和谐因素。

如前所述，我国总体的审前羁押率还是比较高的，基本维持在75%以上，有的地方甚至达到90%左右。审前羁押率较高不利于对犯罪嫌疑人、被告人的权利保障，甚至可能造成刑讯逼供、非法取证等侵犯人权的现象。通过建立非羁押强制措施的社会管护机制，吸收社会力量参与到对犯罪嫌疑人、被告人适用非羁押强制措施之后的管护工作中，可以有效地减少适用逮捕措施，降低审前羁押率，从而更好地保障涉罪人员的合法权益。

建立非羁押强制措施的社会管护机制，还可以防止由于刑事司法程序的封闭性而给涉罪人员造成的不利影响，有利于对他们的再社会化，保证其顺利回归社会，防止重新犯罪。通过引入社会力量参与非羁押强制措施的执行，可以使涉罪人员在审前不被羁押而保有最大程度的人身自由，使他们能够在一定范围内保留与社会外界

① 宋英辉等：《刑事诉讼原理（第三版）》，北京大学出版社 2014 年版，第 84～89 页。

的接触，为保持涉罪人员与外界社会的有效联系提供了可行的途径，有助于保持涉罪人员与社会外界的正常联系，减少刑事诉讼程序对涉罪人员产生的消极影响，减少涉罪人员对社会的对抗和抵触情绪。

（三）符合宽严相济刑事政策的要求，同时刑事诉讼法和有关司法解释对未成年人的规定为建立非羁押强制措施的社会管护机制奠定了立法基础

宽严相济刑事政策的提出，是诉讼谦抑理念在刑事司法领域的具体化，它对于最大限度地预防和减少犯罪、化解社会矛盾、维护社会和谐稳定，具有非常重要的意义。最高人民检察院和最高人民法院分别就办理刑事案件时贯彻落实宽严相济刑事政策出台了司法解释，其中关于严格限制逮捕措施适用的规定为建立非羁押强制措施社会管护机制提供了政策依据。例如，最高人民检察院于2006年12月28日颁布了《关于在检察工作中贯彻宽严相济刑事司法政策的若干意见》，其中第7条、第12条和第13条等都规定了限制适用逮捕措施的原则。2010年2月8日最高人民法院《关于贯彻宽严相济刑事政策的若干意见》，也对限制逮捕措施的适用作出了规定。第24条规定："对于刑事被告人，如果采取取保候审、监视居住等非羁押强制措施足以防止发生社会危险性，且不影响刑事诉讼正常进行的，一般可不采取羁押措施。对人民检察院提起公诉而被告人未被采取逮捕措施的，除存在被告人逃跑、串供、重新犯罪等具有人身危险性或者可能影响刑事诉讼正常进行的情形外，人民法院一般可不决定逮捕被告人。"

我国明确规定审前非羁押原则的是在未成年人刑事诉讼中。《刑事诉讼法》第266条确立了未成年人刑事诉讼程序的教育、感化、挽救方针和教育为主、惩罚为辅原则，并且第269条明确规定"对未成年犯罪嫌疑人、被告人应当严格限制适用逮捕措施。"这意味着，对未成年犯罪嫌疑人、被告人，应当坚持以审前非羁押为原则，以羁押为例外。同时，《刑事诉讼法》区分取保候审和监视

居住的适用情形，将监视居住定位为逮捕的替代措施，明确采取逮捕措施的具体情形，增加逮捕后羁押必要性审查等内容。《刑事诉讼法》中的这些规定都为扩大涉罪未成年人审前非羁押以及探索未成年人适用非羁押强制措施的社会管护机制提供了法律依据。

除了《刑事诉讼法》的规定，最高人民法院、最高人民检察院等有关部门的司法解释和规定也都明确了对未成年人优先适用非羁押强制措施的原则，并规定办案机关应当联合社会力量共同做好对涉罪未成年人的监管和帮教工作。2012 年最高人民法院《刑诉法解释》第 460 条规定："人民法院应当加强同政府有关部门以及共青团、妇联、工会、未成年人保护组织等团体的联系，推动未成年人刑事案件人民陪审、情况调查、安置帮教等工作的开展，充分保障未成年人的合法权益，积极参与社会管理综合治理。"2012 年最高人民检察院《加强未成年人刑事检察工作决定》指出，促进未成年人权益保护和犯罪预防帮教社会化体系建设。要加强与综治、共青团、关工委、妇联、民政、社工管理、学校、社区、企业等方面的联系配合，整合社会力量，促进党委领导、政府支持、社会协同、公众参与的未成年人权益保护、犯罪预防帮教社会化、一体化体系建设，实现对涉罪未成年人教育、感化、挽救的无缝衔接。有条件的地方要积极建议、促进建立健全社工制度、观护帮教制度等机制，引入社会力量参与对被不批捕、不起诉的未成年人进行帮教。2013 年最高人民检察院工作报告指出，检察机关在过去的五年里，积极参与社会管理创新，探索建立涉罪流动人员管护教育制度，协调社区、企业为涉嫌轻微犯罪、可以取保候审的流动人员提供担保、食宿和帮教管理。2013 年最高人民检察院《办理未成年人刑事案件规定》第 6 条第 2 款规定，人民检察院应当加强同政府有关部门、共青团、妇联、工会等人民团体，学校、基层组织以及未成年人保护组织的联系和配合，加强对违法犯罪的未成年人的教育和挽救，共同做好未成年人犯罪预防工作。2015 年 5 月，最高人民检察院颁布了《检察机关加强未成年人司法保护八项措施》，其中第3项规定，最大限度教育挽救涉罪未成年人。贯彻国家对犯罪未成年人“教育、感化、挽救”方针和“教育为主、惩罚为辅”原则，坚持依法对涉罪未成年人“少捕慎诉少监禁”，落实专业化办理、法律援助、合适成年人到场、社会调查、亲情会见、附条件不起诉、社会管护、帮扶教育、犯罪记录封存等特殊保护制度，最大限度促进涉罪未成年人悔过自新、回归社会。对于因年龄原因不负刑事责任的未成年人，应当与公安机关以及家庭、学校、社会保护组织等加强协调、配合，通过加强管教、社会管护等措施，预防再犯罪。第8项规定，推动建立未成年人司法借助社会专业力量的长效机制。大力支持青少年事务社会工作专业人才队伍建设工作，主动与青少年事务社会工作专业机构链接，以政府购买服务等方式，将社会调查、合适成年人参与未成年人刑事诉讼、心理疏导、观护帮教、附条件不起诉监督考察等工作，交由专业社会力量承担，提高未成年人权益保护和犯罪预防的专业水平，逐步建立司法借助社会专业力量的长效机制。

（四）符合诉讼效率价值的要求，可以在保障人权的同时协助办案机关对涉罪人员进行有效监管和帮教，降低司法成本，节约司法资源

在刑事诉讼中，效率就是以最小的成本取得尽可能多的正面效果；或者投入相同的司法成本取得尽可能多的正面效果。当今世界各国为了应对发案率攀升，司法资源不足的困境，大都依据“成本——收益”原则来设计或者改革其刑事诉讼程序，以降低司法成本，避免司法资源的浪费。在英国，一份以内政部、大法官办公室和司法部长办公室的名义联合发布的官方报告指出，刑事司法系统应当加强相互之间的合作，共同致力于实现以下两项首要目标：一是减少犯罪和犯罪危险以及它们的社会和经济成本；二是弥补司

法公正和效率并提升公众对法律的信任。[①] 在美国，《联邦刑事诉讼规则》第2条规定："本规则旨在为正确处理每一起刑事诉讼提供规则，以保证简化诉讼，公正司法，避免不必要的费用和延缓。"

通过建立社会管护机制来对犯罪嫌疑人、被告人采取非羁押强制措施，不仅反映了犯罪行为的社会危险性与强制程度相适应的诉讼价值观，也体现了对司法资源的优化配置。从经济学角度讲，对犯罪嫌疑人、被告人进行羁押，要求国家修建羁押场所、配置监管人员以及配套的各项设施，司法资源的投入与其取得的成效不成比例，造成大量司法资源的浪费。研究发现，在欧盟国家，随着物质文化生活水平的提高，政府需要投入的大量人力、物力改善羁押设备，提高犯罪嫌疑人的物质文化待遇，保障被羁押者最基本的人权，这些都导致羁押成本急剧增加，给政府财政很大的压力，所以考虑更多地适用非羁押强制措施，减少羁押。[②] 非羁押强制措施的社会管护机制，通过确保给没有妨碍刑事诉讼进行和危害社会危险的犯罪嫌疑人、被告人以非羁押状态或者将他们从羁押中予以释放，以减少羁押场所的压力，减轻关押犯罪嫌疑人、被告人的各项费用，使刑事诉讼的效益价值得以最大化。非羁押强制措施的社会管护机制，还可以保证通过减少羁押而避免交叉感染、抑制重新犯罪，从而减少因重新犯罪所需要的资源投入。实践表明，因交叉感染导致重新犯罪往往使司法资源的耗损成倍增加。通过减少羁押来修复关系，减少重新犯罪，不仅直接节省了关押所需要的费用，更减少了国家为处理重新犯罪所需要的资源投入。[③]

从一种社会化的角度来看，通过建立非羁押强制措施的社会管

---

① Gary Slapper, David Kelly. The English Legal System: 2009-2010〔M〕, Routledge Cavendish Publishing, 2009, P422.

② 郎胜:《欧盟国家审前羁押与保释制度》，法律出版社2006年版，第53页。

③ 宋英辉、王贞会:《对取保候审功能传统界定的反思》，载《国家检察官学院学报》2007年第4期。

护机制，有助于维持犯罪嫌疑人、被告人的家庭关系、正常的工作学习等，更加顺利的复归社会。这也是非羁押强制措施在诉讼效益方面的一种表现。对于犯罪嫌疑人、被告人来说，羁押会阻断其与外界的正常联系，从而影响其复归社会。一位英国学者调查发现，将犯罪嫌疑人、被告人予以羁押，除了使犯罪嫌疑人、被告人遭受明显的心理或者精神创伤之外，而且导致犯罪嫌疑人、被告人难以维系其正常生活、可能失去工作或者交不起房租，他和他的家庭还可能遭受其他经济和现实问题。英国关心与安置罪犯协会针对3449名犯罪人（80%为男性，20%为女性）所作的一项研究表明，其中大约有1/3的人（31%）是未被定罪而羁押。在被羁押的人中，约占2/5的犯罪人由于被羁押而失去了家庭，超过1/3的人（35%）由于被羁押失去了工作。[①] 相反，通过非羁押强制措施的社会管护机制，在附加一定条件的情况下将犯罪嫌疑人、被告人予以释放，并将其置于社会监管之下，他可以继续工作、学习，甚至与家庭成员在一起生活，这都有助于对其进行帮教和复归社会，减少国家在这一方面的投入。

三、英美法系保释制度的社会支持

在司法实践中，英美法系保释制度得以充分发挥作用还得益于其较为健全的社会支持机制。在英格兰和威尔士，建立有专门的保释支持、监督小组，负责制定保释支持计划，由警方等机构共同管理。该机构的工作构想是尽量给予嫌疑人保释，努力将保释适用于所有嫌疑人。针对未成年犯罪嫌疑人建立了保释支持小组，通常由检察官、辩护方、保释支持小组来协定申请保释，在三方意见不一致的情况下，支持小组的意见起到决定作用。[②]

---

① Michael Zander. Cases and Materials on the English Legal System〔M〕, Cambridge University Press, 2007, 274.

② 陈卫东、刘计划：《英国保释制度及其对我国的借鉴意义》，载《人民检察》2003年第3期。

保释支持小组由警察、教育监管和医疗部门的工作人员以及社会工作者共同组成，经费由中央部门拨款和组成部门支付。其工作目标是降低保释期内的犯罪率、帮助未成年人遵守保释条件、减少因被保释人不出庭而造成的法庭延期现象、防止对证人的干扰、减少使用还押手段或地方当局的设施。保释支持小组要对参与保释支持计划的每一个未成年人进行评估。评估的内容主要包括：受控犯罪的严重性、犯罪前科、保释记录、过去对社区监督工作的配合、支持网络、居住环境、危险、特殊需求/困难、歧视、善于利用时间、违者必究、好处、可信度、参与和认同等。在检查评判标准和危险性并通过了上述详细评估后如果合适的话，将会向法庭提交一项干预计划。这项计划既针对法庭关心的问题，又能照顾到未成年人的个人需求。未成年人可以自主选择决定是否参与该计划，凡是参加的人都必须答应遵守全部条件。在接受计划之后将会与未成年人签署一份协议，而其结果会在最初的面谈中得到解释。如果法庭将某未成年人放到“保释监督方案”，那么遵守该方案中的全部条款即作为保释的条件。每一个干预计划都将会因人而异，但是典型的计划总是会包括：学习技能；解决问题；控制愤怒；沟通技巧；家庭困难；居住环境；毒品、酗酒问题；教育、培训和就业；违法行为。在必要时，将会向其他一些机构要求专业帮助。这个计划将注意那些确认的方面并定期检查。①

---

① ［英］赛迪·普拉乃尔：《对获得有条件保释的少年嫌疑犯提供社区支持》，载徐建主编：《英国保释制度与中国少年司法制度改革》，中国方正出版社2005年版，第10～12页。

图表 2-1　英国保释支持小组评估指标与内容①

评估指标	具体内容
受控犯罪的严重性	就本身而言，某未成年人所受控罪名的严重性不应影响到他/她是否可以被考虑作为保释支持的人选，但一旦整套计划的内容呈递到法庭上时，这种严重性就会显得重要起来了。
犯罪前科	现在与过去所受的指控的性质是一样的吗？以前是如何判决的？
保释记录	是否有保释违规情况？他们以前是否违规过？对以前违规是如何保释的？
过去对社区监督工作的配合	他们以前是如何配合社区监督工作的？是否服从监督？
支持网络	针对被告，有何种支持网络可以提供帮助？他们是否要和家庭保持联络？是否还有其他的机构来帮助他们？如果有的话，是谁？为什么要支持帮助？他们的支持工作是否会持续下去？
居住环境	他们目前居住在哪里？是否有合适的提供支持的住所？他们是否无家可归？
危险	他们是否对自己存在危险？对公众及该项目的工作人员是否存在危险？对于对他人存在的攻击性危险，是否有相关措施来保护儿童？

① ［英］赛迪·普拉乃尔：《对获得有条件保释的少年嫌疑犯提供社区支持》，载徐建主编：《英国保释制度与中国少年司法制度改革》，中国方正出版社 2005 年版，第 10~12 页。

续表

评估指标	具体内容
特殊需求/困难	他们是否身心健康？是否存在酗酒及吸毒问题？学习方面是否存在特别的困难？他们是否身心脆弱，易受伤害？
歧视	作为歧视的受害者，是否有特别的问题？例如种族歧视方面的问题。
善于利用时间	未成年人是否能善于支配自己的时间？是否有接受教育、培训或者就业的机会？
违者必究	未成年人是否清楚如果他们违规后，违者必究是什么含义？
好处	这个计划在短期和长期有什么好处？例如，他们是否能够继续学习、培训或者就业？这样是否可以帮助他们解决家庭和人际关系中所面临的实际困难？能否确保这些未成年人经济稳定，居有定所，不再“重蹈覆辙”？
可信度	法庭是否会相信该建议计划？该建议在经济上是否可行？
参与和认同	在计划准备过程中，未成年人是否完全参与？他们是否清楚建议的内容？在支持保释和执行计划时我们是否得到他们的认同？对于该计划，他们的承诺是什么？

在英国，还有一种专门为无家可归或者没有稳定的家庭住址或有殴打家庭成员倾向的被保释人建立的保释旅馆。保释旅馆，类似于拘留中心，但管理宽松，收留不能回家的嫌疑人，比关押成本低。对未成年人，采取寄宿寄养、家庭收留等保释方式。找不到被保释人合适的去处时，保释支持机构与警察局商量安排在何地以便

能为未成年人提供照顾。[①] 未成年人在该住所可以得到支持人员全天24小时的支持。一套住房最多住两个未成年人，而为他们做支持工作的值班人员则有2至3人。由于如此高的支持人员比例，这些未成年人往往很容易接受所处环境，也能随时得到专业的照顾和关怀。除了满足这些未成年人的个人需求、福利和权利保障需要，工作人员还会耐心细致地教他们如何掌握一些基本的独立生活技能，如做饭、清洁以及照料自己，使他们有所受益，不再虚度光阴。[②]

在美国，保释的社会支持主要来自于审前服务机构。1974年《快速审判法》要求在联邦的十个司法管辖区建立审前服务机构，这些机构负责收集、评价并向法官汇报有关每一个受到刑事指控的被告人的审前释放的信息，向法官提出合适的释放条件，并监督获得释放的被告人。基于这十个试点的成功经验，1982年国会制定了《审前服务法》，要求自法案制定之日起在美国联邦法院每一个司法管辖区（哥伦比亚特区除外）建立审前服务体系，并且对审前服务机构的设立、组织机构和管理、职能和权力等问题进行了规定，至此审前服务制度正式在联邦层面得以建立。根据美国审前服务机构协会制定的《审前释放准则》（Standards on Pretrial Release），审前服务机构主要履行以下职责：调查、收集被告人的有关背景信息和资料；向法官提交书面审前服务报告；出席初次到庭或羁押听证会；监督被释放的被告人；持续审查受羁押被告人的情况；制作并向法院提交审前释放执行情况报告；其他职能，如参与

① 陈卫东、刘计划：《英国保释制度及其对我国的借鉴意义》，载《人民检察》2003年第3期。

② ［英］赛迪·普拉乃尔：《对获得有条件保释的少年嫌疑犯提供社区支持》，载徐建主编：《英国保释制度与中国少年司法制度改革》，中国方正出版社2005年版，第10~12页。

审前转处程序等。①

审前服务机构对刑事司法的有效运行起到了关键作用。一方面，它可以帮助法院作出及时、公正、有效的审前释放或羁押决定；另一方面，它可以监督和管理被审前释放的被告人，防止其缺席法庭审理和给社区及个人造成危险。不仅如此，审前服务机构还致力于羁押措施公正有效的实施。为了实现这些目的，审前服务机构在初次聆讯前应收集和整理法院释放或羁押决定需要的信息，对被告人进行风险评估，向法院提交关于释放以及附加条件的建议，为被审前释放的被告人制作监管方案并进行有效监管。

根据审前释放准则的规定，在受到刑事指控而被逮捕的人到法庭接受初次聆讯之前，审前服务机构应当积极采取以下行动：收集、核实和存档被告人的个人背景和现有情形等可能会影响法院对其作出释放或羁押决定的各项信息；向司法官递交关于被告人缺席法庭审理的风险或对社区安全及其他人安全威胁的准确无误的书面报告，并提出能够应对这些风险的可附加条件的建议；确定对被告人进行审前服务需要额外审查和特殊服务的人员；出庭并回答关于审前服务调查报告的问题，并向被告人解释审前释放需要符合的条件和不遵守条件要受到的处罚，并协助法庭作出审前释放的被告人尽快得到释放；制定监督计划以适当应对释放被告人可能造成的风险和需要。对于被羁押的被告人，审前服务机构定期检查他们的状态来决定是否可以有条件释放并为法院提供相关信息。如果被审前释放的被告人不遵守法院设定的条件，审前服务机构会立即采取行动，并将不服从监管的情况通知法院。②

就实际效果而言，英美法系保释制度之所以在实践中发挥良好

---

① 史立梅：《未成年人刑事案件审前服务制度研究》，载《青少年犯罪问题》2009年第3期。

② The National Association of Pretrial Services Agencies: "*Standards on Pretrial Release*", Third Edition, Approved by The Board of Directors of the National Association of Pretrial Services Agencies, October 2004.

作用，离不开其较为健全的社会支持机制。保释支持机制是基于保障犯罪嫌疑人、被告人的权利需求而产生的。通过在审前开展相应的调查工作，并对犯罪嫌疑人、被告人保释进行风险评估，有效扩大了保释的适用范围，使更多的犯罪嫌疑人、被告人通过保释支持计划获得了人身自由。同时，保释支持机制可以对保释对象进行有效监管，平衡被害人、证人和其他公众的利益，使保释制度获得更为广泛的社会认同。在司法实践中，保释支持机制对于实施监管、预防犯罪嫌疑人或被告人重新犯罪、帮助其重新回归社会等方面都起到了积极效果。英国学者的相关研究表明，参加保释支持计划的未成年人的犯罪率很低。被安排由还押照看人照看的社会上最弱势青少年的情况，尤其是这样。然而，当他们受到法庭的判刑并因此离开还押照看人之后，他们常常重新开始犯罪。这是一个重要的发现，因为它表明了他们需要得到什么样的关心和支持，帮助他们在较长的时间里不再犯罪。这对于选择这些照看人，对他们提供支持和进行培训来说，具有重要的意义。①

四、非羁押强制措施社会管护的实践调查

针对未成年人适用强制措施存在的诸多问题，各地司法机关不断创新未成年人办案工作机制，积极探索扩大对涉罪未成年人适用非羁押措施的做法，积累了一定经验。主要做法是，以爱心企业、学校、敬老院等机构或组织作为审前非羁押的社会支持机构建立“管护基地”或“观护工作站”②，由其为在本地不具备取保候审条件的涉罪外来未成年人提供食宿、工作、教育培训条件和保证人。在取保候审期间，管护基地负责对管护对象进行监督管理和生

① ［英］约翰·毕茨：《保释——研究证据》，载徐建主编：《英国保释制度与中国少年司法制度改革》，中国方正出版社 2005 年版，第 3 页。

② 有的地方叫做“观护基地”、“关护基地”、“管护教育基地”，并无本质区别。本文统称为“管护基地”，同时基于研究资料的原始性考虑，在介绍各调查地点时使用其特定名称。

活关照。包括安排学校学习、提供力所能及的工作机会、进行技能培训、心理辅导，帮助他们确立积极的生活理想和人生目标，并保有一技之长。管护基地对管护对象在管护基地期间的表现出具情况证明，提供给办案机关。人民检察院决定不起诉、人民法院确定刑期或者刑罚执行方式时，将该情况证明作为考量因素。在实践中，管护基地的主要适用对象是涉嫌犯罪的外来未成年人，有的地区也适用于不能提供保证人又不能交纳保证金的本地未成年人。近年来，管护基地的适用对象逐步扩大至涉嫌犯罪的成年人。

（一）上海市社会观护体系①

上海市非羁押强制措施社会管护机制的实践经验主要体现为涉罪未成年人社会观护体系的构建。

所谓涉罪未成年人社会观护体系，是对涉罪未成年人采取非监禁措施、将其置于自由社会，并对其开展辅导、监督、观察、矫正、保护、管束，由司法机关、政府机构、专门观护组织、社会力量共同组成的整体，以达到改善行为、预防再犯、保证诉讼顺利进行的目的，并为司法机关作出个别化和有针对性的处理提供参考依据。具体来说，就是在预防犯罪工作体系协调小组的统一协调下，在符合一定条件的前提下，由公安、检察、法院对部分犯罪情节较轻的本地、外来未成年人尽可能采取取保候审的方式，使其在侦查、审查起诉、审判阶段，由相关职能部门和区青少年事务社工站、矫正社工站等社团通过组织专门力量、建设专门基地等方式共同对他们进行保护、管束和帮教，帮助他们认识错误，积极的悔改。在取保候审阶段对涉罪未成年人的表现进行考察，最终由办案机关根据未成年人本人在取保候审期间的综合表现，依法作出相应的处理决定；对作出暂时不予逮捕、相对不起诉决定以及判处缓刑的未成年人，将视情况继续对其进行跟踪帮教；对未达到刑事责任

① 参见上海市闵行区人民检察院课题组：《新刑事诉讼法框架下未成年人社会观护制度的深化与完善》，载《上海公安高等专科学校学报》2012 年第 5 期。

年龄的涉罪未成年人进行观察、辅导。

1. 上海市涉罪未成年人社会观护体系的发展过程

上海市涉罪未成年人社会观护体系最早可追溯至长宁区人民检察院的改革探索。长宁区人民检察院从 1992 年 5 月开始探索观护员制度，为未成年犯罪嫌疑人、被告人在免予起诉以后的考察期或者暂缓起诉对象在考验期中创造良好的改造环境。近年来，上海市未成年人犯罪数量激增，年均增速达 20%以上，检察机关未成年检察部门的办案任务日趋繁重，难以全面承担涉罪未成年人的案外帮教工作。同时，非上海市户籍的涉罪未成年人比重持续上升，从 2001 年的 30. 7%逐年提高到了 2011 年的 81. 7%，以户籍为依据的传统社会管理模式显然不能为其落实监护和帮教，羁押和监禁刑造成的“交叉感染”和“标签效应”的负面影响，不仅导致矫治难度与重犯可能性增加，而且由此带来的非上海市户籍与上海市户籍的未成年人司法保护不平等。鉴于此，上海市检察机关积极探索，以闵行区人民检察院为观护工作试点，推动构建涉罪未成年人社会观护体系，为涉罪未成年人创造社会帮教条件。

2003 年 5 月，闵行区人民检察院与闵行区莘庄镇青保办在莘庄镇设置了首个未成年人取保候审观护点，试点招募志愿者对涉罪少年进行为期 3 个月到 6 个月的观护帮教，观护内容主要包括：与涉罪未成年人谈心沟通，适时辅导涉罪未成年人学习，安排参加公益劳动，帮教人员及时记录其思想动态、学习劳动、权益保护等观护帮教情况。检察机关综合案件情况及涉罪未成年人在观护帮教期间的表现，对未成年人作出最终的司法决定。2004 年上海市检察机关根据上海市委“构建预防和减少犯罪体系”的总体部署，以“政府出资购买社会服务、建立专业社工队伍”为契机，提出了“办案专业化与帮教社会化相结合”的工作思路，要求上海市各级检察机关未检部门立足职能，主动延伸工作触角，推动并配合党委和政府整合各种社会力量，构建社会化的帮教矫正体系，为涉罪未成年人的特殊司法处遇和教育挽救提供社会支持和保障。

2004年10月，在闵行区综治办的牵头下，“闵行区未成年人社会观护体系工作总站”正式揭牌成立，形成了一个由闵行区预防办、未成年人保护委员会、教育局、共青团区委、妇联、学校、社会工作者组织、志愿者组织、基层组织、社区、企业等各方力量共同参与的涉罪未成年人社会观护体系，依托1个观护总站，以遍布全区9个镇、3个街道、1个市级工业区的13个社工点为工作载体；以居住地在本区的违法犯罪未成年人为主要工作对象、特别是以违法犯罪的来沪未成年人为工作重点，以93名青少年事务社工为主要力量的维权帮教网络。在3个月到6个月的观护期间，由检察机关案件承办人会同未成年犯罪嫌疑人家长、社工等帮教人员签订观护帮教协议，组成帮教小组，具体负责对未成年犯罪嫌疑人的观护帮教工作。各参与方按照各自的职能，作好协调配合与配套衔接工作，并借助社会力量开展帮教工作。其中：综治办、预防办、未成年人保护委员会等党政职能部门负责牵头协调组织；在校涉罪未成年人的观护帮教工作，由教育局负责管理，学校教师、青少年保护干部具体操作；非在校涉罪未成年人的观护帮教工作，则由共青团区委负责管理，具体由设置在各街、镇的社工站派遣专业社工进行帮教；居（村）委会、社区则协助检察机关、公安派出所、司法行政机关的司法所等开展日常监管工作，并配合开展帮教；妇联开展对涉罪未成年人家长的培训，完善其家庭教育；企业则配合对其涉罪未成年员工开展观护帮教，或者为“三无”涉罪未成年人提供食宿和帮教条件。

截至2011年，上海市全市范围内均建立了对涉罪未成年人的社会观护体系，共设立观护总站17个，观护点215个，观护基地58个[①]，形成了覆盖所有街、镇的网络化社会帮教体系。上海市人民检察院制定了《关于进一步规范涉罪未成年人社会观护工作机

① 陈旭：《建立完善未成年人刑事司法制度》，载《检察日报》2012年7月19日，第2版。

制的若干意见》，对观护工作的基本概念和原则、适用条件、帮教方式、操作流程和配合衔接机制等作出明确、细化的规定，并制发观护工作文书，对其种类、格式、流转和制作要求予以明确，指导实践操作。2011 年，最高人民检察院检察长曹建明、时任最高人民检察院副检察长朱孝清等先后调研考察了上海市检察机关开展未成年人检察工作的情况，对未成年人社会观护工作给予高度肯定，认为上海检察机关充分发挥刑事检察职能，整合社会各方面力量，创设了涉罪未成年人全程衔接帮教体系，实现了检察机关专业化办案和社会化帮教的有机结合，推进了未成年人特殊保护及犯罪预防工作，对促进社会管理创新具有十分重要的意义。

2. 上海市涉罪未成年人社会观护体系的具体内容

（1）观护组织

观护组织，是开展观护工作的直接力量，对观护人员承担组织、协调、管理和培训等职责，并指导观护人员开展日常教育考察、帮教矫正工作。观护组织一般隶属于各地区的社会管理综合治理等相关政府职能部门，可设置为观护站、观护点上下两级组织模式，由观护站统筹协调观护工作，并根据区域特点，在各街镇、社区内设置若干观护点。

具体而言，公安机关负责侦查阶段对观护对象资格的审查，指导观护工作并根据观护对象在观护期间的综合表现作出相应的处理决定。检察机关负责审查阶段对观护对象资格的审查，指导观护工作并根据观护对象在观护期间的综合表现作出相应的处理决定，并加强对社会观护期满后观护对象的回访考察工作，预防其重新违法犯罪。团委负责对未成年人工作者的观护工作提供指导，并协调镇（街道）团工委给予积极的支持。司法局负责对社区矫正工作者的观护工作提供指导，并协调镇（街道）司法所给予积极的支持。青少年保护部门负责协助有关职能部门共同做好观护工作。同时，也可以组建专门的社团组织，吸纳富有社会责任感和观护能力的企事业单位、工读学校、救助中心、社区活动中心、志愿者组织等作为社团成员，为观护对象提供食宿、文化知识学习、法制教育、劳动技能培训等帮教条件。

（2）观护人员

观护人员，是指在观护组织的管理下，对涉罪未成年人进行日常教育考察、帮教矫正工作的人员，一般以专业社会工作者作为主要成员，社区民警、青少年保护老师及志愿者等作为辅助成员。

青少年事务社会工作者是观护体系的主要力量，负责在观护期间对观护对象进行考察、帮助、教育。其工作主要包括：对观护体系辖区内涉嫌犯罪的“三失”（失学、失业、失管）未成年人开展社会调查；定期记录观护对象的思想动态、学习情况、劳动表现及在社区内的综合表现等情况；为观护对象提供学习辅导、工作见习等服务。在观护期间，社会工作者根据观护对象的实际情况，制订个案服务计划书。社区矫正工作者可以提前介入观护阶段，配合青少年事务社会工作者共同开展对观护对象的观护工作。

（3）观护对象

主要包括三类：一是涉嫌犯罪且符合取保候审条件的“三失”（失学、失业、失管）未成年人；二是涉嫌犯罪且符合取保候审条件的暂居在观护体系辖区内的非上海市籍未成年人；三是其他符合观护条件的未成年人。

（4）工作流程

未成年人社会观护工作流程分为观护资格的审查与确立、文书的转接及衔接、对象的日常观护、评定考核、跟进帮教五个主要环节。

第一，观护资格的审查与确立。对涉罪未成年人作羁押必要性评估，审查其是否有采取非羁押强制措施的条件。对依据相关规定符合观护条件的犯罪嫌疑人作出同意进行观护的决定。早在2002年，上海市未成年人检察部门就提出“以不逮捕为原则、逮捕为例外”的工作理念。为贯彻执行这一严格限制适用逮捕措施的理念，非羁押强制措施可行性风险评估制度应运而生。该项评估借鉴了英国的审前羁押评估制度，主要考虑四个方面的因素，包括“犯罪行为性质、本人成长经历、家庭监护条件、社会保障条件”。评估信息统计之后折合分数，分为高、中、低风险。经评估为高风险的，通常情况下应当予以逮捕；经评估为中风险的，则可以继续考察以决定是否适用逮捕措施；经评估为低风险的，则直接适用非羁押强制措施。该项评估综合了社会调查、心理评估、观护条件评估、听取律师意见等多种机制，检察官需要参考多方面因素进行裁量，并报检察长批准。[①]

第二，文书的转接及衔接。检察机关对涉罪未成年人采取非羁押强制措施并作出同意观护决定后，应在3日内将观护对象的基本资料及《帮教记录卡》等有关文书转交至观护站，由观护站进行审查，接受后指派观护人员，共同签订观护帮教协议，将协议与《指派社会观护员回执》送达作出观护决定的执法机关。

第三，观护对象的日常观护。观护人员负责观护对象的日常观护工作，一般情况下观护期间为三个月到六个月；日常观护是观护工作流程中的核心环节，具体内容包括以下几个方面：一是教育考察。通过法制教育，促使接受观护的未成年人知晓其享有的诉讼权利和应尽的诉讼义务，并考察其在观护期间的各项表现和思想动态，及时掌握活动情况。二是心理矫正。通过沟通、疏导和心理干预、治疗，矫正认知偏差和心理问题，帮助其树立正确的人生观和价值观。三是行为矫正。对具有吸毒、酗酒、网瘾等严重行为偏差的未成年人，通过行为矫正，戒除或缓解其不良行为倾向。四是组织观护对象的教育、学习、公益劳动等活动。培养涉罪未成年人的社会责任感，促使其认同社会主流价值，重新融入社会。五是知识学习与技能培训。为涉罪未成年人提供学习文化知识、法律知识和劳动技能的机会，帮助其顺利回归社会；开展其他有益于未成年人

① 张伯晋：《观护体系全覆盖：“上海经验”的精神内核》，载《检察日报》2012年2月3日，第3版。

身心的活动。

第四，评定考核。观护期满时，依据观护对象在观护期间的学习、教育、劳动等方面的综合表现，作出全面、客观、公正的评定意见，提交《关于未成年犯罪嫌疑人社会观护报告》并提出处理建议，报经观护站审核后，提交办案机关。办案机关综合案件及观护帮教情况，对观护对象作出司法处理决定。

第五，跟进帮教。作出处理决定后，办案机关应及时将结果反馈观护站，便于与跟进观护工作相衔接。被相对不起诉的观护对象，应由原观护人员继续开展跟进观护工作。跟进观护的期限一般为3至6个月。被起诉后判处非监禁刑的观护对象，可以由原观护人员继续开展跟进观护工作，也可转至专门从事社区矫正工作的观护人员开展跟进观护工作。跟进观护期限应根据刑罚轻重和缓刑考验期限加以确定，一般为6个月到3年。

3. 效果分析

截至2013年，上海市检察机关在全市各区共设立观护总站17个，在各街镇设立观护点215个，建立观护基地58个，纳入观护帮教的涉罪未成年人达到1152名。涉罪未成年人的不捕率逐年攀升，2007年为8.4%，2008年为8.7%，2009年上升到9.2%，2010年则达到了11%。涉罪未成年人的非羁押直诉率2007年19.5%，2008年18.9%，2009年22.3%，2010年达到25.2%。而被纳入观护体系进行帮教考察的涉罪未成年人中，相当部分因情节轻微，不需要判处刑罚而被不起诉。未成年人的不起诉率由2007年的3%，2008年的2.9%上升到2009年的3.5%，2010年则达到4.3%。经过回访考察发现，97%的涉罪未成年人没有重新违法犯罪，有近80%的涉罪未成年人顺利就学、就业。近年来的未成年人犯罪数量逐年下降，2008年受理审查起诉的涉罪未成年人同比下降6.9%，2009年同比下降22.8%，2010年则同比下降31.5%。

在借鉴上海市社会观护体系成功经验的基础上，2008年江苏省昆山市人民检察院创办了苏州市首个“未成年人社会观护站”，建立并完善涉罪未成年人社会观护体系，积极探索预防未成年人违法犯罪的社会联动机制。根据昆山市人民检察院的相关规定，观护体系是指在符合一定条件的前提下，由该院对部分犯罪情节较轻的未成年人采取取保候审的方式，使其在检察机关审查阶段，由社会观护站对他们进行帮教，并对其在取保候审阶段的表现进行考察，最终根据未成年人在取保候审期间的综合表现，作出相应处理决定，包括观护资格审查确立，对涉嫌犯罪的未成年人进行资格审查，对符合观护条件的，作出同意进行观护的决定。符合观护条件的对象包括涉嫌犯罪且符合取保候审条件的昆山市及外来的“三失”即失学、失业、失管未成年人。开展日常观护工作，该院从作出观护决定起3日内，将观护对象的基本资料及《帮教记录卡》等有关文书转交至市未成年人社会观护站。观护站在对相关材料确定观护工作人员，开展帮教工作。观护站在3天内确定1名观护人员负责做好观护工作；5天内，由该院和观护站共同安排一次与观护对象的见面。观护人员应至少每月一次与观护对象进行谈话、组织学习、活动等，并对观护工作内容做好记录。评定考核观护期限，观护期限一般为3至6个月，特殊情况由该院根据具体个案情况决定。观护期限截止前7至15日内，观护站依据观护对象在观护期间的综合表现，作出评定意见。该院在综合观护站意见及其他意见的基础上，最终依法作出对未成年人的处理决定。[①]

（二）无锡市管护教育基地

随着无锡市经济社会的快速发展，近年来非无锡市户籍的流动人员犯罪的比例呈现逐年升高的趋势。在实践中，很多涉罪流动人员由于在本地无固定生活居所，无法提供保证金和保证人，不具备保证条件，即使涉嫌犯罪的社会危害性不大且已查清事实，也只能

① 参见王玉：《规范完善未成年人社会观护体系　积极探索青少年维权新途径》，载“人民网”，网址为 http://su.people.com.cn/GB/channel233/253/200811/07/19652.html，访问时间2015年7月12日。

适用羁押性强制措施，从而导致实际执法过程中流动人员不能平等享有与本地人员相同的诉讼权利，对流动人员够罪即捕的问题较为突出。为实现司法过程的社会参与，解决轻缓处置与有效帮教之间的矛盾，因地制宜解决司法资源短缺问题，促进社会的和谐稳定，2008 年以来，无锡检察机关通过建立涉罪流动人员管护教育基地的工作，针对司法实践中涉罪流动人员难以平等适用非羁押强制措施的司法现状，进一步拓展检察职能，延伸法律服务，以保障涉罪流动人员取保候审权益为突破口，以完善取保候审的社会保障机制为着力点，通过动员社会力量建立管护教育基地，为涉罪流动人员取保候审、判处非监禁刑、落实矫正帮教创造有利条件，取得了良好的法律效果和社会效果。

1. 无锡市涉罪流动人员管护教育基地的发展过程

无锡市涉罪流动人员管护教育基地的实践是从江阴市人民检察院探索开展建立关爱教育基地试点开始的。2008 年，无锡市人民检察院以涉罪外来未成年人为关爱对象，在江阴市人民检察院率先开展工作试点，探索开展建立关爱教育基地，联合学校、单位和社区组成取保候审的保证和监管力量，确保“上学的孩子不失学，就业的孩子不失业”，为既无固定就学就业单位也无固定居住地的涉罪外来未成年人创建“临时家庭”，开展教育管护工作，平等保护涉罪外来未成年人取保候审权利。2008 年 7 月，江阴市检察院与市公安局、法院、司法局及关心下一代工作委员会联合会签了《关于建立关爱教育基地平等保护涉罪外来未成年人取保候审权利的工作意见（试行）》及其《实施细则》，对入驻对象的资格确定、风险评估、帮助教育、客观评定、回访考察等程序作了明确规定，并对相关部门的工作职责进行了详细分工。具体做法是：检察机关在当地民营企业中择优建立一批“未成年人关爱教育基地”，对于那些既无力交纳保证金又提不出保证人，或者取保候审缺少监护帮教条件的外来未成年人，经过风险评估为中低级别后，由关爱教育基地为其提供合适保证人予以取保。被取保候审的外来未成年人在关爱教育基地接受技能培训、心理辅导、法制教育和社会劳动等。

2009年，无锡市人民检察院为了切实保障涉罪外来人员在审前依法享有申请和获得取保候审的权利，减少羁押措施的适用，在总结江阴市人民检察院开展未成年人关爱教育基地工作成功经验的基础上，整合和利用社会资源，将管护教育基地的做法在全市范围内全面推广，建立涉罪外来人员管护教育基地，把保护对象延伸至全体涉罪流动人员。由符合条件的企业、事业、小区或者社会福利机构等单位，为无法提供保证金或者保证人保证的涉嫌犯罪外来人员提供合适的保证人，在取保候审期间涉嫌犯罪外来人员自愿在该单位接受管护教育。①

为了规范涉罪外来人员管护教育基地的实践操作，无锡市人民检察院专门出台了《关于建立社会管护（关爱）基地平等保护涉嫌犯罪外来人员取保候审权利的指导意见》，对平等保护涉罪外来人员取保候审权利的重要性、管护教育基地的条件、适用取保候审的对象和程序等内容作了详细规定。随后，无锡市各市（县）、区人民检察院也相继与有关部门联合出台开展管护教育基地建设工作的实施意见，调动多部门力量共同开展管护教育基地建设工作。2010年7月2日，市人大主任会议专题审议了管护教育基地工作，会议对这项工作创新全力支持，对取得的成效充分肯定；会议要求市人民检察院积极争取由市委政法委牵头，形成统一规范的工作意见。2010年9月，无锡市人民检察院联合市中级人民法院、综治办、公安局、民政局、司法局、财政局、人力资源和社会保障局、团委、妇联、关心下一代工作委员会等12家单位共同制定了《涉嫌犯罪外来人员管护教育基地工作若干意见（试行）》（以下简称《意见》），成立了由无锡市中级人民法院、市人民检察院、综治

① 作为2009年度法治无锡市建设实事工程项目，此项创新工作被评为“无锡市政法创新工作一等奖”和“法治无锡市建设实事工程”优质奖。

办、教育、公安、民政、司法行政、财政、人力资源和社会保障、共青团、妇联、关心下一代工作委员会等单位负责人组成的管护教育基地工作领导小组，办公室设在市人民检察院，具体负责指导、协调和督促管护教育基地的相关日常工作。对管护教育基地的资格、权利与义务、担任保证人的条件，进入管护教育基地的条件和程序，以及具体的管护教育工作等作出明确规定，进一步规范和加强对涉罪外来人员的取保候审、非监禁刑以及社区矫正等工作的顺利开展。为发挥政府的主导作用，使管护教育基地工作进入长期、健康的运行轨道，2011 年江阴市政府为管护教育基地工作专门列支了 30 万元的经费预算，每名管护教育对象的工作经费标准为 1500 元，形成了“党政统一领导、政法机关承办、相关部门配合”的管护教育基地工作格局。目前，整个无锡市共成立 55 家管护教育基地，包括 42 家民营企业、6 个社区和 7 家社会福利机构（敬老院）。

2010 年 11 月 9 日，时任最高人民检察院副检察长的朱孝清在最高人民检察院编发的《检察院情况反映——深入推进三项重点工作专刊（第 139 期）》上作出批示：“无锡市探索建立涉罪外来人员管护教育基地，是推进三项重点工作的重要举措，它有利于平等保护外来涉罪人员的合法权益，有利于外来涉罪人员改过自新，重新融入社会，有利于维护社会的和谐稳定。望在党委统一领导下，继续积极探索，认真总结经验，明确管护教育中心的责任主体及相关部门的责任，促进这一工作的长效化、制度化和规范化。”2012 年 2 月 16 日，朱孝清副检察长来到无锡、常州考察涉罪外来人员管护教育基地工作时进一步指出，涉罪外来人员管护教育作为社会管理创新的重要内容，是一项非常有意义、有价值的课题，功德无量。他要求检察机关和参与管护教育的企业要像家长对待孩子、学校对待学生一样，给予涉罪外来人员特别的关照，让他们建立重新回归社会的信心；同时，他希望检察机关积极争取地方党委政府的领导支持，将企业家的奉献精神和政府扶持结合起来，认真组织协调推进，不断深化管护教育基地工作实效。[①]

2. 无锡市涉罪流动人员管护教育基地的主要内容

根据有关文件和司法实践操作，无锡市社会外来人员管护教育基地创新机制主要包括以下几个方面的内容：

第一，管护教育基地的主体资格与职责。作为管护教育基地的企业、学校、社会福利机构或者社区等单位应当具备一定的条件。例如，热心社会公益事业，具有与管护教育相应的工作人员与经济能力，并且需要经过涉罪外来人员管护教育基地工作领导小组的批准和确认。在此基础上，各单位结合辖区实际情况，根据依法创新、质效并重、依托社会的原则，在企业、学校、社区、社会福利机构和其他公益性组织中择优确定工作载体。江阴市人民检察院依托民营企业经济实力雄厚的优势，建立了 15 家企业管护教育基地；宜兴市检察院在该市外来人口较为集中、条件较好的地区建立了 5 家社区管护教育基地；开发区人民检察院在新区社会事业局下属的 7 家养老院建立了管护教育基地。

管护教育基地在涉罪外来人员管护教育工作中主要承担以下职责：推荐合适的保证人；督促保证人履行相关义务；为管护教育对象提供生活保障；为管护教育对象提供岗位技能培训；依法保护管护教育对象的合法权益；协助配合领导小组办公室做好管护教育工作；为管护教育对象投保短期人身伤害意外险；管护教育对象私自离开管护教育基地的，应当及时向办案机关报告。管护教育基地对管护教育对象未尽到管护教育义务的，承担相应的责任。

第二，保证人的条件和义务。担任涉嫌犯罪外来人员的保证人首先必须符合《刑事诉讼法》第 67 条所规定的条件，即与本案无牵连；有能力履行保证义务；享有政治权利，人身自由未受到限制；有固定的住处和收入。此外，保证人还必须同时具备以下情形之一，才能作为合适的保证人，包括：长期在单位从事政工、保卫

① 陈绍斌：《涉罪流动人员取保候审实务》，法律出版社 2014 年版，第 47~48 页。

工作；取得社工资格或者长期从事社会工作；取得教师资格或者长期从事教育工作；取得社区矫正工作资格或者长期从事政法工作。在取保候审期间，保证人应当按照《刑事诉讼法》第 68 条的规定认真履行其监督和及时报告义务。如果被取保候审的涉罪外来人员有违反《刑事诉讼法》第 69 条规定的行为，保证人未及时报告的，应当对保证人处以罚款；构成犯罪的，依法追究其刑事责任。

第三，管护教育对象及其权利义务。涉嫌犯罪的外来人员可能被判处三年以下有期徒刑，无逮捕必要却又无法提供保证金或者保证人保证，符合除保证以外的其他取保候审条件，并且具有下列情形之一的，可以申请进入管护教育基地：初犯、偶犯、过失犯罪；从犯、胁从犯；犯罪预备、中止、未遂；防卫过当或者紧急避险过当；犯罪后自首或者有立功表现；犯罪情节轻微，有悔过表现，积极退赃、赔偿，并且取得被害人谅解。

同时，对于涉罪外来人员的住址或者身份不明；流窜作案；累犯或者在缓刑、假释期间故意犯罪；雇凶伤人，涉黑涉恶型寻衅滋事、聚众斗殴等，或者抢劫等严重影响社会治安；以自伤、自残等方法逃避侦查、起诉、审判；一人犯数罪；同案犯在逃且案情未查明；可能对被害人、证人、鉴定人及其近亲属的人身或者财产进行侵害；其他有碍刑事诉讼活动的涉罪外来人员，不得进入管护教育基地。

在管护教育期间，基地应当安排管护教育对象参与一定的社会公益活动或者进行适当的技能培训。管护教育对象有劳动技能、并在相应岗位上工作的，基地应当支付相应的劳动报酬；管护教育对象没有劳动技能，接受岗位技能培训，基地应当提供一定的生活保障，也可以支付适当的生活费；管护教育对象自愿到社会福利机构从事义工的，社会福利机构不支付报酬。

在管护教育基地期间，管护教育对象享有通信自由，人身自由不受非法限制。管护教育对象应当严格遵守《刑事诉讼法》第 69 条的各项规定，同时还要遵守管护教育基地的规章制度，并在管护教育基地的指导下，积极学习劳动生产技能。管护教育对象违反上述规定，情节严重的，取消其入驻资格；符合逮捕条件的，依法予以逮捕。

第四，管护教育的程序。对涉罪外来人员进行管护教育的程序主要包括权利告知、提出申请、办案机关进行审查、有关部门作出决定和具体执行等环节。

立案后，办案机关应当及时告知涉罪外来人员享有包括申请取保候审在内的各项权利义务。对于符合取保候审条件却又没有提出取保候审申请的涉罪外来人员，应当询问其是否提出申请以及采取何种保证方式。对于无法提供保证而被羁押的涉罪外来人员，办案机关根据案件具体情况，也可以告知其申请进入管护教育基地。申请可以由涉罪外来人员本人、法定代理人、近亲属或者聘请的律师提出；未成年人提出申请的，应当征得法定代理人的同意。

办案机关应当对涉罪外来人员进入管护教育基地的申请进行风险评估。风险评估包括社会调查和法律评估两个部分。社会调查主要是对其家庭情况、个性特点、一贯表现、管护教育条件、再犯可能性等进行调查；法律评估侧重于对涉嫌犯罪的社会危害性、人身危险性、是否会妨害诉讼进行、犯罪事实是否已经查清、可能判处的刑罚等进行评估。办案机关根据风险评估的情况，作出是否同意涉罪外来人员进入管护教育基地的建议，报涉罪外来人员管护教育基地工作领导小组办公室批准。办案机关在收到《同意涉嫌犯罪外来人员入驻管护教育基地决定书》后，依法对涉罪外来人员办理取保候审手续，同时对涉罪外来人员宣布同意其进入管护教育基地的决定，并告知其严格遵守刑事诉讼法规定的取保候审义务与管护教育基地的规章制度，以及违反规定的义务可能面临的制裁。

在具体执行过程中，由管护教育基地所在地的社区矫正机构、取保候审执行机关、保证人组成管护教育小组，同时也可以聘请具有政法、教育、社会工作经验的人员，一起对犯罪嫌疑人、被告人开展心理矫正、法律教育等工作。对涉罪外来人员在管护教育基地取保候审期间的表现，管护教育基地应当作出评定意见。办案机关结合案情和评定意见，对案件依法作出处理。

在司法实践中，无锡市各级检察机关还结合本地区自身特点，将涉罪外来人员管护教育基地工作与刑事和解、[①] 附条件不起诉、[②] 认罪轻案快速办理程序、[③] 刑事被告人审前诉前调查评估等工作机制结合起来，共同推进对外来人员取保候审与其他诉讼权利的保障。

3. 无锡市涉罪流动人员管护教育基地的效果分析[④]

实践表明，涉罪外来人员管护教育基地对于扩大取保候审的适用、贯彻落实宽严相济刑事政策、节约司法资源以及维护社会和谐稳定等方面都取得了显著效果。根据调研数据，从 2008 年到 2013 年 3 月，共有 833 名犯罪嫌疑人进入管护教育基地，具体如下：

（1）年龄情况。833 名管护教育对象的年龄分布为 14 至 61

① 徐某涉嫌故意伤害案。云南籍犯罪嫌疑人徐某，因涉嫌故意伤害罪被江阴市检察院批准逮捕。案件移送审查起诉之后，恰逢管护教育基地成立不久，承办人审查后认为，徐某犯罪情节较轻，且已经取得被害人的谅解，只是由于无法提供保证金或保证人而被逮捕。江阴市人民检察院随即启动管护教育工作机制，将逮捕变更为取保候审，并安排徐某进入江阴市东发管件制造有限公司接受管护教育。徐某在保证人的带领下学习油漆技术。2008 年 10 月法院审理本案时，基地根据徐某在取保候审期间的表现出具了评定意见，徐某最终被法院判处有期徒刑 9 个月缓刑 1 年。判决后，他自愿继续留在基地工作，用劳动所得赔偿被害人的损失。

② 2008 年无锡市惠山区人民检察院出台《附条件不起诉操作规则（试行）》，对附条件不起诉的指导原则、适用范围、条件和具体程序等作出明确规定。惠山区人民检察院已经对 5 起案件成功适用附条件不起诉程序，对于预防和减少犯罪、提高司法效率起到了积极作用。2010 年 3 月，无锡市人民检察院在总结惠山区人民检察院工作经验的基础上，制定了《关于探索开展轻微刑事案件附条件不起诉工作的规定》，在全市范围内推广附条件不起诉的做法。

③ 无锡市惠山区人民检察院作为最高人民检察院确定的全国 8 家“认罪轻案办理程序改革”试点单位之一，自 2008 年 8 月起，积极开展认罪轻案办理程序改革试点工作，先后适用该程序办理多起刑事案件，效果显著。

④ 相关数据，参见陈绍斌：《涉罪流动人员取保候审实务》，法律出版社 2014 年版，第 61~64 页。

岁，平均年龄为24.30岁。数据分析参见表1：

表1 管护教育对象年龄

年龄段（岁）	人数	占比（%）
14-17	124	14.89
18-20	208	24.97
21-25	212	25.45
26-30	96	11.52
31-40	133	15.97
41以上	60	7.20

性别情况。833名管护教育对象中，男性776人，占总数的93.15%；女性57人，占总数的6.85%。

（2）户籍情况。833名管护教育对象来自国内23个省级行政区域，其中人数多的5个省份是：江苏221人（其中无锡市44人）、安徽151人、贵州95人、四川75人、河南65人，合计607人，占总数的72.87%。人数较多的有7个省份：重庆35人、湖北26人、湖南、云南各21人、陕西20人、江西17人、广西15人，合计155人，占总数的18.61%；其他的还有浙江、山东、福建各12人，黑龙江11人，甘肃10人，辽宁5人，河北4人，内蒙古、山西、宁夏、吉林各1人，合计71人，占总数的8.52%。

（3）案由分布。833名管护教育对象共涉及43个罪名，涉及人数最多的案由是盗窃罪397人，占总数的47.66%。涉及人数较多的案由是聚众斗殴罪84人，故意伤害罪55人、交通肇事罪40人、寻衅滋事罪31人，非法拘禁罪24人，危险驾驶罪20人，诈骗罪、抢劫罪各19人，掩饰隐瞒犯罪所得罪、职务侵占罪各18人，以上涉及10个罪名328人，占总数的39.38%。

其他的还有：抢夺罪、开设赌场罪各11人，强奸罪10人，传播淫秽物品罪6人，赌博罪、妨碍公务罪各5人，过失致人重伤罪、介绍卖淫罪、强制猥亵妇女、贩卖运输毒品罪、敲诈勒索罪、非法经营罪等 6 个罪名各 4 人；过失致人死亡罪、容留他人吸食毒品罪各 3 人；容留卖淫罪，非法买卖制毒物品罪，出售非法制造的发票罪，信用卡诈骗罪，非法经营罪，非法控制计算机信息系统罪，非法买卖制毒物品罪，伪造国家机关公文、证件、印章罪，故意毁坏财物罪，假冒注册商标罪等 10 个罪名各 2 人；窝藏罪、挪用资金罪、伪造金融票证罪、票据诈骗罪、伪造公司印章罪、销售假冒注册商标的商品罪、销售伪劣产品罪、非法入侵住宅罪、非法行医罪、妨害信用卡管理罪等 10 个罪名各 1 人。以上涉及 34 个罪名 108 人，占总数的 12.96%。

（4）在基地停留时间。705 名已结束管护教育的犯罪嫌疑人、被告人中，在基地的时间为 2-144 天，平均 44.88 天，数据分析参见表 2：

表 2　在基地停留时间

时间段（日）	人数	占比（%）
10 日以下	44	6.24
11-20	57	8.09
21-30	108	15.32
31-40	106	15.04
41-50	112	15.89
51-60	76	10.78
61-75	84	11.91
76-90	53	7.52
91-120	35	4.96
121 日以上	30	4.26

（5）处理结果情况。686起已判决案件的处理结果如下：①变更取保候审方式41人，占总数的5.98%，其中人保改财保23人，变更保证人18人。②因违反取保候审规定，转为逮捕的有18人，占总数的2.62%，其中脱保2人。③不追究刑事责任68人，占总数的9.91%，其中公安撤销案件33人，不起诉34人，免予刑事处罚1人。④单处罚金76人，占总数的11.08%。⑤判处管制8人，占总数的1.12%。⑥判处缓刑415人，占总数的60.50%，其中，拘役缓刑140人，有期徒刑缓刑275人。⑦判处实刑60人，占总数的8.75%，其中，拘役39人，有期徒刑21人。数据分析参见表3：

表3　处理结果情况

处理结果	人数	占比（%）
变更取保候审方式	41	5.98
转为逮捕	18	2.62
公安撤销案件	33	4.81
不起诉	34	4.96
免予刑事处罚	1	0.05
单处罚金	76	11.08
判处管制	8	1.12
判处缓刑	415	60.50
判处实刑	60	8.75

无锡市涉罪流动人员管护教育基地的建立，符合构建和谐社会的目标和司法工作的要求，得到了有关部门和社会各界的一致肯定。自2010年以来，涉罪外来人员管护教育工作连续3年被写入《江苏省人民检察院工作报告》。2010年5月10日，江苏省省委常委、政法委书记林祥国在江苏省人民检察院《关于建立管护教育

基地平等保护涉罪外来人员取保候审权利情况的报告》上批示要求适时推广。2010 年 3 月，常州市检察机关大力推行管护教育基地建设。2011 年 7 月，常州市委政法委出台《关于全面推进管护帮教工作的指导意见》，明确要求公、检、法、司及教育、人社、民政、共青团委、关工委等相关职能部门加强配合衔接，共同推进管护教育工作，取得了良好的社会效果和法律效果。以未成年人案件为例，自建立社会管护基地以来，常州市公安机关对未成年人取保候审直诉数逐年上升，从 2009 年的 98 人上升至 2013 年的 186 人；检察机关对未成年人批捕数逐年下降，从 2009 年的 251 人下降到 2013 年的 89 人，而未成年人不起诉数明显上升，从 2009 年的 7 人上升到 2013 年的 47 人；法院对未成年人判处非监禁刑的比例整体上升。此外，入驻的 267 名未成年人中，有 12 人重新回归学校，53 人重新找到较稳定的工作（数据分析参见表 4）①。至 2011 年底，江苏省有 11 个省辖市成立了 117 个管护教育基地，其中涉及企业 96 家、社区 11 个、社会福利机构 10 家，共接纳管护教育对象 1000 余人。2012 年 9 月 4 日，南京市首家社会管护教育基地在高淳陶瓷股份有限公司成立。② 2012 年 9 月 24 日，徐州市首批社会管护教育基地在丰县徐州江煤科技有限公司、徐州东大钢构有限公司成立③。至此，江苏省 13 个省辖市均建立了涉罪流动人员管护教育基地。

① 参见李乐平、吴小强、施飞：《未成年人刑事案件特别程序与社会化保护——以常州市观护矫正工作站为样本的实证研究》，中国政法大学出版社 2013 年版。

② 丁晓头、魏晓昕：《南京市首家社会管护教育基地在高淳成立》，中国江苏网 2012 年 5 月 5 日。

③ 马凤环、孙萌：《丰县两家“涉罪外来人员管护教育基地”揭牌》，正义网江苏频道。

表 4　常州市未成年人管护教育基地基本情况（截至 2014 年）

<table>
<tr><td rowspan="2">未成年人管护教育基地数</td><td rowspan="2">22</td><td>设立于企业</td><td>21</td></tr>
<tr><td>设立于福利机构</td><td>1</td></tr>
<tr><td rowspan="9">入驻各类基地的未成年人</td><td>累计人数</td><td colspan="2">267</td></tr>
<tr><td>本地人数</td><td colspan="2">36</td></tr>
<tr><td>外来人数</td><td colspan="2">231</td></tr>
<tr><td>经帮教后不诉人数</td><td colspan="2">57</td></tr>
<tr><td>判处非监禁刑人数</td><td colspan="2">169</td></tr>
<tr><td rowspan="2">帮助就业人数</td><td>总人数</td><td>237</td></tr>
<tr><td>留在基地工作人数</td><td>18</td></tr>
<tr><td>重返校园</td><td colspan="2">12</td></tr>
<tr><td>重新犯罪人数</td><td colspan="2">0</td></tr>
</table>

（三）其他实践模式

除了上海、江苏无锡等地区建立了非羁押强制措施的社会管护或社会支持机制外，其他许多省市也在积极开展社会力量参与非羁押强制措施的改革实践。

2010 年 9 月，北京市海淀区人民检察院成立了全市第一个独立建制的未成年人案件检察机构——未成年人案件检察处，确立了“4+1+N”的未成年人检察工作模式。北京市海淀区人民检察院的“4+1+N”工作模式是指，检察机关充分发挥对未成年人刑事案件的审查批捕、审查起诉、监所检察、犯罪预防等四项检察职能，将四项职能集中整合到未成年人案件检察处，依托一支专业化的司法社工队伍对涉罪未成年人进行专业化、科学化、全面化的帮教工作，借助多方社会资源和力量共同参与对涉罪未成年人的管护和帮教工作，构筑挽救涉罪未成年人的司法与社会一体化的综合网络体系。在具体做法上，主要包括以下几个方面的内容：

一是实行捕诉监防四合一的工作机制，坚持“可捕可不捕的一律不捕”的批捕原则，“可诉可不诉的一律不诉”的公诉原则，在捕、诉、监三个环节中进行“特殊预防”。一方面针对涉罪未成年人个体的具体情况，开展极具针对性的教育、感化、挽救工作，不仅使其真正认罪悔罪，更填补了再犯可能发生的漏洞；另一方面对具有潜在犯罪因子的未成年个体，及时进行心理防范预警和心理调整。

二是“4+1+N”工作模式还要求建立一支专业化的支撑和辅助未成年人案件检察工作的司法社工队伍。专业司法社工队伍联合检察人员，在查明案情的基础上，对涉罪未成年人的成长教育经历、家庭背景情况、社区整体环境进行客观准确的评估和判断，为推动对涉罪未成年人的社会管护和帮教工作寻找突破口。司法社工的工作内容主要包括以下几个方面：到涉罪未成年人居住地、学校或工作单位，对其居住环境、家庭背景、成长经历、职业情况、受教育情况等进行品行社会调查；对涉罪未成年人是否具有社会危害性、人身危险性、再犯可能性等进行风险评估；通过与涉罪未成年人进行深入访谈，根据其需求制订有效的介入计划，并利用个案、小组、社区等专业方法帮助、引导、教育涉罪未成年人；帮助有诸如心理矫治、就业安置、接受再教育等特殊需求的涉罪未成年人联系相关机构接纳，为其提供转介服务；对被不起诉的涉罪未成年人进行定期跟踪回访，以帮助其实现积极的再社会化。

三是联合海淀区其他相关职能部门、社会团体和机构，通过开展家长课堂、心理辅导、委托异地调查、社会救助等方法，构筑挽救涉罪未成年人的社会网络，即“N”方资源力量。家长课堂是指，通过了解少年家庭特点，有针对性地引导家长正面教育孩子，帮助家长和孩子调整家庭关系，从而为涉罪未成年人回归社会营造良好的家庭环境；社会救助是指，通过整合救助资源、拓宽救助渠道，稳妥推进未成年人司法救助工作，最大限度地促进处于困境中的涉罪未成人积极乐观地生活、学习。

2009 年 8 月，福建省晋江市检察院与民营企业艾美佳家具有限公司合作，签订共建协议，联手创建‘青少年维权岗共建点’，以适用取保候审、监视监住等非羁押强制措施，由企业为失足青少年犯罪嫌疑人提供担保，为其适用取保候审或监视居住措施创造条件，让其一边参与企业生产劳动，一边候审并适时接受帮教。2010年1月，又将帮教范围进一步扩大适用于符合条件的轻刑案件犯罪嫌疑人，并更名为“非羁押诉讼帮教基地”。晋江市检察院主动走访政法委、关心下一代工作委员会、法院、公安、司法、妇联、团委以及企业所在地的乡镇党委、政府、社区等相关单位和部门，动员其派员参与，成立由检察机关牵头、以上单位人员共同组成的帮教工作组。通过制定出台帮教工作计划，帮教工作组进行了明确分工，形成检察院主导负责、各个共建单位协助配合的工作格局。主要做法是：第一，对于犯罪情节较轻、适用非羁押措施后脱管风险较小的外来未成年犯罪嫌疑人，作出不批准逮捕决定，由公安机关变更强制措施后安排入驻帮教基地，与企业签订《帮教协议书》，边务工、边候审、边帮教。建立完善“一人一档”、“帮教档案封存”等相关制度，详细记载帮教对象的个人情况、帮教情况等，提升帮教针对性和延续性。第二，明确档案查询条件、归档保管、封存销毁等管理机制，切实保障未成年人的合法权益。第三，制定《帮教基地工作细则》，明确规定了帮教工作的指导思想、适用对象、工作重点、帮教方式、检查监督、经费保障等内容，详细规定了对帮教对象的考勤、作息、学习、请假等具体事项，并上墙公示，严格落实。第四，帮教基地企业根据每个帮教对象的具体情况安排适当的工种、岗位，签订劳动合同，实行同工同酬，让帮教对象和企业其他员工同吃、同住、同劳动，共同遵守企业的管理规定，共同参加企业活动，做到平等对待。根据报道，截至2013年9月，非羁押诉讼帮教基地已经先后接收外来涉罪未成年人100余名，经过帮教后90%以上的涉罪未成年人被检察机关不起诉或者由法院判处拘役、缓刑、单处罚金等刑罚，获得从轻处罚，有的返回学校重新就学，有的走上自食其力的工作岗位，全部顺利回归社会，无一人重新犯罪。①

2012 年 3 月 23 日，由湖北省武汉市汉阳区检察院与九州通集团共建的“管护教育基地”启用。这是该省首家“管护教育基地”，为轻微刑事案件涉罪人员提供了一个维权帮教和改过自新的平台。管护帮教的前提是涉罪人员犯罪情节轻微、有悔过表现，具体对象是：已满 16 周岁不满 25 周岁，在汉阳辖区无固定住所或无稳定工作、无成年亲友有效监护的涉罪青少年；汉阳辖区医药行业相关企业内部涉罪员工；九州通集团内部涉罪员工；以及其他符合条件的涉罪人员。被管护帮教者将由九州通集团提供相关工作环境和岗位，由聘请的辅导员对其进行思想、法制、社会公德教育，矫正其不良心理和行为，加强对其关爱和扶助，使他们悔过自新，成为守法公民。具体做法是，九州通集团人力资源部门与被帮教对象面谈，了解其学历、专业、既往从业经历、专长等信息，对他们进行为期 10 天至 15 天的培训，并针对被帮教人员的情况安排合适岗位。九州通集团免费提供食宿，按其所在岗位标准发放劳保和生活补贴。九州通集团还详细记录接收人员在接收期间的表现，并结合其个人意愿，在帮教期结束后确定是否与其确立劳动关系、签订劳动合同。②

2012 年 8 月 8 日，广东省佛山市禅城区“彩虹之家关护教育基地”作为广东省首家涉罪外来未成年人帮教基地正式启动。禅城区人民检察院通过探索创新，逐步建立涉罪未成年人改过自新、回归社会的工作机制。2012 年 7 月 20 日，禅城区人民检察院与共青团禅城区委员会、市黄手绢心理咨询中心、某爱心企业共同签订了合作协议书，“彩虹之家关护教育基地”正式成立。该基地旨在

---

① 《晋江市检察院创建非羁押诉讼帮教基地的主要做法》，载“中国文明网”，网址为 http://qz.wenming.cn/wmcj/201309/t20130926_837865_1.shtml，访问时间 2015 年 7 月 15 日。

② 花耀兰、张汉舟、吴松恩：《武汉汉阳市检察院启用全省首家“管护帮教基地”》，载《检察日报》2012 年 3 月 28 日，第 2 版。

通过社会企业的帮助，以及各部门努力，组织涉嫌轻微刑事犯罪的16岁以上外来未成年人，在基地接受帮扶教育、劳动实践，以为其提供一个改过自新、重新融入社会的平台。除签订合作协议书之外，"彩虹之家关护教育基地"还制定了详细的《工作实施细则》和《工作意见》等，实现了对每一名涉罪外来未成年人"量身定做"的帮扶计划。"彩虹关护计划"的监护期为一个月至六个月，监护期满，检察机关将综合基地及其他相关部门出具的评定意见，依法对关护对象作出诉与不诉或合适的刑罚裁量。①

五、非羁押强制措施社会管护的完善②

管护基地作为对未成年犯罪嫌疑人、被告人适用审前非羁押的社会支持体系，对于扩大对未成年犯罪嫌疑人、被告人适用非羁押强制措施，减少审前羁押和保障未成年犯罪嫌疑人、被告人的诉讼权利和合法权益，促进程序分流和顺利回归社会等，都具有明显的法律效果和社会效果。然而，根据实证调查的情况也发现，司法实践中管护基地的做法也存在一些有待解决的问题和困惑，这些问题在很大程度上制约着社会管护机制的进一步发展。有效解决司法实践中遇到的问题，可以保证非羁押强制措施社会管护机制或者审前非羁押社会支持体系的完善和发展。

（一）管护基地的性质和职能定位

北京大学法学院王世洲教授认为，管护教育基地的性质主要有：第一，基地最重要的性质是社会保证人。在取保候审中，一般认为保证人只能是亲属或者是自己本来的单位。现在，通过建立基地，使得取保候审可以在一个更广阔的基础上来做。第二，基地是国家证人。基地不是强制措施。可是，在基地成为保证人之后，担

① 夏小荔、韩文华：《全省首个涉罪外来未成年人帮教基地启动》，载《南方日报》2012年8月8日。

② 参见宋英辉、上官春光、王贞会：《涉罪未成年人审前非羁押支持体系实证研究》，载《政法论坛》2014年第1期。

负起保护犯罪嫌疑人的职责以后，就要承担责任。但是，他的责任又不能够去触碰强制措施和犯罪与刑罚这根高压线。那怎么办呢?可以是证人。如果许可他们向检察机关或者法院提供证据，证明管护教育对象在管护教育期间表现情况，那么，对基地会是一个很大的支持。第三，基地是社会治安积极分子。这是一种荣誉，是通过地方性立法由国家予以承认的荣誉。这种荣誉对承担基地任务的企业家，是一种很有意义的鼓励。①

根据实际调查的情况来看，实践中各地管护基地大都承担了诸如扩大适用取保候审、对被不起诉的未成年人进行帮教和对罪犯的社区矫正等多项职能，有的职能之间没有主次之分，各项功能之间的界限也不是十分清楚，不仅有可能造成不同管护对象相互影响，而且容易混淆不同管护对象的界限。因此，应当区别管护基地的各项职能，对不同的管护对象开展差别化、有针对性的管护工作，以最大限度发挥管护基地的作用。

实践中探索管护基地这一做法的初衷即是对那些不能提供保证人又交不起保证金的未成年犯罪嫌疑人、被告人提供保证人和临时住所，从而扩大非羁押措施的适用。此外，对涉嫌犯罪的未成年人要严格适用逮捕措施，这一原则已经被2012年《刑事诉讼法》明确规定。因此，管护基地首先应当定位为取保候审和监视居住的社会支持机制，致力于扩大对涉罪未成年人适用非羁押措施。因此，从立法精神和规范实践操作的角度而言，管护基地首先应当定位为非羁押强制措施的社会管护机制，也就是审前非羁押的社会支持机制，在根本上要致力于通过社会力量的参与来达到扩大对未成年犯罪嫌疑人、被告人适用非羁押强制措施的效果。基于对管护基地的这一基本职能定位，对于既不能提供保证人又交不起保证金的未成

① 王世洲:《关于完善管护教育基地制度的几点建议》，载《方圆》特刊2010年第11期。转引自陈绍斌:《涉罪流动人员取保候审实务》，法律出版社2014年版，第139页。

年犯罪嫌疑人、被告人，由管护基地提供食宿等基本的生活条件，劳务工作及教育条件，并指定管护基地的负责人或有关人员担任未成年犯罪嫌疑人、被告人的保证人，从而将其予以取保候审。被取保候审的未成年犯罪嫌疑人、被告人在管护基地期间，由管护基地负责对被管护对象进行监督、管理和日常关照，主要包括安排学校学习、提供力所能及的工作机会、进行技能培训、心理辅导等。

从理论上讲，除作为非羁押强制措施的社会管护方式以外，管护基地还可以承担对被不起诉的未成年人进行社会帮教和对被法院判处轻微刑罚的未成年罪犯进行社区矫正等附带职能，但这需要将承担不同职能的管护基地区分开来，分别设置不同的管护基地来对不同的对象进行专门的监督管理，或者在同一管护基地里将不同的管护对象进行分类管理。

一方面，对于被不起诉人，特别是被不起诉的未成年人，由管护基地开展有针对性的帮教、心理矫治和技能培训等。此外，《刑事诉讼法》规定了对未成年人的附条件不起诉，要求被附条件不起诉的未成年人应当按照考察机关的要求接受矫治和教育。将管护基地与附条件不起诉衔接起来，由管护基地协助对附条件不起诉的未成年人进行矫治和教育，对于贯彻执行《刑事诉讼法》的规定具有积极意义。

另一方面，对于已经被判处刑罚而符合法律规定的社区矫正条件的未成年罪犯，管护教育基地还可以进行一定的社区矫正活动。包括心理矫正、行为矫正等，让其认识到自身行为的社会危害性，预防再犯。管护基地可以聘请心理咨询专家或者与心理咨询机构合作，依靠心理专家对罪犯进行心理辅导。从这个角度而言，管护基地也可以与执行阶段的社区矫正机制相衔接，共享监督、管护和教育资源，强化法院判决后对被执行人员的帮教措施。技能培训也可以作为一种预防重新犯罪的矫正措施来实施。

但是，也必须看到，被取保候审、监视居住的未成年犯罪嫌疑人、被告人与被社区矫正的未成年罪犯有着根本的区别。被取保候审、监视居住的未成年犯罪嫌疑人、被告人，因法院尚未对其作出生效的判决，他们不是法律意义上的犯罪人，不是服刑人员，因而并不能采取矫正、改造的方法。因此，作为非羁押强制措施社会支持机制的管护基地，以及管护基地指定的保证人对被取保候审、监视居住的未成年犯罪嫌疑人、被告人，主要是协助执行机关监督其遵守取保候审或者监视居住的法律规定，保证其不逃避侦查、起诉和审判，保证其及时到案，不妨碍刑事诉讼的顺利进行。当然，由于未成年人正处于接受教育的阶段，管护基地应当根据当事人情况和意愿，有针对性地安排其学习或者接受技能培训；对于因家庭等原因存在心理健康问题的未成年人，可以进行心理疏导和治疗。

（二）管护基地与办案机关的关系

根据《刑事诉讼法》的规定，取保候审和监视居住应当由公安机关负责执行，具体可以由有关的派出所来执行。但是实践表明，公安机关由于办案压力大，警力不足，往往无法切实承担对被取保候审人或者被监视居住人的监管任务，常常使取保候审、监视居住的执行流于形式，被取保候审人容易出现脱保的现象。被监视居住人则通常由作出监视居住的机关来执行，这种做法实际上有悖于法律的规定。在各地的探索中，管护基地工作主要是由检察机关积极推进，联合公安机关、法院，由企业、学校、社会福利机构等单位成立管护基地，为不能提供保证人又交不起保证金的犯罪嫌疑人、被告人，特别是涉嫌犯罪的未成年人提供取保候审的保证条件。

应当进一步理顺管护基地与办案机关的内在关系，强化作为取保候审、监视居住执行机关的公安机关的监管作用和作为法律监督机关的检察机关的监督作用。在侦查阶段，公安机关可直接决定以社会管护的方式对犯罪嫌疑人予以取保候审或监视居住，对于公安机关提请审查批捕的犯罪嫌疑人，检察机关经审查认为符合社会管护条件的，可以作出不予批准逮捕的决定，并可以通知公安机关将其送交管护基地进行监管教育。在审查起诉阶段，检察机关经过审查认为犯罪嫌疑人符合社会管护条件的，检察机关可以直接决定予以取保候审，并将其送交管护基地进行监管教育；检察机关也可以作出不起诉的决定，然后将其送交管护基地进行监督考察和帮教。在审判阶段，法院也有权决定对被告人适用取保候审等非羁押强制措施，并将其送至管护基地进行监管。犯罪嫌疑人在管护基地期间的监督、教育和报告等事项均纳入基地的工作日程，公安机关、检察机关和法院作为取保候审和监视居住的决定机关，同时公安机关作为取保候审和监视居住的执行机关，均有权直接参与管护基地的整体工作。

（三）管护基地权利和义务的平衡

在司法实践中，为了更好地开展非羁押强制措施的社会管护工作，各地通常都明确规定了管护基地享有的权利和义务。例如，无锡市《涉嫌犯罪外来人员管护教育基地工作若干意见（试行）》规定，管护教育基地享有获得领导小组指导与帮助、获得表彰与奖励的权利；管护教育基地须履行的义务包括为管护对象推荐合适保证人、保障基本生活条件、提供技能培训、投保人身意外伤害险、私自离开及时报告、承担相应责任等。尽管对管护基地的权利义务有所规定，但从有关规定的内容来看，存在着管护基地的权利和义务不平衡的问题。在权利义务不平衡的情况下，管护基地参与刑事诉讼程序的积极性就会大打折扣。同时，根据《刑事诉讼法》的规定，管护基地指定的保证人要履行监督和及时报告义务，但是其对应享有何种权利，在实践中却无从规范，这就导致一方面不愿意担任保证人，另一方面如果保证人没有很好地履行其监督和及时报告义务，也无从追究保证人的法律责任。在司法实践中，管护基地体系的良好运作在较大程度上依赖于企业、学校等社会机构及有关负责人高度的社会责任心和公益热情。[①] 这样一来，非羁押强制措施的社会管护体系是否具有可推广价值以及在多大范围内进行推广就会受到质疑。一些经济发展相对滞后、司法可借助的社会资源较为有限的地区，可能难以实现管护基地的良好运作。

正所谓“有权利才有义务”、权利义务是相统一的，没有无权利的义务，也没有无义务的权利，由于管护基地的权利和义务失衡，当基地疏于监管而造成涉罪未成年人脱逃或者再次犯罪时，就缺少追究基地及有关人员责任的正当性。既然管护基地和保证人等没有享有相应的权利，也就很难要求他们必须承担相应的责任。调查发现，责任追究机制欠缺也是办案人员在实践探索中普遍担心的问题。在与办案人员的访谈中，大多数办案人员也承认，管护基地及其指定的保证人没有享受足够的权利，不应要求它们承担过多义务。

因此，应当进一步完善管护基地的权利和义务体系，明确规定管护基地和保证人等相关人员享有的权利，以调动企业、社会组织等积极参与其中。例如，有权获得政府提供的补助，[②] 有权在税收等方面获得适当优惠等。同时还需要明确它们应当承担的义务。例如，为管护对象提供合适的保证人，为管护对象提供日常生活必需的衣物、食宿条件，监督管护对象是否遵守法律规定和基地纪律，在未经批准离开管护基地时及时向办案机关报告等。管护基地及其指定的保证人在犯罪嫌疑人、被告人取保候审期间消极履行监管和及时报告职责的，办案机关可以责令其检讨或者具结悔过；发生管

---

① 例如，无锡市四方制桶有限公司专门为管护对象增设了宿舍，购置了全新的空调、电视机、整套生活用品。建设管护基地的费用在短期内可以由企业等社会组织来自行承担，但是对每名管护对象的日常生活费用是一项长期的投入，因而要想社会管护机制长久发挥效果，政府投入一定的经费保障是必要的。

② 2011 年 4 月，江阴市按每名管护教育对象 1500 元的标准专门拨付政府财政经费 30 万元作为基地建设专项经费，用以部分补偿企业在基地管护教育上的日常开支。2012 年政府经费投入增至 37.5 万元。

护对象脱逃、再次实施犯罪行为、实施严重违法行为等情形的，除撤销其管护基地的资质外，还可以对该基地处以罚款，或者追究基地负责人或有关直接责任人员的法律责任。

（四）社会管护的风险评估

取保候审等非羁押强制措施与拘留、逮捕等羁押性强制措施相比，在一定程度上容易脱离公安机关的控制，存在犯罪嫌疑人、被告人在被监管过程中逃跑等潜在风险。这些风险主要包括：犯罪嫌疑人弃保逃跑，不能出庭的风险；重新犯罪的风险；干涉证人作证的风险；毁灭、伪造证据或者串供的风险；妨碍司法的风险等。因此，实践中各地均要求对犯罪嫌疑人、被告人进入管护基地进行风险评估。调查发现，对涉罪未成年人的风险评估通常是由办案人员进行的，司法行政机关在必要时予以协助。从实践情况来看，风险评估环节缺少律师和被害人等主体的参与，同时社会力量的利用也还不够充分。由办案人员负责风险评估工作，可能会受到办案时间和日常工作量的影响，难以形成客观全面的风险评估报告。① 对于律师提供的风险评估报告，办案人员通常持不信任的态度。

访谈发现，管护基地的初衷是为了实现对涉罪外来未成年人的平等保护，随着实践经验的积累，管护对象的范围有所扩展。但是，哪些人员可以进入管护基地，哪些不可以，在具体操作时一直比较慎重。例如，有的犯罪嫌疑人虽然涉案数额不大，但办案人员认为其危险性较大，仍然不将其送入管护基地。因此，如何进一步规范风险评估的客观性和公正性，以及切实发挥风险评估的作用，都是有待完善的问题。

因此，办案机关可以吸纳多元化主体参与，借助社会力量开展风险评估。由办案机关负责对涉罪未成年人的法律问题进行评估，

① 在对办案人员的访谈中，有的检察官表示，对于犯罪嫌疑人在管护基地的刑事案件，如果办理超过两起，精力就有点不足。也有的办案人员坦承，在评估被取保候审人是否具有脱逃的风险时，需要根据自己的观察和直觉来判断。

如犯罪类型、犯罪情节、社会危害性等；由司法行政机关或者委托社会力量，如律师、学校、居（村）民委员会、心理咨询机构等，进行特定事项的调查评估。例如，犯罪嫌疑人的年龄、家庭背景、一贯表现、犯罪事实与悔罪表现等，这些都是风险评估的考量因素。

在风险评估方法上，可以探索建立风险评估的量化评估模型。办案人员只需将本案的各项情节按照模型归纳的若干因素类型分类并代入到评估模型的方程式中，即可得出本案中社会危险性的基准值，再结合其他因素对这一基准进行校正，即可得出是否应予逮捕的结论。虽然这一结论并非百分百的精准，但通过量化分析而得出的数据，比办案人员基于自主而作出逮捕决定，更具说服力。通过量化评估，既可以有效降低逮捕率，扩大适用取保候审、监视居住，又可以避免逮捕后刑讯逼供、非法取证等现象，防范刑事冤错案件的发生，加强人权司法保障。

在风险评估程序上，必要的时候可以举行听证，听取犯罪嫌疑人及其近亲属、被害人、律师等诉讼参与人对取保候审的意见，如果犯罪嫌疑人是未成年人的，还要听取其法定代理人的意见。在此基础上，作出是否适合取保候审和进入管护基地的决定。

此外，还要正确看待风险评估后的脱逃问题。取保候审后的脱逃现象只要控制在一定幅度内，就不应以结果倒查办案机关或者办案人员的责任。

（五）对管护对象的监管、帮教方式

在司法实践中，对进入管护基地的犯罪嫌疑人、被告人的日常关照、行为监管、教育培训等都是由管护基地实施的。不同的管护基地可能会采取不同的监管方式，因而实践中对被监管对象的监管方式是多种多样的。开放式的监管，被管护对象可以自由出入基地，只需遵守基地相关纪律和要求；半开放式的监管，被管护对象原则上不得离开管护基地外出活动，经管护基地和执行机关的批准可以外出。个别监督有利于保障被监管对象不受周围其他人的排斥和歧视，可以使其更好地融入社会，但是需要投入的社会资源也相应要多，如何有效统筹社会资源是个别监督面临的主要问题。相反，对被监管对象进行集中监管则更加便于管护基地对被监管对象进行管理，但是容易造成不同被监管对象之间的交叉感染，以及受到周围其他人的排斥和歧视。因此，如何避免被监管对象受到歧视和有关信息不外泄是集中监管面临的主要问题。

因此，应当结合风险评估结果采取不同的监管方式。对于经过风险评估之后认为不存在风险或者风险较小的犯罪嫌疑人、被告人，应当采取开放式的、按照一定标准进行分类的个别监管方式进行监管和帮教。对于经评估具有一定风险性但又不应当或者不需要予以羁押的犯罪嫌疑人、被告人，可以采取半开放式的甚至更为严格的监管方式，以确保不致妨碍刑事诉讼的顺利进行。

（六）对被管护对象的技能培训与心理辅导

从各地的实践情况来看，管护基地的技能培训效果是比较明显的，多数进入管护基地的犯罪嫌疑人、被告人都能从中学到一定的劳动技能，从而保有一技之长，有利于其重新融入社会。调查发现，有的已经担任企业的技术骨干。但是，也有部分被管护对象认为其在管护基地学不到什么技能或者所学技能对将来的生活帮助不大。究其原因，一方面是企业的工作岗位本身并没有针对被监管对象的个体情况提供适合的技能培训岗位；另一方面是被监管对象自己对企业提供的培训岗位并不感兴趣，对学习相应的技能不够积极。

因此，管护基地应根据被监管对象的个体情况，尽可能选择相应的技能培训项目。对于涉案前是在校学生的，应当首先考虑安排其重新回到原学校或者转到其他学校继续学习，接受正规教育。不愿意继续学习的，可以对其开展一定的技能培训，尽可能选择被监管对象感兴趣的劳动技能进行培训。在学习和培训期间，对于心理上存在一定问题的被监管对象，可以安排专业人员对其进行心理辅导，作为教育帮助的组成部分，但不是对犯罪嫌疑人、被告人的改造矫治。愿意从事一定劳动的，可以为其安排力所能及的劳动，但不能强迫劳动，应当与对判处刑罚的罪犯的劳动改造严格区别开来。

（七）与办案机关业务考评机制的协调

对司法业务是否有必要进行考评，这是理论界和司法实务界共同困惑的一个问题。通常认为，不对办案机关进行考评，则办案人员的工作积极性往往不高，容易形成“当一天和尚撞一天钟”的消极懈怠工作态度，以及“干好干坏一个样”、“干多干少一个样”的“平均主义大锅饭”现象。但是，对办案机关进行考评，又导致司法实践中考评成了办案机关执法办案的“指挥棒”，办案机关在办案时首先考虑的是考评指标，从而可能是执法办案活动偏离法律规定的思维和方向。在司法实践中，公安机关、检察院和法院系统内部都有相应的业务考评机制，考评的目的在于督促办案人员依法履行职务，考核结果与办案人员的奖金、晋升等切身利益相关。访谈发现，办案人员在办案时往往会顾忌对考评考核指标的影响。例如，破案率不高、批捕率过低或者不起诉率过高，都可能影响公安机关内部的考评结果。管护基地在根本上是通过管护基地的方式来扩大适用非羁押强制措施，从而降低逮捕措施的适用率，与办案机关的考评机制存有一定冲突。

应当彻底改革现有的司法业务考评机制，取消不科学、不符合司法规律、制约司法权力运行的考评指标，建立符合司法规律、体现我国司法特色的科学、合理的司法业务评价体系，科学评价进入管护基地案件的办案效果。同时，针对未成年人刑事案件的特殊性，设置与成年人有差别、符合未成年人特点的考评指标体系。考虑到办理未成年人刑事案件与成年人刑事案件存在很大程度上的差别，刑事诉讼法增加了未成年人刑事案件诉讼程序专章，其中规定了许多与办理成年人案件有别的诉讼制度和程序设置。目前，许多地区的检察机关都设立了办理未成年人刑事案件的专门机构，结合未成年人自身特点和刑事诉讼法的特别规定设计专门的考评指标体系，对于提高办理未成年人刑事案件的工作积极性，考察办案人员的工作效率，保证未成年人刑事案件质量和促进司法公正，更加科学合理。

针对未成年人刑事案件设置专门的考评指标体系，这在司法实践中已经有所探索。上海市人民检察院未检处制定了《上海检察机关未检条线考核办法》，对下级检察机关开展未检工作进行专门考评。其中，除与其他检察业务相同的审查批准逮捕、审查起诉、诉讼监督等方面的考评指标以外，根据刑事诉讼法对办理未成年人刑事案件的特殊规定，增加了专门针对未成年人刑事案件的加分考评指标。例如，该办法中规定，讯问或询问未成年人时，落实法定代理人或合适成年人到场的，1分/次；为未成年犯罪嫌疑人或未成年被害人落实法律援助的，1分/人；对未成年犯罪嫌疑人进行心理测试的，1分/人；对未成年犯罪嫌疑人开展社会调查，并形成规范化社会调查报告的，3分/人；依法开展刑事和解工作，达成协议并履行的，5分/件；审查逮捕阶段作出相对不捕决定，或者审查起诉阶段作出变更强制措施决定，或者经捕后羁押必要性审查建议公安或审判机关予以释放或变更强制措施被采纳，并确保诉讼顺利进行的，沪籍未成年人3分/人，来沪未成年人5分/人；依法对未成年犯罪嫌疑人作出相对不起诉决定的，5分/人；依法作出附条件不起诉决定的，5分/人，监督考察期满后作出不起诉决定的，另行加5分/人；落实涉罪未成年人观护帮教工作（含取保候审帮教和不捕不诉跟踪帮教）的，3分/人；依法对未成年人与成年人共同犯罪案件分案提起公诉的，3分/件；对有关单位违法披露未成年人轻罪记录的行为进行监督纠正，并取得监督效果的，5分/人。此外，江苏无锡、常州等地检察机关也都建立了与办理成年人刑事案件考评有别、专门针对未成年人刑事案件的考评机制，并取得比较好的实践效果。

第三章 合适成年人到场制度

一、合适成年人到场之释义

合适成年人到场，是指在讯问或者审判未成年犯罪嫌疑人、被告人时，应当由法定代理人或者法律规定的其他适当的成年人到场，以更好地维护未成年犯罪嫌疑人、被告人的诉讼权利及其他合法权益的一项未成年人刑事司法制度。讯问和审判未成年犯罪嫌疑人、被告人时有代表未成年人利益的适格成年人到场参与讯问和审判活动，是社会参与未成年人刑事司法的一种重要形式。

合适成年人到场制度肇始于英国的司法实践，进而上升为立法规定。根据 1984 年英国《警察与刑事证据法》及其执行守则 C “警察拘留、对待及询问当事人执行守则” 第 11.14 条的要求，警察在讯问未成年犯罪嫌疑人时，必须有合适的成年人到场。合适成年人可以是未成年人的父母或监护人，也可以是当地政府指定的社会工作者，或者其他年满或超过 18 周岁的有责任能力的成年人，但不能是警察或受雇警署的人。此后，这一制度为世界许多国家或地区的刑事立法所采纳，美国、澳大利亚、新西兰、日本等国家以及我国香港地区，都有关于合适成年人参与未成年人刑事司法的规定。并且，这一制度被作为一项未成年人刑事司法的基本准则写入有关的联合国公约或其他国际性文件。联合国《儿童权利公约》第 40 条规定：“所有被指称或指控触犯刑法的儿童至少应得到下列保证……要求独立公正的主管当局或司法机构在其得到法律或其他适当协助的情况下，通过依法公正审理迅速作出判决，并且须有其父母或法定监护人在场，除非认为这样做不符合儿童的最大利益，特别要考虑到其年龄或状况”。

我国1996年《刑事诉讼法》也有关于“讯问和审判未成年犯罪嫌疑人、被告人时可以通知法定代理人到场”的规定，但立法使用的是“可以”而非“应当”，意味着通知法定代理人到场并非是办案机关的法定义务，通知对象也仅限于未成年犯罪嫌疑人、被告人的法定代理人。因此，实践中办案机关可以自由裁量是否通知未成年人的法定代理人。为了解决1996年《刑事诉讼法》的柔性规定给司法实践带来的问题，《未成年人保护法》和有关司法解释、行政规章等对未成年人刑事案件中通知法定代理人、监护人到场的规定作了进一步说明。2006年最高人民检察院《办理未成年人刑事案件规定》第10条规定：“讯问未成年犯罪嫌疑人、应当通知法定代理人到场，告知法定代理人依法享有的诉讼权利和应当履行的义务。”1995年公安部《办理未成年人违法犯罪案件规定》第11条规定：“讯问违法犯罪的未成年人时，根据调查案件的需要，除有碍侦查或者无法通知的情形外，应当通知其家长或者监护人或者教师到场。”1998年公安部《刑事程序规定》第182条第1款规定，讯问未成年的犯罪嫌疑人，应当针对未成年人的身心特点，采取不同于成年人的方式；除有碍侦查或者无法通知的情形外，应当通知其家长、监护人或者教师到场。2006年修改的《未成年人保护法》第56条第1款规定：“公安机关、人民检察院讯问未成年犯罪嫌疑人，询问未成年证人、被害人，应当通知监护人到场。”

尽管我国有关法律及解释早就对“成年人到场”的问题作了规定，但在实践中适用的情况并不理想。大量流动的未成年人涉嫌犯罪，父母通常不在本地。即使办案机关通知，在侦查讯问不能拖延的情况下，父母通常难以在讯问时在场。在司法实践中，父母等法定代理人在讯问未成年人时的到场率普遍较低。S市少管所2003年对103名在押的未成年犯进行的一次问卷调查显示，除承办人员外没有人参与首次讯问的占 100%。[①] 即使在一些落实稍好的地方，公安机关也普遍只是在第一次对未成年犯罪嫌疑人的讯问中通知其家长或其他成年人到场，而在后续的讯问中则不再通知。[②]

为了切实保障未成年人的诉讼权利及其合法权益，实现儿童利益的最大化，我国部分地区积极探索合适成年人参与未成年人刑事诉讼的做法，取得了非常好的效果。其基本内容是在公安司法机关讯问和审判未成年犯罪嫌疑人、被告人时，其法定代理人无法到场的情况下，依法由办案机关通知其他适格的成年人到场，维护未成年人的诉讼权利及其他合法权益，并履行监督、沟通、抚慰和教育等具体职责。除此之外，有的地区还要求合适成年人在后续诉讼环节承担一定的社会调查和帮教职责。合适成年人参与的实践做法得到了中央有关部门的肯定，并出台规范性文件予以指导。2010 年中央综治委预青组等六部门《未成年人刑事案件配套工作体系意见》规定“法定代理人无法或不宜到场的，可以经未成年犯罪嫌疑人、被告人同意或按其意愿通知其他关系密切的亲属朋友、社会工作者、教师、律师等合适成年人到场。”

2012 年《刑事诉讼法》第 270 条对合适成年人到场制度作了规定。根据该条的规定，对于未成年人刑事案件，在讯问和审判的时候，应当通知未成年犯罪嫌疑人、被告人的法定代理人到场。无法通知、法定代理人不能到场或者法定代理人是共犯的，也可以通知未成年犯罪嫌疑人、被告人的其他成年亲属，所在学校、单位、居住地基层组织或者未成年人保护组织的代表到场，并将有关情况记录在案。到场的法定代理人可以代为行使未成年犯罪嫌疑人、被告人的诉讼权利。到场的法定代理人或者其他人员认为办案人员在讯问、审判中侵犯未成年人合法权益的，可以提出意见。讯问笔

---

① 姚建龙：《英国适当成年人介入制度及其在中国的引入》，载《中国刑事法杂志》2004 年第 4 期。

② 徐美君：《警察讯问和羁押期间未成年人待遇状况调查报告》，载《青少年犯罪问题》2004 年第 1 期。

录、法庭笔录应当交给到场的法定代理人或者其他人员阅读或者向他宣读。对此，一方面，立法规定对于法定代理人是“应当通知”，对于其他人员是“可以通知”，是否表明对其他人员也可以不通知其到场？有学者指出，“也可以通知”意味着这并非强制性规定，公安司法机关可以根据案件的具体情况决定是否通知上述人员到场。但如果法定代理人因各种原因不能到场，则必须通知上述人员到场保护未成年人权利。[①] 另一方面，尽管从字面上看“应当通知”只是表明办案机关在讯问和审判时负有通知法定代理人或者其他人员到场的义务，至于通知后法定代理人或其他人员是否实际到场则在所不问，但是严格来讲，办案机关负有“应当通知”的义务就应当包括办案机关通知与合适成年人实际到场两个方面的要求，除合适成年人明确拒绝到场或多次通知但合适成年人仍不到场等特殊情形以外，合适成年人不到场不得开始进行讯问和审判。

合适成年人在未成年人刑事诉讼中的基本角色是履行保护未成年人合法权益的中立第三人。根据 2012 年《刑事诉讼法》的规定，合适成年人包括未成年人的法定代理人和未成年人的成年亲属，所在学校、单位、居住地基层组织或者未成年人保护组织的代表等其他人员两大类。法定代理人与其他成年亲属，所在学校、单位、居住地基层组织或者未成年人保护组织的代表在基本角色上并无差别，均系保护未成年人合法权益之第三人，但他们在所享有的权利方面则不完全一致。基于法定代理人之特殊身份，其可以代为行使未成年犯罪嫌疑人、被告人的各项诉讼权利。这就是说，未成年犯罪嫌疑人、被告人享有的所有诉讼权利，法定代理人都可以未成年人的名义实施，包括要求回避的权利、要求法律援助辩护的权利、提出申诉的权利、提出上诉的权利等。同时，根据 2012 年《刑事诉讼法》的规定，法定代理人还有权对办案人员在讯问、审

① 宋英辉主编：《中华人民共和国刑事诉讼法精解》，中国政法大学出版社 2012 年版，第 330 页。

判中侵犯未成年人合法权益的行为提出意见，以及将讯问笔录、法庭笔录交其阅读或者向他宣读的权利。而未成年犯罪嫌疑人、被告人的其他成年亲属，所在学校、单位、居住地基层组织或者未成年人保护组织的代表，则不可以代为行使未成年犯罪嫌疑人、被告人的诉讼权利，只能对办案人员在讯问、审判中侵犯未成年人合法权益的行为提出意见，以及将讯问笔录、法庭笔录交其阅读或者向他宣读。但是，对于未交合适成年人阅读或向其宣读的讯问笔录是否排除其证据资格，2012 年《刑事诉讼法》并未作出明确规定。

根据 2012 年《刑事诉讼法》的规定，2012 年最高人民法院《刑诉法解释》、2012 年最高人民检察院《刑诉规则》、2012 年最高人民检察院《加强未成年人刑事检察工作决定》、2013 年最高人民检察院《办理未成年人刑事案件规定》和 2012 年公安部《刑事程序规定》等，对讯问和审判未成年人时的合适成年人到场制度作出进一步规定。

2012 年最高人民法院《刑诉法解释》第 466 条规定："人民法院审理未成年人刑事案件，在讯问和开庭时，应当通知未成年被告人的法定代理人到场。法定代理人无法通知、不能到场或者是共犯的，也可以通知未成年被告人的其他成年亲属，所在学校、单位、居住地的基层组织或者未成年人保护组织的代表到场，并将有关情况记录在案。到场的其他人员，除依法行使刑事诉讼法第二百七十条第二款规定的权利外，经法庭同意，可以参与对未成年被告人的法庭教育等工作。"据此，合适成年人除了享有刑事诉讼法规定的基本权利外，还可以按照法庭的要求参与对未成年人的法庭教育等活动。

2012 年最高人民检察院《刑诉规则》第 490 条第 2 款和第 3 款规定："讯问未成年犯罪嫌疑人，应当通知其法定代理人到场，告知法定代理人依法享有的诉讼权利和应当履行的义务。无法通知、法定代理人不能到场或者法定代理人是共犯的，也可以通知未成年犯罪嫌疑人的其他成年亲属，所在学校、单位或者居住地的村民委员会、居民委员会、未成年人保护组织的代表到场，并将有关情况记录在案。到场的法定代理人可以代为行使未成年犯罪嫌疑人的诉讼权利，行使时不得侵犯未成年犯罪嫌疑人的合法权益。到场的法定代理人或者其他人员认为办案人员在讯问中侵犯未成年犯罪嫌疑人合法权益的，可以提出意见。讯问笔录应当交由到场的法定代理人或者其他人员阅读或者向其宣读，并由其在笔录上签字、盖章或者捺指印确认。”

2012 年最高人民检察院《加强未成年人刑事检察工作决定》第 15 条规定：“建立健全法定代理人、合适成年人到场制度。对于未成年人刑事案件，在讯（询）问和审判的时候，应当通知未成年人的法定代理人到场。法定代理人不能到场或者法定代理人是共犯的，可以通知未成年人的其他成年亲属，所在学校、单位、居住地基层组织或者未成年人保护组织的代表到场。要加强与有关单位的协调，选聘一些热心未成年人工作，掌握一定未成年人心理或者法律知识，具有奉献精神和责任感的人士担任合适成年人，并开展相关培训，健全运行管理机制，逐步建立起一支稳定的合适成年人队伍。”

2013 年最高人民检察院《办理未成年人刑事案件规定》第 17 条第 4、5、6 款规定：“讯问未成年犯罪嫌疑人，应当通知其法定代理人到场，告知法定代理人依法享有的诉讼权利和应当履行的义务。无法通知、法定代理人不能到场或者法定代理人是共犯的，也可以通知未成年犯罪嫌疑人的其他成年亲属，所在学校、单位或者居住地的村民委员会、居民委员会、未成年人保护组织的代表等合适成年人到场，并将有关情况记录在案。到场的法定代理人可以代为行使未成年犯罪嫌疑人的诉讼权利，行使时不得侵犯未成年犯罪嫌疑人的合法权益。未成年犯罪嫌疑人明确拒绝法定代理人以外的合适成年人到场，人民检察院可以准许，但应当另行通知其他合适成年人到场。到场的法定代理人或者其他人员认为办案人员在讯问中侵犯未成年犯罪嫌疑人合法权益的，可以提出意见。讯问笔录应当交由到场的法定代理人或者其他人员阅读或者向其宣读，并由其在笔录上签字、盖章或者捺指印确认。”

2012年公安部《刑事程序规定》第312条规定：“讯问未成年犯罪嫌疑人，应当通知未成年犯罪嫌疑人的法定代理人到场。无法通知、法定代理人不能到场或者法定代理人是共犯的，也可以通知未成年犯罪嫌疑人的其他成年亲属，所在学校、单位、居住地基层组织或者未成年人保护组织的代表到场，并将有关情况记录在案。到场的法定代理人可以代为行使未成年犯罪嫌疑人的诉讼权利。到场的法定代理人或者其他人员提出办案人员在讯问中侵犯未成年人合法权益的，公安机关应当认真核查，依法处理。”

二、合适成年人到场的重要意义

（一）有助于充分维护未成年人的合法权益

讯问和审判未成年人时通知合适成年人到场的根本意义，在于更好地维护被讯问和接受法庭审判的未成年人的诉讼权利及其他合法权益，合适成年人到场制度的价值定位、实际运行均应循此展开。当然，对于合适成年人在讯问和审判中处于何种诉讼地位，从理论上讲合适成年人属于刑事诉讼的中立第三方，不应偏向办案机关和任何一方当事人。实践表明，合适成年人总体上也能够较好地坚持这一角色，在保证中立地位的同时，尤其侧重对未成年犯罪嫌疑人、被告人合法权利的维护。

从实践情况来看，尽管不同地区开展合适成年人到场制度的具体做法存在一定差别，但均致力于有效维护未成年人的合法权益。在讯问过程中，合适成年人通过询问未成年人是否身体不适以及是否需要喝水、吃饭，告知未成年人的权利与义务，向未成年人解释法律规定或一些常识问题，向未成年人解释办案人员问话的意思，帮助未成年人准确表达自己的意愿，帮助未成年人和父母、老师或其他亲友沟通，制止办案人员不当或违法讯问等方式，有助于维护未成年人的基本权利。对于维护未成年人权利这一效果，合适成年人、未成年人与办案人员三个不同群体之间呈现一种高度的认同感。此外，对未成年人进行心理疏导，也是维护未成年人权利的一个重要方面。合适成年人通过与未成年人交流等方式，可以有效缓解未成年人内心的紧张和恐惧情绪。例如，有学者对75名合适成年人进行了问卷调查，结果显示有66人认为曾经帮助未成年人缓解内心的焦虑和恐惧感，以减轻其内心的压力和紧张情绪，占88.0%；在109名未成年人中，接近90%（89.2%，98/109）的被调查者表示合适成年人到场起到了一定的心理帮助作用。其中，又有超过七成（70.4%，69/98）的被调查者认为“帮助作用大或比较大”；有25人认为“帮助作用一般”，占25.5%；还有4人认为“帮助作用比较小”，占4.1%。①

（二）有助于改善办案人员的讯问和审判方式

调查发现，讯问时合适成年人在场有助于改善办案人员在讯问和审判时对待未成年犯罪嫌疑人、被告人的语气和方式。办案人员更加注意对未成年人的讯问方法，讯问的语气、方式都有所改变。有的办案人员表示“现在更加注重对未成年人的教育工作”；有的办案人员则表示，讯问时“更加注意未成年人的心理因素了”。

在有无合适成年人到场两种情形下，未成年人对办案人员讯问的认知感受是否存在差别，也可以用来检验是否具有改善办案机关讯问方式的效果。根据学者的调查，在109名未成年人中，占到61.5%（67/109）的未成年人认为在两种情形下办案人员的讯问方式有所变化。其中，有48人认为办案人员讯问时的态度更加温和一些，占71.6%（48/67）；有38人认为办案人员更加注重维护未成年人的权利，占56.7%（38/67）；有41人认为办案人员更加关注未成年人的成长背景和犯罪原因，占61.2%；有33人认为办案人员更加注重向未成年人解释法律的含义，占49.3%；有41人认

① 宋英辉等：《未成年人刑事司法改革研究》，北京大学出版社2013年版，第112页。

为办案人员更加注重倾听未成年人的说话，占61.2%。还有1人选择“其他”，但未说明具体差别为何。①

（三）有助于保证刑事诉讼活动的顺利进行

合适成年人通过对未成年人进行法制教育，帮助未成年人准确表达意愿，向未成年人解释办案人员的问话，以及监督和见证整个讯问过程等行为，对于保证讯问顺利进行可以起到积极的帮助作用。具体而言，合适成年人到场对于刑事诉讼的顺利进行可以起到以下积极作用：一是通过搭建有效的沟通平台，消解办案机关和未成年犯罪嫌疑人之间的对抗状态，提高未成年犯罪嫌疑人口供的自愿性和可信度。二是通过发挥监督作用，增加讯问程序的公开和透明度，确保整个讯问过程的合法有效。三是通过见证整个讯问过程，可以减少后续诉讼进程中翻供现象的发生。

三、合适成年人到场的实践调查

《刑事诉讼法》规定合适成年人到场制度始于司法实践探索。在2012年《刑事诉讼法》增加规定合适成年人到场制度之前，为深入了解、比较有关地区开展合适成年人到场的具体做法，客观评价合适成年人参与的实际效果，发现其中存在的问题，以宋英辉教授为负责人、本人参与的未成年人刑事司法改革实证研究课题组于2010年8月至2011年6月对全国开展合适成年人参与机制较具代表性的几个地区进行了实地调查。本部分以2010-2011年的实地调查为基础，同时增加了2012年《刑事诉讼法》正式施行之后这些地区开展合适成年人到场制度的一些变化和取得的实际效果。

（一）合适成年人到场的具体职责

根据2012年《刑事诉讼法》第270条的规定，合适成年人的基本定位是讯问和审判未成年犯罪嫌疑人、被告人时到场，以维护

① 宋英辉等：《未成年人刑事司法改革研究》，北京大学出版社2013年版，第119页。

未成年人的合法权益。但是，对于到场的合适成年人具体履行哪些职责，2012年《刑事诉讼法》没有作出规定。在司法实践中，各地通常都规定到场的合适成年人应当实际履行监督、沟通、抚慰、教育等具体职责。①

第一，监督讯问行为，见证讯问过程。监督职责指的是监督办案人员在讯问和审判过程中是否有侵犯未成年人权益的违法或者不当行为，保证讯问和审判活动的合法进行，充分保障未成年人的合法权益。特别是在侦查讯问阶段，合适成年人到场的监督作用尤为重要。讯问犯罪嫌疑人是侦查程序的基础环节，也是侦查取证的重要手段之一，由于侦查程序的不公开性，讯问中容易出现非法取证和侵犯权利的现象。对于心智发展尚未成熟的未成年人而言，一方面其心理承受能力较弱，另一方面也不具有鉴别讯问方式合法与否的能力，更容易受到非法讯问的侵害。合适成年人作为中立的第三方在场，其首先承担的职责就是监督讯问过程，以实现抑制非法和不当讯问行为发生的目的。根据对各地合适成年人的访谈，普遍反映办案机关对未成年人的讯问方法相对较为规范，未发现有合适成年人在场时出现刑讯、威胁或者辱骂等非法或不规范的讯问行为，合适成年人也极少采用直接纠正的方法来履行自己的监督职责。有的合适成年人曾经遇到过讯问人员因未成年人不供述而出现情绪急躁、发火、语言上不文明和拍桌子等程度较轻的不当行为。在这种情况下，为保护未成年人免受这些不当行为的影响，合适成年人通常会采用给讯问人员倒一杯水、与他聊些其他问题等间接、委婉的

---

① 例如：上海市高级人民法院、上海市人民检察院、上海市公安局、上海市司法局联合出台的《关于合适成年人参与刑事诉讼的规定》（以下简称《上海市规定》）；天津市和平区人民检察院、天津市公安局和平分局联合出台《关于讯问在押未成年人通知其法定代理人或合适成年人到场的工作意见》（以下简称《和平区意见》）；厦门市同安区人民检察院制定的《合适成年人参与制度实施细则》（以下简称《同安区细则》）；北京市海淀区人民检察院、海淀区司法局《关于开展法律援助的合作协议》、《关于联合开展未成年人讯问到场的实施意见》；昆明市盘龙区《“合适成年人”参与制度工作指导手册（试行）》等。

方式打断讯问、予以提醒。非法或不规范讯问行为极少，一方面可能是因为办案机关在办理未成年人案件时本身就较为注意讯问的方法，另一方面也表明合适成年人在场确实发挥了相应的监督作用。

在监督讯问程序合法正当的基础上，作为独立的第三者，合适成年人还起到了见证整个讯问过程的作用，提高了口供的证明力，可以有效制止翻供现象的发生。例如，厦门市同安区的一起未成年人故意伤害案中，侦查人员在讯问未成年犯罪嫌疑人王某时，合适成年人到场并在讯问笔录上签名。到了法庭审理阶段，王某翻供否认犯罪事实，称讯问笔录是在侦查阶段受到公安人员的威胁才作如此供述的。公诉人随即当庭出示了王某的讯问笔录，并说明合适成年人到场并签字的情况，法庭认定审前供述有效，检察机关指控的罪名成立。庭审后，王某写下悔过书，向合议庭承认翻供的错误并认罪。

第二，帮助办案人员与未成年人之间进行有效沟通。对于未成年人而言，刑事诉讼本身的专业性可能使其无法理解诉讼语言、诉讼行为以及将会产生的诉讼结果，同时，未成年人在高度紧张的情况下可能无法正确表达自己的意愿。因此，合适成年人到场的另一项具体职责就是促进未成年人与讯问人员、审判人员之间的有效沟通，主要包括向未成年人解释办案人员所提问题的含义，未成年人在讯问、审判过程中享有的诉讼权利和承担的诉讼义务，以及讯问和审判后可能产生的后果，使未成年人在充分理解的基础上真实表达自己意愿。

沟通职责的有效履行在客观上还起到了促进甚至协助讯问和审判顺利进行的作用，尤其是侦查讯问的顺利进行。面对作为侦控方的讯问人员，未成年人容易产生戒备甚至敌对心理，这种消极抵触的情绪使其在接受讯问时往往较为被动、懈怠和不配合。合适成年人通过向未成年人解释讯问的目的，帮助其理解讯问的含义，在一定程度上可以使未成年人转变消极对立的态度，也会促进讯问程序的顺利进行。访谈发现，合适成年人在场时未成年人更愿意如实陈述。有的办案人员表示："讯问时小孩会比较害怕，合适成年人在场可以缓和其情绪"，"合适成年人可以先作孩子的思想工作，办案人员事情多，一般没有那么多的时间去做孩子思想工作"。

第三，抚慰和疏导未成年人的心理压力。在限制人身自由的讯问环境下，未成年人承受着巨大的心理压力，容易紧张和恐惧，如果不加以及时疏导和抚慰，不仅讯问难以顺利进行，还可能使未成年人产生心理问题，造成长时间的伤害。合适成年人以中立第三方和"代理家长"的身份介入诉讼，承担抚慰未成年人的职责。合适成年人通常通过关心未成年人的个人情况和日常生活，疏导未成年人的生理、心理问题来实现其抚慰职责，舒缓其紧张情绪、缓解其所承受的压力，有益于其今后的健康成长。

第四，对未成年人进行教育。教育、感化、挽救和教育为主、惩罚为辅是我国未成年人刑事诉讼程序的基本方针和原则。对未成年人加强正确的教育和引导，有助于促进他们认识自身错误、真诚悔过，尽早地回归社会。对未成年人开展有针对性的教育也是合适成年人到场的一项具体职责。合适成年人对未成年人进行教育，采取不同于案件承办人员的教育方式，使未成年人从各个方面受到感化。例如，天津市和平区的合适成年人由社区教师担任，合适成年人的教师身份较为强调对未成年人的教育，合适成年人在场多发挥德育老师的作用。

在司法实践中，合适成年人除承担讯问和审判时到场这一基本职责外，还承担了一些其他职能，包括社会调查、风险评估、跟踪帮教和参与刑事和解等。

第一，社会调查、风险评估与跟踪帮教。社会调查是指对未成年人的个人情况、家庭情况和就学就业情况，包括年龄、户口所在地、现居住地、受教育程度、交友情况、认罪态度及悔过情况、家庭结构、监护条件、以往表现等背景性资料的调查核实。风险评估是指基于对未成年犯罪嫌疑人进行社会调查所获得的资料，对其行为的社会危害性、人身危险性、再犯可能性等方面进行评估，以作为办案人员是否对犯罪嫌疑人进行逮捕、起诉以及如何定罪量刑的参考依据。跟踪帮教是指对未成年人进行较长时间的追踪、帮助、引导和教育，以促使其尽快回归社会的工作。[①] 这三项工作一以贯之，具有相对专业的社会工作属性，在理论上应当由具有专业知识背景的社工负责。调查发现，基于多种因素的考虑，很多地区也要求合适成年人承担这三项职责。具体包括下列几种情况：①专职合适成年人的本职工作包括这三项职责。昆明市盘龙区的合适成年人是专门招聘的，其本职工作就包含了上述三项职责，而且，对同一未成年人，讯问时在场的合适成年人与社会调查、风险评估与跟踪帮教的合适成年人要求为同一人。②有的地区的合适成年人是由社工兼职担任的，社工作为兼职合适成年人履行完讯问时在场的职责后回归其本职工作，对未成年人进行社会调查、风险评估与跟踪帮教。例如，上海市合适成年人中一大部分是由青少年社工和矫正社工兼职担任的，而北京市海淀区的司法社工最初主要承担社会调查、风险评估与跟踪帮教这三项职责，后来其职责才被延伸至讯问时在场。③其他兼职合适成年人并未被明确要求承担社会调查、风险评估与跟踪帮教这三项职责，但在具体案件的办理过程中，也可能根据案件情况承担或参与这三项职责中的部分工作。

第二，参与刑事和解。有的地区进一步拓展合适成年人的职责，利用其作为刑事诉讼程序中来自社会的第三方力量，参与刑事和解工作。合适成年人作为刑事和解的主持者，参与刑事和解工作有其优势：首先，合适成年人是区别于办案人员的中立第三方，其中立地位有助于其开展促和工作；其次，与办案人员相比，合适成年人有较为充分的时间和精力开展加害人与被害人之间的协调工作；最后，由于合适成年人在讯问阶段就参与了案件调查，对未成

① 跟踪帮教通常在未成年人被处理完毕而脱离刑事诉讼程序后进行，例如被撤销案件、不起诉和被判处缓刑后。实践中也有的地方尝试附条件不起诉或缓起诉，这种被称之为“诉中考察”的跟踪帮教则是在刑事诉讼程序中进行的。

年犯罪嫌疑人和案情较为了解，有助于在加害人一方开展和解工作。这一方面的探索主要在厦门市同安区展开，限于个案探索，也有成功的案例。例如，犯罪嫌疑人段某敏、段某月（均为女性，15 岁）二人因感情受挫而实施了故意伤害行为，检察机关邀请合适成年人参与和解过程，由合适成年人给被害人做思想工作，使被害人意识到本身也存在一定的过错，对两名犯罪嫌疑人表示谅解，最终促成双方和解，由犯罪嫌疑人的家长一次性经济赔偿被害人，两名犯罪嫌疑人则获得从宽处罚，取得很好的法律效果和社会效果。

（二）合适成年人的来源与资格

《刑事诉讼法》没有明确规定合适成年人的资格与来源。在实践中，社工、律师、学校老师、共青团干部、妇联工作人员、关工委工作人员以及退休老干部等都是合适成年人的来源。

1. 专业社工

在上海市和北京市海淀区，专业社工是合适成年人的最主要来源，这与当地社工体系的发展状况密切相关。上海市的社工体系发育较为成熟，政府以购买服务的形式为社工参与未成年人刑事诉讼提供了经济保障，其中青少年社工拥有专业的社会服务技能、良好的沟通能力、具备专业的心理学知识，其本职工作中包括对未成年人进行诉前考察，以及不捕、不诉和判处非监禁刑后的帮教，长期与未成年人接触，具有丰富的未成年人工作经验，从而成为 S 市合适成年人的主要来源。① 北京市海淀区人民检察院与首都师范大学政法学院社会工作系自 2009 年 9 月开始合作，启动“少年检察引入社工项目”，在未成年人犯罪案件中引入司法社工，进行社会调

① 2002 年由上海市委政法委牵头，按照“政府主导推动，社团自主运作，社会多方参与”的总体思路，通过政府购买服务的方式，组建了三个专业社团：社区矫正社团、禁毒社团和青少年事务社团。这三个社团下属的社工职责不同，一般分别称之为矫正社工、禁毒社工与青少年社工。担任合适成年人的主要是青少年事务社团中的青少年社工。

查、风险评估和跟踪帮教等工作。[①] 自 2010 年 9 月起，司法社工的职责扩展至讯问时在场，成为合适成年人的唯一来源。司法社工具有社工资质并具有一定法律背景和知识，参与讯问在场后还会到未成年人居住地、学校等地开展社会调查，对未成年人社会危害性、再犯可能性进行风险评估，利用个案、小组、社区等专业方法帮助、引导、教育未成年人，对被不起诉未成年人定期跟踪回访，以及帮助介绍心理矫治、就业安置、再教育专业机构等工作。

社工担任合适成年人的优势主要在于其从事相应社会工作的专业性，这种专业性无疑有助于其承担讯问时在场这一基本职责和其他扩展职责。但是，由于他们同时还承担着大量的其他本职工作，讯问时在场易被视为“副业”而未受到应有的重视。同时，由于大部分社工缺乏专门的法律培训，这也会影响到其作为合适成年人参与的实际效果。另外，调查发现，在社工大规模参与刑事司法的情况下，由于社工在具体案件中的参与通常是“自动配置”的，很可能出现不同的社工在对同一个未成年人的不同讯问时在场以及不同的社工分别负责讯问时在场与之后的社会调查与跟踪帮教的情况，甚至出现一个未成年人在一个刑事诉讼程序中接触 3-4 名社工的情况。这些会导致作为合适成年人的社工与未成年人接触时间较短，难以在短时间内与未成年人建立良好的沟通和信任关系，影响了合适成年人作用的发挥。同时，社工参与需要成熟的社工体系和有力的资金保障等客观条件，这些客观条件成为制约社工参与推广的主要原因。

2. 律师

律师能否担任合适成年人在各地实践中存在不同的做法。在上海市，律师虽然未被规定为合适成年人的来源，但在部分区开展的

---

① 北京市海淀区人民检察院专门设置了司法社工工作站，有专门的办公地点，作为司法社工的工作场所。工作模式采用检察院为主导推动、社会机构为专业依托的购买服务模式，司法社工的补助由 H 区检察院向 H 区政府财政申请专项经费支出。

律师参与未成年人案件审查批捕程序探索中，律师能够在审查批捕阶段的讯问中在场，也部分承担了合适成年人的职责。北京市海淀区人民检察院在尝试合适成年人参与机制的初期，与区司法局合作，将法律援助律师作为合适成年人的唯一来源，[①] 但自2010年由司法社工担任合适成年人后，律师不再作为合适成年人的来源。北京市海淀区人民法院在数十起案件中引入公益律师参与诉讼，有的还在审判后继续跟踪帮教，提供物质帮助、心理疏导和人生引导，效果良好。[②] 厦门市同安区人民检察院则将律师作为合适成年人来源之一，其聘请的14名合适成年人中有4位律师，占28.6%。

3. 学校老师、共青团、妇联、关工委人员以及退休老干部等其他热心于未成年人保护工作的人员

厦门市同安区《关于聘任合适成年人的实施方案》要求，聘任范围涵盖妇联、团委、教育局（含学校）、关心下一代工作委员会、司法局（包括镇、街道）、政协、人大以及其他社会组织人员，并为每一来源规定了相应的比例。天津市蓟县人民检察院、教育局、关心下一代工作委员会共同制定的《关于指定未成年犯罪嫌疑人代理人的实施办法（试行）》中规定，检察机关一般应从蓟县关心下一代工作委员会、教育局、学校、村两委（村党支部、

---

① 2009年北京市海淀区人民检察院与北京市海淀区司法局签署了《关于联合开展未成年人讯问到场的实施意见》。依据该实施意见，检察院审查起诉未成年人刑事案件，在无法联系到未成年犯罪嫌疑人的法定代理人，或者未成年犯罪嫌疑人的法定代理人明确表示不愿到场旁听讯问的情况，区检察院应当向区法律援助中心送达《申请指派律师到场旁听公函》，由区法律援助中心指派律师到场旁听讯问。区法律援助中心收到《申请指派律师到场旁听公函》后三个工作日内，应当指定律师与区检察院联系，由律师向区检察院提交《指派通知书》，由区检察院在讯问三日前向指定律师提供《到场旁听通知书》。犯罪嫌疑人在押的，由区检察院协助律师办理入所手续。讯问结束后，到场律师应当在讯问笔录上签字。律师作为合适成年人到场旁听讯问的补助由法律援助中心支付。

② 李玫瑾、靳高风主编：《未成年人犯罪与少年司法制度创新》，中国人民公安大学出版社2015年版，第129页。

村民自治委员会）成员中指定代理人。这部分人员担任合适成年人大多出于对公益事业的热爱，工作热情较高，能有效利用社会资源以缓解合适成年人人员不足的问题，而且这些人员通常都有较为丰富的工作阅历和较强的沟通能力，有的本职工作也与青少年工作相关，在与未成年人的沟通上具有优势。但同时也存在一些问题：一方面，这些人员多为兼职担任合适成年人，担任合适成年人需要与其本职工作相协调，可能出现无法兼顾的情况。有的地方合适成年人由退休老干部兼任，由于年龄较大、精力有限，也会出现无法适应高强度的讯问工作的情况。另一方面，这些人员大部分不具备法律背景与知识，对讯问与刑事诉讼程序了解不够，不利于履行监督和沟通职能。

在司法实践中，合适成年人分为兼职和专职两种。兼职合适成年人是指合适成年人有本职工作，日常从事本职工作，需要参加诉讼时以合适成年人身份参与。兼职合适成年人通常只有少量补助或完全公益性参加，管理较为松散。大部分地区都采用兼职合适成年人的形式。聘用兼职合适成年人的优势在于可担任合适成年人的人员充足，来源和专业背景多元，无需专门的经费和机构进行管理，能够较好地利用社会资源。不足主要在于，担任合适成年人易与本职工作发生冲突，有的时候不能保证随时到案。调查了解到，兼职合适成年人通常不会被要求晚上参与讯问，遇到晚上需要讯问未成年人的情况，则或者等待第二天合适成年人到场后再行讯问或者直接在合适成年人未到场的情况下先行讯问，下次讯问时再通知合适成年人到场。在社工兼职担任合适成年人的情况下，由于其还同时承担有社会调查等职责，有的时候案多人少时间紧，甚至会出现同一段时间既要旁听某一讯问，又要与其他未成年人交谈以进行社会调查的情况，不得已“赶场”而无法完整旁听讯问过程。

专职合适成年人是指设置专门的管理机构聘任合适成年人，将其作为独立的职业，按期发放工资，进行专门的管理培训。昆明市盘龙区采用建立项目办公室聘任和管理合适成年人的做法。[①] 作为专职合适成年人，对其参与诉讼的及时性提出了较高的要求。以盘龙区的情况为例，合适成年人在接到通知后应在规定的时间内赶到该派出所，一般城区派出所在半个小时内到达，郊区派出所在 1 个小时内到达。按照要求，即使案件在午夜发生，也必须通知合适成年人到场，合适成年人的手机需 24 小时开机。[②] 到场后，合适成年人旁听讯问过程并作详细的记录也有明确的纪律要求，并定期进行考核。聘用专职合适成年人的做法能实现对合适成年人的有效管理，保障合适成年人参与的实际效果，但需要专门的经费予以支持，并需要设立专门的管理机构。

（三）合适成年人的选择与确定

在司法实践中，具体案件中合适成年人的确定主要存在三种方式：

一是制定合适成年人名册，由办案机关从中选择。如《上海市规定》要求，合适成年人资格由其所属机关或团体报请所在区（县）的人民检察院并商请本区（县）公安机关、人民法院和司法行政机关申报并审查，并上报市级检察院审核后，由市高级法院、市检察院、市公安局、市司法局共同批准后，制作合适成年人名册，下发至各级公安机关、人民检察院、人民法院相关办案部门和公安机关监管部门。确定合适成年人人选，应当综合考虑案件具体情况等，办案机关可以通知本区县的合适成年人或者未成年犯罪嫌疑人、被告人的户籍所在地、居住地或暂住地所在区县的合适成年

---

① 自 2005 年 5 月专职合适成年人正式工作以来，项目办一直向合适成年人支付每月 800 元的工资，自 2007 年起，项目办又为每位专职合适成年人支付相关社会保险费用，合计约 1450 元。据调查，这一工资标准是比照昆明市居委会普通工作人员的工资确定的。与昆明市整体情况相比，合适成年人的收入处于中下水平。许多合适成年人也谈到，这样的收入与合适成年人实际承担的工作量相比是较低的，他们担任合适成年人并非仅仅为了这份收入，而是觉得这份工作很有意义。

② 在昆明市盘龙区对合适成年人的考核机制中，是否 24 小时开机及是否及时到达派出所是重要的考核指标，并与其工资收入直接挂钩。

人参与刑事诉讼。厦门市同安区的合适成年人人选包括法定代理人，因此，在选任时，本地的未成年人通常优先考虑他的法定代理人，法定代理人无法参加的再在已聘任的合适成年人名单中选择。如果是外省市未成年人，一般不通知法定代理人，直接通知其他合适成年人。天津市和平区则是在已聘任的8名社区教师中选择具体案件的合适成年人。

二是在办案机关内设置社工工作站，从工作站内确定合适成年人参与案件。北京市海淀区人民检察院设立了司法社工工作站，作为司法社工的工作场所。该工作站由6名司法社工以及数名实习人员组成，在案件需要合适成年人介入时，检察官直接通知司法社工一同随行到看守所对未成年人进行讯问。上海市一些区县的检察机关内部也设置有社工工作站。

三是将合适成年人的工作区域特定化，由固定的合适成年人负责特定的工作区域。在昆明市盘龙区，每个合适成年人负责1-2个派出所的案件，2-3个合适成年人组成一个互助工作小组，在负责该派出所的合适成年人无法到场时，派出所会联系小组中的其他合适成年人。在每个派出所中都张贴有合适成年人及项目办工作人员的电话，以方便联系。

具体案件中合适成年人的确定还涉及几个具体问题：

首先，共同犯罪案件中如何为多名未成年犯罪嫌疑人确定合适成年人。考虑到同案犯之间存在利害关系，大部分地区都要求共同犯罪案件中，应当区分同案犯的合适成年人，即一名合适成年人不得担任两名以上同案未成年犯罪嫌疑人的合适成年人。《上海市规定》要求两名以上的未成年人共同犯罪的，不得由同一名合适成年人参与刑事诉讼。昆明市盘龙区则要求，对于一个案件中有多名涉案未成年人的，每名合适成年人只能负责一名未成年人，必须多名合适成年人同时到场。天津市和平区由于较为重视合适成年人的教育职责，未明确规定区分同案犯的合适成年人，实践中也存在一个合适成年人同时参加数名同案犯讯问的情况。

其次，同一未成年人在不同诉讼阶段的合适成年人是否保持同一。如果对一个未成年人在不同阶段的多次讯问均由同一个合适成年人在场，多次和长时间的接触有助于双方信任关系的建立，这无疑有助于合适成年人作用的发挥。有的地方对这一点明确作了要求。如《上海市规定》第 18 条要求，侦查、起诉、审判和刑罚执行阶段，办案机关一般应当通知同一名合适成年人参与刑事诉讼。公安机关、人民检察院应当在提请批捕逮捕书、起诉意见书上列明本单位已选定的合适成年人姓名和联系方式。[①] 昆明市盘龙区采用合适成年人与未成年人“一对一”的形式，严格要求合适成年人保持同一，而这种同一性也向后延伸至社会调查、风险评估和跟踪帮教等工作。厦门市同安区的情况则有所不同，由于审查批捕和审查起诉两个阶段负责的承办人不同，合适成年人的选择较为随机，通常在这两个阶段会有不同的合适成年人讯问时在场。

最后，是否要求由女性合适成年人担任女性未成年人的合适成年人。大部分地区对此作出了规定。例如，在昆明市盘龙区，如果涉案未成年人是女性，必须由女性合适成年人到场；如果负责该派出所的是男性合适成年人，则需由互助工作小组中的女性合适成年人或其他女性合适成年人陪同前往。厦门市同安区则规定在讯问、询问女性未成年犯罪嫌疑人、被害人、证人时，应由女性合适成年人参与。

（四）合适成年人到场的程序

合适成年人到场的程序和步骤主要包括以下四个阶段：

第一，通知与到案。承办人员在受理案件后讯问开始前，如发现涉案未成年人符合合适成年人在场条件的，除依法通知法定代理人等相关人员到场外，应当及时通知相应的合适成年人，合适成年

① 在实践中，由于合适成年人的选定还受到地域、未成年人个人情况、帮教矫正需要和诉讼便利等因素的影响，有可能前后阶段的合适成年人不同一。通过访谈得知，实践中有合适成年人在庭审时才初次参与案件的情况。

人接到通知后应及时到场旁听讯问。厦门市同安区规定讯问人员应提早 12 小时通知合适成年人在场的时间、地点，可采取电话、书面等方式通知。采用书面方式通知的，应填写《合适成年人出场通知书》，并给合适成年人留出合理的路途时间。办案人员依法通知合适成年人到案而其无法到案或不到案的，应当立即联系其他合适成年人到场以确保诉讼顺利进行。

第二，准备工作，与未成年人进行必要交流。合适成年人到场后，需要就参与讯问和审判程序进行一定的准备工作，主要包括：办案人员向合适成年人告知其权利义务；合适成年人可以向办案人员了解未成年人的基本信息和情况，向未成年人表明自己的身份和作用，与未成年人就案件之外的信息进行交流，主要了解未成年人的健康状况、生活状况、权益是否受到侵害，有无需要帮助等。天津市人民检察院、公安局《关于讯问（询问）未成年人通知法定代理人到场的若干规定》还要求，承办人员首次通知法定代理人或者其他合适成年人到场的，应当在讯问开始前书面告知其权利义务，必要时可以作适当的口头解释，并要求法定代理人或其他合适成年人签字确认。

合适成年人到场后是否可以与未成年人进行交流，《刑事诉讼法》没有明确规定。在实践中，各地做法不尽一致。有的地区不允许合适成年人在讯问之前与未成年人的交流，法庭审理之前可以进行交流；有的地区则规定在讯问时合适成年人到场后也可以与未成年人进行必要的交流。交流有利于合适成年人与未成年人相互熟悉从而建立信任关系，为之后的其他工作奠定基础，因而对合适成年人参与的实际效果影响很大。上海市、昆明市盘龙区和厦门市同安区对此有明确要求。《上海市规定》第 17 条要求，讯问或庭审前，应给予合适成年人和未成年人一定的接触时间，便于双方进行相互了解和沟通。厦门市同安区的“三交谈”模式要求，讯问或询问前交谈侧重告诉未成年人自己将保护其合法权益，并提供必要的物质帮助。昆明市盘龙区将讯问前交流纳入讯问时在场的准备工作，合适成年人在征得办案人员同意后会获得与未成年人独处的机会。

第三，旁听讯问和审判。合适成年人有权旁听整个讯问和审判过程，主要不是关注犯罪事实问题，而是从程序上保障未成年人的权利，对未成年人不理解的内容进行解释，对未成年人紧张情绪予以抚慰。实践中，有的地区规定在讯问过程中如果有需要解释或程序不当的地方，合适成年人可以用手势或者直接插话等方式阻止办案人员继续讯问。也有的地区规定了合适成年人在旁听讯问的过程中发言需经讯问人员允许，对于合适成年人的不当发言，办案人员有权予以制止。[①] 实践中，合适成年人大多数情况下都以消极的方式在场旁听，直接打断讯问和审判的情况较为少见。有的地区规定合适成年人需要就讯问的过程和内容作详细的记录。如北京市海淀区、昆明市盘龙区均有此规定。

在讯问中和讯问结束之后，合适成年人与未成年人可以进行一定交流。讯问中的交流以向未成年人解释问话和帮助未成年人表达为主，围绕讯问的内容展开。[②] 有的合适成年人会主动向未成年人解释他认为未成年人可能理解不了的问题，而大部分合适成年人都在未成年人向他求助时才说话，[③] 也很少主动纠正讯问中办案人员出现的不当讯问。[④] 有的时候，在讯问过程中未成年人突然情绪激

① 例如天津市人民检察院、公安局会签的《关于讯问（询问）未成年人通知法定代理人到场的若干规定》第10条规定：法定代理人（或合适成年人）经办案人员允许，可与未成年人交谈……第11条规定：未经允许擅自发言或者实施其他妨碍诉讼及影响讯问（询问）正常进行的行为，办案人员应当及时制止。

② 如厦门市同安区规定：讯问或询问中交谈侧重于帮助未成年人理解办案人员的问话，以插入式问话为主。

③ 由于缺乏交流，导致未成年人并不信任合适成年人甚至不了解合适成年人的作用，因此主动向合适成年人求助的也不多见。

④ 之所以出现这种情况，可能包括以下几个原因：（1）不了解未成年人和案件基本情况，不知从何入手；（2）缺乏专业法律知识，无法判断哪些是不恰当的行为；（3）迫于情面，觉得不应打断办案人员的问话。

动，合适成年人也会与其交流，安抚其情绪。

讯问后的交流一般围绕了解未成年人情况，对其家庭信息、生活情况、案件情况、个人悔罪情况等予以综合分析展开，与合适成年人承担的社会调查、风险评估和跟踪帮教等扩展职责密切相关。北京市海淀区司法社工担任合适成年人，还承担扩展职责，因此在旁听讯问后，得到与未成年人单独相处的机会，时间大约20~30分钟，初步评估未成年人的社会危险性和再犯可能性，作为办案的参考。厦门市同安区规定，讯问或询问后的交谈侧重于了解未成年人的其他情况，如未成年人的家庭关系，有无固定职业或住所，未成年人的犯罪动机、悔罪表现，以及需要提供的帮助等。① 天津市和平区较为重视合适成年人的教育职责，办案人员通常会让合适成年人对未成年人进行思想道德方面的教育。

第四，阅读讯问笔录、法庭笔录并签字。讯问或审判程序结束后，合适成年人有权阅读讯问笔录和法庭笔录或向其宣读，核对无误后签字。

四、合适成年人到场的实践问题

（一）合适成年人参与缺少有效手段，难以实际发挥到场作用

合适成年人到场制度存在的最大问题就是讯问和审判时到场并未实质性地发挥作用，即合适成年人只是形式性地在场，而未能实质发挥保障未成年人合法权益的作用。表现在以下多个方面：

一是合适成年人与未成年人缺乏有效交流。合适成年人与未成年人进行有效的交流与沟通并在此基础上建立相互的信任关系是合适成年人发挥实质作用的前提。在缺乏有效交流的情况下，很难希望未成年人在讯问过程中对合适成年人敞开心扉、主动求助，未成

① 厦门市同安区前、中、后“三交谈”模式完成后，合适成年人需要根据交谈所了解的情况，提出针对未成年人的建议和意见，如针对未成年犯罪嫌疑人提出不捕、不诉、从宽、从重等建议，以供办案人员参考。

年人对合适成年人的怀疑、距离感甚至排斥感将严重削弱合适成年人发挥作用的实质性。

二是合适成年人表现过于消极。由于缺乏对合适成年人的明确定位，一些合适成年人将自身定位为“消极的在场者”或者只是讯问和审判过程的“见证人”，只有未成年人向他们发问或求助时才会发言。

三是合适成年人未能参与每次讯问或者侦查阶段的首次讯问。在办案人员已经在首次讯问中获得口供的情况下，之后的讯问可能就只是重复、核实甚至是履行手续。如果合适成年人无法参与每次讯问，就无法确保在其未参加的讯问中，未成年人得到了相应的保护。

四是合适成年人在不同诉讼阶段未能保持同一。合适成年人的频繁更换不利于合适成年人与未成年人信任关系的建立与保持，每次更换合适成年人后都需要互相之间的重新熟悉和重新建立信任关系，这无疑会影响到合适成年人作用的发挥。

五是合适成年人由办案机关聘请甚至支付相应费用，中立性难以保障。合适成年人参与的目的在于保障未成年人权益、约束和规范自身办案行为，但客观上却造成了合适成年人依附于办案机关的后果，中立性难以保障。

六是合适成年人在讯问笔录上的签名效力没有得到明确。各地在实践中极少对合适成年人未到场或未签字的未成年人口供采取排除态度，合适成年人缺乏监督、制约办案人员的最有效手段。在这种情况下，合适成年人拒绝签名以及通过拒绝签名对办案人员的讯问行为作出否定评价并以此履行监督职责的设想在很大程度上是无法实现的。

（二）合适成年人定位不清，权益保护职责被虚置和形式化

合适成年人到场制度是国家对未成年人予以特殊保护的一种表现，因此，无论合适成年人在刑事诉讼中承担哪些具体职责，其参与刑事诉讼的首要目的和首要作用都应当是保护未成年人的合法权

益，应当首先被定位为未成年人权益的“专门保护者”。虽然在参与刑事诉讼程序并保障未成年人权益的过程中，合适成年人也发挥了讯问过程“监督者”、未成年人“教育者”和讯问过程“促进者”的作用，但这些作用不应该被本末倒置。

实践中，在各种因素的影响下，有些合适成年人可能忽视自己未成年人权益“专门保护者”的首要作用，过多地担任了未成年人“教育者”和讯问过程“促进者”，甚至成为讯问人员的“协助者”，这就与引入合适成年人参与机制的初衷相背。有的未成年人在访谈中表示，在讯问过程中合适成年人会协助办案人员做一些工作，因此将合适成年人当作了办案人员。有的地方则要求合适成年人应当“动员”未成年人向讯问人员如实交代。这种情况下，合适成年人实际上已经成为讯问人员的“协助者”。有的未成年人表示，讯问时只有一个办案人员和一个合适成年人，这种做法实际已经将合适成年人作为办案人手紧张而无法保证两个办案人员进行讯问时的“替补者”。有的地方的实践则过多关注合适成年人在教育未成年人方面的作用，要求合适成年人在讯问之后对未成年人进行教育，这不但有“有罪推定”之嫌，而且会使未成年人感觉合适成年人并非自身权益的保护者。①

（三）合适成年人的选任、管理、考核和培训机制不完善

对合适成年人的管理、工作成效考核与培训是保障合适成年人到场制度能够发挥实际效果的三项重要机制。虽然各地都开展了一些相关探索，但总体而言仍不完善，尤其是对讯问和审判时到场工作的成效如何进行具体的考核，绝大部分地区缺乏规定或者难以落实。一些兼职的合适成年人虽然是出于公益的考虑而义务担任合适

① 如果对未成年人的教育是笼统的、总体性的，则并不与合适成年人保护未成年人权益的首要作用相冲突，而如果对未成年人的教育是建立在认为他已经实施了某一犯罪行为的基础之上并针对这一犯罪行为而展开的，实际上已经对其作出了“有罪推定”。然而，这种发生在羁押场所或派出所、与讯问融为一体或紧接着讯问而展开的教育，很难想象其与讯问的内容没有直接关联。

成年人，但其既然担任合适成年人并承担具体职责，也同样应对其进行管理、考核工作成效和进行相关培训。[①] 选任、管理、考核与培训机制的不完善，使有关合适成年人职责、义务和纪律等方面的规定在实践中并未对合适成年人的行为产生有力的约束与指引，仅仅是一种“建议性”的规定，是否具体落实取决于合适成年人本人对这些规定的理解和各种主客观因素。

五、合适成年人到场制度的完善

（一）明确合适成年人的诉讼地位、职责及相应的诉讼权利和义务

在我国，合适成年人参与是在法定代理人不能履行监护职责时，国家替代法定代理人履行监护职责的一种制度，体现了国家对未成年人的特殊保护，也表明在未成年人权益保护方面的国家干预立场，体现了国家监护的理念。明确合适成年人在刑事诉讼中的法律地位是其承担具体职责的基础，应当将合适成年人确定为未成年人合法权益的专门保护人。合适成年人在刑事诉讼中应处于客观、中立的地位，不应偏向办案机关，更不能作为办案机关的协助者。其作为国家监护的实际履行人，也不同于辩护人和诉讼代理人。

合适成年人在讯问时和审判时在场体现了国家监护的理念，具有不同于法定代理人在场的价值，在条件允许的情况下，也可以由未成年人的法定代理人和其他合适成年人同时在场，以更好地实现对未成年人的特殊保护。

合适成年人的基本职责是讯问和审判未成年人时在场，承担抚慰未成年人、监督办案机关的讯问和审判活动，以及促进办案人员与未成年人沟通的具体职责。此外，在未成年犯罪嫌疑人、被告人认罪悔罪的前提下，合适成年人也可以对其进行相应的疏导工作，使未成年犯罪嫌疑人、被告人对自己的行为承担起责任。但是，不

① 访谈发现同一地区不同合适成年人存在对其职责和作用理解差别较大的情形。

得要求合适成年人承担协助办案机关进行讯问的职责。

为维护合适成年人的客观、中立地位，合适成年人参与未成年人刑事诉讼主要履行讯问和审判时到场这一职责，并赋予其到场参与讯问和审判享有的诉讼权利。如与未成年人进行单独沟通的权利，发现办案人员有不当行为时提出异议的权利，请求暂时中断讯问和审判的权利，阅读讯问笔录和法庭审判笔录以及发现有错误时可以修改或纠正的权利，合适成年人认为自己不适宜参与本案、或者未成年人对合适成年人提出过分要求而无法与其实现正常沟通的，或者未成年人的法定代理人、监护人等到场，合适成年人可以退出本案的办理，但应当保守秘密，不得泄露未成年人和本案的情况。同时，还要明确合适成年人参与讯问和审判活动时应当承担的义务。例如，客观中立、恪尽职守、切实维护未成年人合法权益的义务，保守秘密的义务、不得干扰办案机关正常办案的义务、不能利用担任合适成年人的身份便利谋取不当利益的义务等。

考虑到我国各地的社会发展水平不同，社工体系发育程度差别较大，对于尚无专门人员承担未成年人社会调查、风险评估及帮教考察职责的地区，从维护未成年当事人合法权益的角度，合适成年人也可以进行相关工作，但不能与其角色相冲突。

（二）建立专业化的合适成年人队伍，完善对合适成年人的管理制度

现阶段而言，合适成年人的来源应实现多元化，专职合适成年人与兼职合适成年人均可采用，各地应结合实际情况具体确定。社工、教师、共青团干部、妇联、关心下一代工作委员会工作人员以及退休老干部等热心于未成年人保护工作的人员，只要符合上述合适成年人的资格条件均可以担任。

律师作为专业的法律从业人员，如果担任合适成年人更有利于监督和抚慰、教育等职责的发挥，也可以担任合适成年人。律师拥有专业的法律知识，可以辨别不法行为，保护未成年犯罪嫌疑人、被告人；也能让未成年犯罪嫌疑人、被告人更好地理解法律概念，

促进司法工作人员和未成年犯罪嫌疑人、被告人的相互沟通；对他人心理也体察较深，可以胜任抚慰未成年犯罪嫌疑人、被告人的任务，因此可以最大限度地保护未成年犯罪嫌疑人、被告人。[①] 有的学者指出，《刑事诉讼法》在规定了合适成年人到场制度的同时，还要进一步推进未成年人刑事案件律师到场制度的立法。法定代理人无法通知、不能到场或未成年人不同意其到场，或到场会损害未成年人利益，而律师符合"合适成年人"要求的，可以仅通知律师到场。[②] 但是，为避免诉讼角色和职责的混淆，应当明确规定担任本案未成年犯罪嫌疑人、被告人的合适成年人的律师不得再担任本案同一未成年人或者其他犯罪嫌疑人、被告人的辩护人。从长远发展来看，应逐步发展至由专业的社会工作者组成专职合适成年人队伍履行职责。

对合适成年人的日常管理非常重要，特别是由专门司法社工担任合适成年人之后，建立统一规范的管理制度就尤为重要。对合适成年人的管理，应当独立于公检法办案机关，使其保持中立性。有条件的地区可以设立专门的机构进行选聘、日常管理、工作考核、定期培训、发放补贴或薪酬。其他地区可以在共青团或未成年人保护委员会等机构下设管理办公室进行上述工作。合适成年人违反纪律、妨害正常办案的，或者给予未成年人不当引导的，办案机关可以向合适成年人管理机构提出纠正意见。如果合适成年人协助隐瞒事实或毁灭罪证，构成犯罪的，应依法追究其刑事责任。

（三）完善合适成年人参与案件的步骤和程序

首先是合适成年人的确定。合适成年人具体人选的确定可结合各地情况，如制作合适成年人名册统一选择和划区域分片负责等方式均可。在具体选择合适成年人过程中，应加强随机性，避免由办

① 谢安平、郭华主编：《未成年人刑事诉讼程序研究》，中国政法大学出版社2015年版，第155页。

② 汪建成：《论未成年人犯罪诉讼程序的建立和完善》，载《法学家》2012年第1期。

案人员直接指定合适成年人，防止少数人集中担任多数案件的合适成年人。

其次是办案机关通知合适成年人到场。侦查机关遇有涉及未成年人的案件时应及时通知合适成年人到场。合适成年人接通知后应在规定时间内及时到场。合适成年人未到场的，侦查机关不得开始讯问。合适成年人到场后进行准备工作，了解未成年人的基本情况等，合适成年人有权与未成年人单独交流。在交流中，合适成年人应当首先向未成年人表明其身份，告知未成年人的权利和义务，询问其需要什么帮助。合适成年人应当和办案人员就保证讯问和审判顺利进行的相关事项进行沟通，如合适成年人需要插话时采取何种方式介入等。

在讯问过程中，合适成年人要对未成年人不理解的内容进行解释，对未成年人紧张情绪予以抚慰。讯问过程中，合适成年人可以与未成年人就其个人情况、心理状态等案件事实以外的情况进行交流，但不得干扰正常的办案和讯问的秩序。对发生不当或违法的讯问行为时，合适成年人有权指出并作记录。对合适成年人的正当发言办案人员不得无故打断、阻止。合适成年人应在讯问过程中对讯问的过程和内容作详细的记录。

讯问结束后，合适成年人阅看讯问笔录，核对无误后签名。2012 年最高人民检察院《刑诉规则》第 490 条第 2 款规定，讯问笔录应当交到场的法定代理人或者其他人员阅读或者向其宣读，并由其在笔录上签字、盖章或者捺指印确认。2012 年公安部《刑事程序规定》第 314 条也规定，讯问笔录应当交未成年犯罪嫌疑人、到场的法定代理人或者其他人员阅读或者向其宣读；对笔录内容有异议的，应当核实清楚，准予更正或者补充。

再次，应当赋予未成年人自主选择合适成年人的权利。对于符合合适成年人参与条件的案件，在合适成年人被确定后，未成年人明确拒绝合适成年人参与刑事诉讼的，办案人员应当向其作必要的解释，但其仍坚持拒绝的，可以准许，并记录在案。未成年人提出更换合适成年人并有正当理由的，应予准许，但更换次数以一次为限。

在共同犯罪案件中，每名合适成年人只能负责一名未成年人的诉讼参与工作。同一未成年人在不同诉讼阶段的合适成年人应尽量保持同一，只有在原合适成年人确有无法再参与的情况下才能更换。在被讯问、询问人是女性未成年犯罪嫌疑人、被告人、证人、被害人时，应尽量安排女性合适成年人参与。

（四）明确合适成年人不到场获取口供的证据效力问题

2012 年《刑事诉讼法》明确规定在讯问和审判未成年人犯罪嫌疑人、被告人时应当通知法定代理人及其他合适成年人到场，那么，如果未通知合适成年人到场或者在合适成年人未到场的情况下进行讯问，则属于重大的程序违法，除非经过补正或合理解释能证明其讯问时在场，否则未成年犯罪嫌疑人的口供不具有证据效力。2012 年《刑事诉讼法》第 57 条第 2 款规定："现有证据材料不能证明证据收集的合法性的，人民检察院可以提请人民法院通知有关侦查人员或者其他人员出庭说明情况；人民法院可以通知有关侦查人员或者其他人员出庭说明情况。有关侦查人员或者其他人员也可以要求出庭说明情况。经人民法院通知，有关人员应当出庭。"可见，在证明获取未成年人口供是否合法的问题上，合适成年人应属于可以出庭说明情况的其他人员之一。在法庭对证据是否合法进行调查时，合适成年人可以作为证人出庭，说明讯问的过程和口供获得的情况。

第四章　社会调查中的社工参与机制

一、社会调查之释义

社会调查既可以看作一项未成年人刑事诉讼制度，也可以视为一项未成年人刑事司法原则。是指公安司法机关在办理未成年人刑事案件的过程中，不仅要调查案件事实，而且还要对未成年人的生理、心理特征、性格特点及其生活环境也进行调查，必要时还要进行医疗检查和心理学、精神病学的调查分析。全面调查原则的目的在于通过对未成年人的人格、素质、生活经历和所处环境进行调查分析，以查清未成年人走上犯罪道路的原因和条件，为教育改造未成年人确定有针对性的改造方案和方法，以取得良好的教育改造效果。[①] 在刑事诉讼中，对未成年犯罪嫌疑人、被告人的各种情况进行全面的社会调查，与刑法上主张的刑罚个别化原则相契合，体现了儿童利益最大化和获得特别关照之要求。

对未成年犯罪嫌疑人、被告人进行全面的社会背景调查，是联合国刑事司法准则和世界各国立法所普遍要求的。联合国《少年司法最低限度标准规则》（北京规则）第 16 条规定，所有案件除涉及轻微违法行为的案件外，在主管当局作出判决前的最后处理之前，应对少年生活的背景和环境或犯罪的条件进行适当的调查，以便主管当局对案件作出明智的判决。英国 1970 年《治安法院（少年儿童）规则》第 10 条规定，法院必须考虑有关儿童或者少年的

① 宋英辉、甄贞主编：《刑事诉讼法学》，中国人民大学出版社 2012 年版，第 433 页。

平常行为、家庭环境、学校档案和病史的资料，以便对案件作出最符合其利益的处理。日本《少年法》第9条规定，家庭裁判所考虑对该少年应当审判时，应对案件进行调查，在调查时，务必调查少年、监护人或者有关人员的人格、经历、素质、环境，特别要有效地运用少年鉴别所提供的关于医学、心理学、教育学、社会学以及其他专门知识的鉴定结果。德国《少年法院法》第43条规定，在对未成年人刑事案件诉讼程序开始之前，应当尽快地对有助于判断被告人道德、思想和个人特点的被告人生活和家庭情况、成长过程、至今为止的行为以及所有其他情况进行调查。

在我国，1996年《刑事诉讼法》没有明确规定对未成年犯罪嫌疑人、被告人进行社会背景调查的制度。最高人民法院、最高人民检察院的司法解释或其他部门制定的相关规范性文件中对此作了规定。2001年最高人民法院《审理未成年人刑事案件规定》第21条规定，开庭审理前，控辩双方可以分别就未成年被告人性格特点、家庭情况、社会交往、成长经历以及实施被指控的犯罪前后的表现等情况进行调查，并制作书面材料提交合议庭。必要时，人民法院也可以委托有关社会团体组织就上述情况进行调查或者自行进行调查。2013年最高人民检察院《办理未成年人刑事案件规定》第16条第3款规定，审查起诉未成年犯罪嫌疑人，应当听取其父母或者其他法定代理人、辩护人、未成年被害人及其法定代理人的意见。可以结合社会调查，通过学校、社区、家庭等有关组织和人员，了解未成年犯罪嫌疑人的成长经历、家庭环境、个性特点、社会活动等情况，为办案提供参考。2010年中央综治委预青组等六部门《未成年人刑事案件配套工作体系意见》规定了对未成年犯罪嫌疑人、被告人的社会调查，要求公安机关、人民检察院、人民法院、司法行政机关在办理未成年人刑事案件和执行刑罚时，应当综合考虑案件事实和社会调查报告的内容。社会调查由未成年犯罪嫌疑人、被告人户籍所在地或居住地的司法行政机关社区矫正工作部门负责。司法行政机关社区矫正工作部门可联合相关部门开展社会调查，或委托共青团组织以及其他社会组织协助调查。社会调查机关应当对未成年犯罪嫌疑人的性格特点、家庭情况、社会交往、成长经历、是否具备有效监护条件或者社会帮教措施，以及涉嫌犯罪前后表现等情况进行调查，并作出书面报告。对因犯罪嫌疑人不讲真实姓名、住址，身份不明，无法进行社会调查的，社会调查机关应当作出书面说明。

在司法实践中，许多地区就未成年人刑事案件中的社会调查进行了积极探索，取得了非常好的办案效果，有的地区专门就此出台规范性文件。例如，1988 年上海市长宁区人民法院总结审判实践经验，制定了《未成年人刑事审判工作细则（试行）》对调查的内容、范围等作出非常具有操作性的详细规定。[①] 实践表明，对未成年人成长经历、犯罪原因、监护教育等情况进行调查，对于办案人员了解案件真实情况、犯罪原因、是否有逮捕必要等方面起到很大作用，不仅有助于保障未成年犯罪嫌疑人、被告人的合法权利，而且明显地提高了办案质量。

在总结实践经验和吸收已有规定的基础上，2012 年《刑事诉讼法》将对未成年人的全面调查原则写入其中，对于进一步规范和指导司法实践具有重要意义。该法第 268 条规定："公安机关、人民检察院、人民法院办理未成年人刑事案件，根据情况可以对未成年犯罪嫌疑人、被告人的成长经历、犯罪原因、监护教育等情况进行调查。"根据这一规定，自立案开始一直到执行完毕的整个刑事诉讼过程中，公安机关、检察机关和法院都要对未成年犯罪嫌疑人、被告人的成长经历、犯罪原因、监护教育等情况进行深入全面的调查。此处规定的是"可以"而非"应当"，是因为有些案件中办案机关及其工作人员已经清楚未成年犯罪嫌疑人、被告人的成长经历、犯罪原因、监护教育等背景性资料和相关情况，就没有必要再进行社会调查。相反，对于未成年犯罪嫌疑人、被告人的背景资

① 参见沈志先主编：《未成年人审判精要》，法律出版社 2012 年版，第 130 页。

料和相关情况不清楚的，则应当进行社会调查。

关于开展社会调查的主体，2012 年《刑事诉讼法》规定由公安机关、人民检察院和人民法院对未成年犯罪嫌疑人、被告人的成长经历、犯罪原因、监护教育等情况进行调查。同时，根据 2010 年中央综治委预青组等六部门《未成年人刑事案件配套工作体系意见》的规定，社会调查由未成年犯罪嫌疑人、被告人户籍所在地或居住地的司法行政机关社区矫正工作部门负责，该部门可联合相关部门开展，或委托共青团组织以及其他社会组织协助调查。这在 2012 年最高人民法院《刑诉法解释》、2012 年最高人民检察院《刑诉规则》等文件中也有规定。

2012 年最高人民法院《刑诉法解释》第 476 条规定："对人民检察院移送的关于未成年被告人性格特点、家庭情况、社会交往、成长经历、犯罪原因、犯罪前后的表现、监护教育等情况的调查报告，以及辩护人提交的反映未成年被告人上述情况的书面材料，法庭应当接受。必要时，人民法院可以委托未成年被告人居住地的县级司法行政机关、共青团组织以及其他社会团体组织对未成年被告人的上述情况进行调查，或者自行调查。"

2012 年最高人民检察院《刑诉规则》第 486 条规定："人民检察院根据情况可以对未成年犯罪嫌疑人的成长经历、犯罪原因、监护教育等情况进行调查，并制作社会调查报告，作为办案和教育的参考。人民检察院开展社会调查，可以委托有关组织和机构进行。人民检察院应当对公安机关移送的社会调查报告进行审查，必要时可以进行补充调查。"

2012 年最高人民检察院《加强未成年人刑事检察工作决定》第 13 条也规定："建立健全逮捕必要性证明制度和社会调查报告制度。要进一步加强对逮捕必要性证据、社会调查报告等材料的审查。公安机关没有收集移送上述材料的，应当要求其收集移送。人民检察院也可以根据情况，自行或者委托有关部门、社会组织进行社会调查，并制作社会调查报告。要综合未成年犯罪嫌疑人性格特点、家庭情况、社会交往、成长经历、犯罪原因、犯罪后态度、帮教条件等因素，考量逮捕、起诉的必要性，依法慎重作出决定，并以此作为帮教的参考和依据。”

2013 年最高人民检察院《办理未成年人刑事案件规定》第 9 条规定：“人民检察院根据情况可以对未成年犯罪嫌疑人的成长经历、犯罪原因、监护教育等情况进行调查，并制作社会调查报告，作为办案和教育的参考。人民检察院开展社会调查，可以委托有关组织和机构进行。开展社会调查应当尊重和保护未成年人名誉，避免向不知情人员泄露未成年犯罪嫌疑人的涉罪信息。人民检察院应当对公安机关移送的社会调查报告进行审查，必要时可以进行补充调查。提起公诉的案件，社会调查报告应当随案移送人民法院。”

二、社工参与社会调查的理论基础

系统理论为社工参与社会调查提供了理论支持。系统理论与社会调查制度之间的关系在于：首先，系统理论关注于个体与周围系统的关系，整体与部分的关系，这为我们思考社会调查对象问题的根源和解决问题的策略提供了一个较为宏观的视角。这与以个体为对象的诊断和治疗对象的理念有较大的差异，这也使得社会调查工作者在探究涉案未成年人犯罪原因时，需要将其纳入更为广泛的社会环境中进行考虑，从个体、家庭、社区、学校、社会等多层次和多角度进行分析。其次，系统理论认为，造成调查对象问题的原因是复杂、多变的，所以社会工作者在调查和拟定服务策略时应当保持动态、多角度、多层次的整体性视角。最后，系统理论还为社会工作者对未成年人进行社会调查的程序提供理论支撑。

系统理论的概念抽象程度较高、系统界限模糊，过分强调系统对个体的影响，对个体的能动性思考不足。生态系统视角强调个人生命历程和特定时空下各系统间的交流所产生的压力、适应、因应和发展，运用内外资源的良好互动，以获得最大的福祉，这一观点非常符合社会工作“人在情境中”（Person-in-Situation）理论的观点，以及社会工作致力于个人能力和适应力的增进和改善环境以有利于个人生存的使命。生态系统视角不仅提供了系统的有机视角，而且和人们的生活体系相关联，尤其关注人们的生活经历，因而生态系统视角比一般系统理论更加可以体现社会工作的价值基础。相对系统理论关注个体的改变从而使个体适应环境而言，生态系统视角更加重视提高个体、家庭、小组、社区和他们各自所处环境之间的互动，从而促进积极的可持续成长。

生态系统理论来源于生态学和一般系统理论。在 1869 年的德国动物学家赫克尔（Haeckel）首次提出了生态学（Ecology）一词，其指出在自然界中，有机体之间是相互依赖的，所以生态科学与社工专家也是相互协调的，两者都是促进人们与环境间的正向关系与相互依赖。在 20 世纪初期及中期，最早的生态学应用在社会工作实务中，其质疑当时的个别化处遇的个案工作取向，努力致力于改善案主的环境。在 20 世纪 70 年代，生态观点已经整合为社会工作专业实务的取向。

1979 年，美国学者布朗芬布伦纳（Bronfenbrenner）在《人类发展生态学》一书中提出人类发展的生态模型："指出生态的力量，在世界上扮演的角色远超过家庭对于一个孩子发展的影响。人类与所存在环境相互适应，这个过程又受到这些环境及更大脉络的影响"。[①] 他特别提出人类生活环境是由许多互相联系、互相作用的系统组成，个体发展嵌套于相互影响的一系列环境系统中，系统与个人相互作用并影响个体的发展，他将人与环境的社会距离区分成一层层环节相扣的四个系统。第一，微视系统（microsystem）：是将个人置于系统的中心，其最基本单位就是微视系统。该系统是与个体最直接相关的生活环境，其包含发展中个体的角色与特点，包括与个人交流最频繁如家庭亲友、学校同济、社区邻居等，故其

① Urie Bronfenbrenner, The Ecology of Human Development: Experiments by Nature and Design, Harvard University Press (1979), pp.62.

对人的影响最深。第二，中介系统（mecosystem）：其包含两个或者两个以上微视系统间的相互关系，即与发展中个体的互动环境，如亲子互动、同济人际关系、社区交流。第三，外在系统（exosystem）：其指两个或者两个以上的关联情景，在同一个间接的外在情境中发生关联，其虽然没有直接和个体互动，但是仍然对个体有影响的环境，比如一个母亲的工作环境可能影响到其与子女的关系。第四，巨视系统：（macrosystems），布朗芬布伦纳认为其犹如文化的蓝图，决定了许多直接系统间互动的社会结构，包含有物质资源、机会结构、透过生命历程的选择，生活方式、风俗、法律、政治、经济、教育、文化信念的相互分享。[①] 相对于系统理论的抽象性，布朗芬布伦纳将系统结构化和具体化，明显有助于对问题的分析，但是如何利用生态系统理论指导社会工作，如何利用系统解决个体问题，布朗芬布伦纳并未给出具体的方案。

1980 年，杰曼（Germain）和吉特曼（Gitterman）提出生命模式是一个关于生命过程社会工作实务模型，重视人的生命过程，个人对于健康、不断成长、发展能力和压力的释放有着内在的需求，人们通过对环境的塑造达到最大限度可能的福利。[②] 他们提出下列三组相关概念：第一，人与环境的调和程度：例如适应性、互相性、调和程度、对应策略。第二，环境品质：指的是社会及物理的两种环境系统。第三，生活中的问题：指实务工作者应该聚焦与案主与环境交流时，是否符合其生活任务和需求。

生命模式又在 1996 年增加了三个新的概念领域：第一，脆弱、压迫及社会和科技的污染。第二，栖身处及合适的定位。前者是指个体在文化脉络下居住的物质条件，以及社会经济背景，两者不一致时，就是人与环境的交流互动失衡，没有发展出适当的栖身之

① 参见席小华、徐永祥：《涉罪未成年人社会调查的理论框架及具体内容》，《华东理工大学学报（社会科学版）》，2015 年第 3 期。

② Carel B. Germain、Alex Gitterman, The Life Model of Social Work Practice, Columbia University Press (1980), pp.124-150.

处，个体就会产生孤独、无助、绝望等压力情绪；定位则是人在环境所处的社会位置，杰曼认为每一个社会，在不同的时代，都会有不同的定位规则，该规则不一定代表一个人真正的价值或者潜能。第三，生命历程，融合了布朗芬布伦纳生态模型赋予其具有时间的三度空间，其包含了个案的生命事件，如父母离异、休学、逃家、犯罪年龄；社会中的历史事件，如经济大恐慌所造成的物价上涨、教育体制改革等，这些生命历程的经验，对个体所处环境脉络、权力等有不同的影响和改变。

生态系统理论对未成年人社会调查报告的影响在于，从目前的社会调查报告的内容可以知道，传统的社会调查报告大部分都是针对未成年人个人身心及其所处的家庭、学校、工作等微视系统进行调查说明，有的再加上中介系统表面层次的问题，社会调查人员所采取的资料收集方式，大部分也都是个别会谈、家庭会谈或者到学校等部门收集资料，处于初级层次的调查收集方法。这些方法固然重要，但涉及到巨视系统层面的评估甚至是干预行动，诸如结合社区资源的引介或者当地机关团体的协助，社区邻里共同来处理未成年人犯罪与学校的连接合作，甚至在面临学校教育制度或者其他组织单位不合理措施或计划时，该如何倡导采取自救行动，调查人员则很少采用。只注重未成年个人本身以及其家庭问题的社会调查内容，将会使人们忽略了通过社会调查修正不良社会生态系统的责任，也容易忽略教育违法犯罪未成年人的最终目的。

此外，帕尔戴克（John T. Pardeck）在 1988 年提出了以下几个生态系统评估过程的步骤，为社会工作者对未成年人进行调查评估提供了参考。①

第一，问题评估。调查人员必须决定未成年人行为问题的生态系统：个人、社团、社区或者社会及有效介入的可能。生态的评估

① John T. Pardeck, An Ecological Approach for Social Work Practice, The Journal of Sociology & Social Welfare (1988), Volume15, pp.133-142.

包括三项重要的项目：（1）进入系统，目的是评估调查对象生活所有重要的关系，进入调查对象的世界确定重点。在预估调查对象的关系时，调查人员必须追踪调查对象生活中转换的不同次系统。调查人员可以从这些系统中获取重要的信息，而形成未来对未成年人辅导介入的依据。调查人员必须确认进入调查对象世界的重点，这可以使得调查对象甚至其家庭或其他次系统，透过介入而有转变的机会。当调查未成年人个案问题时，必须了解调查对象世界中不同的次系统，必须开始去了解造成调查对象不一致的来源和调查对象目前生态系统中的优势有哪些。确认这些信息，有助于未来帮助其改善良好适应的来源。（2）描绘生态。当调查人员进入调查对象的世界，调查人员开始描绘生态。在这个阶段，系统理论将有助于分析调查对象的社会环境。调查人员分析调查对象社会环境中不同的次系统，来了解调查对象所面临问题中的人与事件，并且评估何种服务与处遇有助于调查对象达成处遇目标。（3）评估生态。当调查者绘制生态图后，这些信息的收集可以作为说明。在调查评估阶段，调查人员搜寻调查对象生态系统中的基本问题及主要范围的优势。这个阶段重要的是在调查对象生活中的关系及一再发生的事件。

第二，形成介入策略。社会工作者必须提供后期介入辅导未成年人的策略，才能够缓和解决未成年人的行为问题。介入的基础就是对未成年人整体的了解，并且使用多元的技巧，比如危机介入、职业训练以及行为修正来改变问题。（1）完成，社会工作者介入策略完成的重点就是前几个阶段的范围。社会工作者必须收集资料，在实行阶段预估对调查对象改变或者其生态系统转换中介入的有效性。（2）评估，社会工作者必须评估介入策略的有效性。（3）终结，总结社会工作者进行社会调查的过程，介入有效性范围的决定和介入未达成目标的程度。

总而言之，生态系统理论对于社会调查报告提供最大的优势在于提供了一种有别于以往调查与解决未成年人犯罪问题的途径，而不只是僵化的社会调查资料收集工作模式，所以在实施的时候，应当与家庭、学校及社区的现有资源结合，并不在放大聚焦于未成年人犯罪问题，个人本身或者家庭因素的归因，而应以巨视层面的生态观点来看待评估说明未成年人所处生态脉络中，造成其犯罪行为所处的生态情景，才是生态观点应用于社会调查中最为适切的呈现。

三、社会调查的三种实践模式

在司法实践中，按照开展社会调查的主体来划分，主要包括办案机关调查、司法行政部门调查和社工调查等三种模式。有的地区还尝试由合适成年人、志愿者、辩护律师、人民陪审员等进行社会调查。

（一）办案机关调查模式

公安机关、检察院和法院是我国《刑事诉讼法》明确规定的调查主体，因而办案机关进行社会调查是实践中常见的调查模式。

1. 基本做法

在司法实践中，检察院较为重视对未成年犯罪嫌疑人进行社会调查，因而承办案件的检察人员自行调查比例较高。以云南省为例，2013 年全省检察机关上报的未成年人犯罪嫌疑人社会调查报告中，由检察机关自行调查的占 74.67%，公安机关调查后移送检察机关的占 8.8%，检察机关委托或者联合其他机关组织调查的占 16.52%。有些地方也要求公安机关移送案件至人民检察院时必须提供社会调查报告，这使得公安机关成为社会调查的主要执行主体。

关于社会调查报告的内容，由于《刑事诉讼法》没有进行明确的规定，实践中各地办案机关对于社会调查报告的内容没有统一格式，地区差异较大，但总体而言调查内容较为简单。主要集中在案件基本情况、未成年犯罪嫌疑人基本情况、成长经历、家庭背景、帮教及监管条件等社会适应情况等。

办案机关开展社会调查伴随着诉讼程序的推进而进行。公安机关开展社会调查的，即意味着社会调查始于侦查阶段，但社会调查具体开始的时间分为两种：第一种情况，有些地方是在提请批捕未成年犯罪嫌疑人时，就需要一并提交未成年犯罪嫌疑人的社会调查报告。比如2013年1月1日，兰州市人民检察院与兰州市公安局签订的《兰州市人民检察院与兰州市公安局关于办理未成年人刑事案件暂行办法》中规定："公安机关办案单位在提请检察机关批准逮捕未成年犯罪嫌疑人时，一并提交未成年犯罪嫌疑人社会调查报告。"第二种情况是，有的地方在公安机关将案件移送检察机关审查起诉时需要提交社会调查报告。调查方法一般为电话调查或者与未成年犯罪嫌疑人及其家属、老师等相关人员见面了解情况。

检察院在审查起诉时启动社会调查，存在以下几个可能：其一，公安机关在侦查阶段没有进行社会调查，故而当公安机关将案件移送审查至检察院，承办案件的检察官需要亲自调查；其二，公安机关确实进行了社会调查，并且随案移送至检察院，但是检察官认为公安机关制作的社会调查内容过于简单，故而在审查起诉时由检察官自行调查；其三，检察院在审查起诉阶段启动社会调查还可能是公安机关在侦查阶段只对部分未成年犯罪嫌疑人进行了社会调查，但检察官审查案件时，认为需要对其他未成年犯罪嫌疑人进行社会调查，因而自行调查。

对未成年人的背景情况进行社会调查最早是在法院系统产生的。20世纪80年代末，北京市海淀区人民法院就在实践探索社会调查制度，即在专职帮教考察官主导下，在收案15天内完成未成年人个人情况、家庭情况、社区活动、前科劣迹、本案考察等五方面调查。帮教考察官虽不参与庭审，但会综合分析对涉罪未成年人的认识、审理中的注意事项、帮教、挽救"感化点"等内容，形成书面报告提交法官作为审判和开展帮教工作时参考。[①] 2012 年《刑事诉讼法》规定公检法机关都可以进行社会调查之后，公安机关和检察院未进行社会调查而由法院首先启动社会调查的情况相对较少，实践中法官自行调查未成年被告人主要是对侦查、审查起诉阶段移送的社会调查报告内容有缺漏者进行补充调查，或者未成年被告人可能判处非监禁刑时，法官需要对未成年被告人的社会监管和帮教条件进行调查。

2. 办案机关调查模式的评价

由办案机关调查模式是《刑事诉讼法》规定的方式，实践中得到各地普遍使用，其优势与局限性如下：

（1）办案机关调查模式的优势

办案机关调查模式可以借助其自身职权便利与未成年人面谈以获悉相关个人信息。尤其公安机关进行社会调查时，一方面可以将社会调查的启动提前至侦查阶段，进行社会调查时间相对充裕，而且公安机关的办案人员可以直接与未成年犯罪嫌疑人，尤其是处于羁押状态的未成年犯罪嫌疑人见面，另一方面公安机关可以利用内部的信息库和全国公安组织系统，对异地未成年人进行调查。

公检法机关办案人员相对于其他调查执行主体具有职业权威性，容易获得未成年犯罪嫌疑人、被告人及其法定代理人、亲属以及居委会、村委会、学校等单位的配合。

（2）办案机关调查模式的局限性

第一，办案机关调查科学性不足，容易出现形式化倾向。根据实地调研发现，公检法机关办案人员制作的社会调查报告可能存在以下问题：①对同案多名未成年人只制作一份社会调查，且共性表述多；②办案人员较少实地走访调查，而是复制案情摘要代替社会调查内容，案情叙述内容篇幅较大，对犯罪原因的分析多使用

① 李玫瑾、靳高风主编：《未成年人犯罪与少年司法制度创新》，中国人民公安大学出版社 2015 年版，第 125 页。

“是非观念不明、交友不当、人生价值观扭曲”等概括性语言，缺乏个性分析，千篇一律；③社会调查报告内容不完整，主要内容为未成年人个人信息和家庭情况，对其社会危险性和保护必要性，如何矫正和帮教的内容较少论及；④社会调查报告中的结论部分缺乏科学依据，无相关材料可以支持和印证。

造成社会调查形式化倾向的原因在于：其一，办案人员的思想观念层面，尚没有充分认识到对未成年犯罪嫌疑人或者被告人进行社会调查的必要性和重要性。我国《刑事诉讼法》第268条规定中对未成年人进行社会调查采用“可以”一词。不少办案人员认为“可以”即意味着“可以调查，也可以不调查”，在办案周期紧张、人手不足的情况下，社会调查就很可能不开展或者即使进行社会调查，也流于形式而难以满足其科学性。其二，办案人员不具备社会工作专业知识和技能，虽然各地的公检法机关都成立了办理未成年人刑事案件的专门机构或选派熟悉和了解未成年人身心特点的办案人员，但是社会调查本身专业性要求较高，无社会工作专业背景人员难以完成；其三，各地公检法机构中的专门办理未成年人案件的部门面临的最大矛盾为人少案多。比如，甘肃省兰州市某区人民检察院未成年人检察科只有两名办案人，但是年度办理案件数量约有100件左右，而且多数系外地未成年犯罪嫌疑人犯案，检察官审查起诉的法定期限一般为1个月，在如此短的时间内自行调查，困难较大。

第二，办案机关调查缺乏中立性。中立性与科学性是进行社会调查时必须坚持的基本原则，社会调查执行主体的中立性地位可以保障社会调查报告的客观性。办案人员亲自实施调查，既是社会调查资料的收集者，又是其使用者，一定程度上难以保证社会调查报告的可信性。

第三，办案机关调查可为权宜之计，但不可为长远发展模式。从长远来看，我国应当逐步建立独立的未成年人司法体系，在该体系下对公检法机关办案人员的职能也将进一步分工和专业化。由公检法机关办案人员包揽所有预防、教育和矫治未成年犯的工作将不可能长久维持。实践中，我国正在引导社会力量注入司法领域，共同关注未成年人犯罪和矫治问题，社会调查工作的开展也必然不能长久依靠办案人员进行。

（二）司法行政部门调查模式

2010 年中央综治委预青组等六部门《未成年人刑事案件配套工作体系意见》规定，司法行政机关的社区矫正工作部门是社会调查主体，因此有些地方公检法机关委托司法行政工作人员进行社会调查。例如，2013 年云南省昆明市中级人民法院、昆明市人民检察院、昆明市公安局、昆明市司法局共同制定《未成年人犯罪案件社会调查工作实施办法（试行）》，其中规定社会调查由未成年犯罪嫌疑人、被告人户籍所在地或居住地的司法行政机关负责。司法行政机关可联合相关部门开展社会调查，或委托共青团组织及其他社会组织协助调查。本部分主要对昆明市开展社会调查的做法加以介绍。

1. 基本做法

根据昆明市《未成年人犯罪案件社会调查工作实施办法（试行）》的规定，对未成年人开展社会调查主要包括以下内容：

第一，公安机关在办理未成年人刑事案件时，应当收集有关犯罪嫌疑人在办案期间的表现或者具有逮捕必要性的证据，并及时通知司法局开展社会调查。

第二，在接到公安机关委托后，司法局调查人员应分别向未成年犯罪嫌疑人的法定监护人或者其他对其有重要影响的亲友了解情况，到户籍所在地或居住地的居委会、村委会、派出所，以及学校或工作单位了解情况，还应与未成年犯罪嫌疑人本人见面会谈，与被害人及家属见面会谈。然后，调查人员应当根据全面调查情况制作书面的《社会调查报告》。公安机关在收到社会调查报告后，应结合案情，作出是否提请检察机关审查批准逮捕、移送审查起诉的决定。由于未成年犯罪嫌疑人身份信息不实无法开展调查的，被委托的司法行政机关应当函告委托机关。

表 4-1　司法行政机关的社会调查报告模板

姓　　名		性别		年龄		籍贯		民族	
身份证号				居住地			户籍地		
涉嫌罪名					已判刑罚				
家庭情况									
成长经历									
所受教育									
性格特点									
社会交往									
犯罪原因									
是否受过刑事处罚									
监护条件									
不良嗜好									

第三，公安机关提请检察院审查批捕或移送检察院审查起诉的未成年人刑事案件，应当将未成年犯罪嫌疑人在办案期间的表现等材料和经公安机关审查的《社会调查报告》随案移送检察院。司法行政机关无法进行社会调查或无法在规定期限内提供社会调查报告的书面材料也应当随案移送人民检察院。

第四，检察院应当审查公安机关随案移送的社会调查报告，对于公安机关没有随案移送的，检察院可以要求公安机关提供，公安机关应当提供。公安机关没有提供或者提供的社会调查材料不全面的，检察机关可以自行调查或者另行委托司法行政机关调查。检察院应参考社会调查报告，决定是否批准逮捕、提起公诉或者提出量刑建议，并参考社会调查报告内容对未成年犯罪嫌疑人、被告人进行有针对性的教育、矫治活动。

第五，检察院提起公诉的未成年人刑事案件，社会调查报告、在办案期间的表现等材料也应当随案移送法院。法院对检察院没有随案移送上述材料的，可以要求检察院移送，法院也可以自行调查或者另行委托司法行政机关进行调查。在法庭审理中，社会调查报告应当当庭出示，控辩双方可以申请社会调查人员出庭宣读社会调查报告，控辩双方可以就调查报告的形成过程及内容向社会调查人员进行询问。控辩双方及未成年人的法定代理人、社会调查人员可以发表意见，社会调查报告作为法院在审理阶段开展法庭教育和量刑的参考。

第六，执行机关在对未成年人执行刑罚时应当根据社会调查报告、在办案期间的表现等材料确定具体教育矫治方法。如果是对未成年罪犯进行社区矫正的，司法局还要对未成年犯罪嫌疑人的邻居或者父母进行调查，制作《社区矫正调查评估调查笔录》（参见表4-2），在此基础上对未成年罪犯采取有针对性的、个别化的教育矫治方法。

表 4-2　社区矫正调查评估调查笔录

时间	进行社会调查的时间
地点	进行社会调查的地点
调查人	调查人的身份，姓名
被调查人	
被调查人基本信息	姓名、性别、民族、出生年月、身份证号、文化程度、单位、职务、家庭住址、联系电话以及与被告人的关系

续表

被调查人认为被告人性格如何	
被调查人认为被告人是否有不良嗜好	
被调查人对本案的个人想法	

2. 司法行政部门调查模式的评价

(1) 司法行政部门调查模式的优势

司法行政机关进行社会调查模式相对于公检法机关办案人员自行调查模式具有中立性。司法行政机关与公安机关、检察院、法院之间没有隶属关系，身份地位上较为中立。

对于未来可能进入社区矫正的未成年犯而言，司法行政机关作为执行机关能够较早对其进行社会调查，了解未成年犯的风险性和需求，掌握其成长背景和个人身心状况，也有利于其今后对未成年犯制定个别化的矫正计划。

(2) 司法行政部门调查模式的局限性

第一，社会调查科学性不足，容易出现形式化倾向。司法行政机关制作的社会调查报告，虽然从报告涵盖内容上来看相对完整，但是从填写的具体信息上看，有价值的可参考信息较少，科学性更无法实现。

原因主要在于，司法所的人力配备和人员专业性都不足以支撑社会调查工作的开展。一般而言，各地的司法所人员配备远不能够负荷其庞大的工作量，“一人司法所”的情况并不少见。这些人员除了承担社会调查工作以外，还承担八项工作。[①] 另外，从调研情况来看，尽管司法所的执法工作者具备相当的法律知识，但普遍缺乏刑罚执行、社会工作、心理干预等方面的知识技能，短时间难以具备开展社会调查的专业知识储备。因此，面对如此困局，司法行政部门亦难以作出高质量的社会调查报告。

第二，司法行政机关所做社会调查的中立性也可能受到影响。在调研中发现，有些地方的未成年被告人符合判处缓刑条件时，法院可能会受制于司法行政机关而无法判处缓刑。其原因在于即便检察院在审查起诉阶段对未成年犯罪嫌疑人进行社会调查，但某些地方的司法行政机关还重新对未成年被告人做社会调查，如果司法行政机关认为不合适或者认为现有社区条件无法承接对未成年被告人的监督和矫正，就在社会调查报告中出具该名未成年犯不适宜判处缓刑的建议，从而导致法院无法判处缓刑，形成刑罚执行机关对案件审判机关的牵制。可见，司法行政机关进行社会调查的中立性地位亦无法保证。

---

① 八项工作内容如下：(1) 组织开展普法宣传和法制教育工作。(2) 协助社区办开展依法治理工作和行政执法检查、监督工作。(3) 协助社区办处理社会矛盾纠纷，代表社区办处理民间纠纷。(4) 指导治理人民调解工作，指导调解中心工作，参与调解重大疑难复杂民间纠纷。(5) 指导治理社区法律服务工作，开展“12348”法律服务工作。(6) 组织开展对刑满释放人员的安置帮教工作和社区矫正工作。(7) 参与社会治安综合治理工作。(8) 完成上级司法行政机关和社区办党工委、社区办交办的其他工作。

（三）社工调查模式

北京市[①]、上海市、云南省昆明市[②]、陕西省西安市[③]等地区积极探索委托社工进行社会调查的模式。相比较而言，北京市海淀区委托专业社工进行社会调查的专业化水平较高、社会调查覆盖整个刑事诉讼程序、社会调查与帮教相结合，比较具有特色和代表性。以下主要介绍北京市海淀区社工调查模式的做法。

1. 发展背景与历程

北京市海淀区委托专业社工组织调查模式是以该区检察院未成年人办案机构专业化为契机而产生的。2000 年，北京市海淀区检察院在公诉一处中设立“未成年人刑事案件办案组”，指定两名检察官专门负责办理未成年人犯罪案件，既要审查案件事实，还要深

① 北京市采用委托专业社工组织模式的有海淀区人民检察院、门头沟区人民法院、北京市人民检察院第二分院、北京市第二中级人民法院、北京市人民检察院第一分院、北京市人民检察院铁路运输分院相继与首师大少年司法社会工作研究与服务中心启动合作；丰台区人民检察院、西城区人民检察院分别与北京市青少年法律援助与研究中心、仁助社会工作者事务所合作开展社会调查；朝阳区人民检察院与北京市朝阳区心声社会工作事务所合作开展社会调查。

② 昆明市红嘴鸥青少年事务服务中心成立于 2014 年 3 月 19 日，前身是昆明市青少年事务社工办公室，是西南地区首家由团组织培育孵化、专业开展青少年社会工作服务的民办非企业单位，现有专、兼职社工近 20 余名，志愿者 1300 余名。协同公、检、法、司等部门开展未成年人司法保护工作。由于成立不久，社会调查的数量不多。

③ 陕西指南针司法社工服务中心系于 2014 年 12 月在陕西省民政厅注册成立的从事公益社会服务工作的社会组织，主要依托西北政法大学刑事法律科学研究中心的专业老师及该校的司法社工专业师生力量。该组织提供的业务包括：（一）在办案机关询问（讯问）未成年人而其法定代理人不能到场的情况下，本组织派遣合适成年人到场履行部分监护职责。（二）接受检察机关委托或者授权，在涉罪未成年人被采取非羁押措施或者附条件不起诉考察期间，本组织指派专业社工人员对其进行关护帮教。（三）接受公检法机关的委托或者授权，对涉罪未成年人的家庭监护条件、成长经历、犯罪原因等进行社会调查，向办案机关出具社会调查报告。（四）接受司法行政机关委托或者授权，对社区矫正对象开展社会调查并出具社会调查报告，协助司法行政机关对矫正对象进行心理辅导及其他教育矫治工作。参见陕西指南针司法社工服务中心官方网站：http://www.sxzhinanzhen.cn。

入分析未成年人犯罪原因。

为了落实最高人民检察院“未成年案件专门办理制度”的要求，海淀区检察院于2007年在公诉一处下设“未成年人检察组”，负责办理未成年人刑事案件。伴随未成年人检察组的成立，海淀区人民检察院还对相关办案机制开始创新，包括基本建立分类帮教体系、告知权利环节释法说理、办案引入心理辅导、引入社会机构联合帮教、全面实行分案起诉、发表量刑建议等。其中在基本建立分类帮教体系中，主要开展对作相对不起诉的未成年犯罪嫌疑人实行社会调查、个别谈话和考察、不起诉帮教座谈会“三步走”的帮教机制。对未成年犯罪嫌疑人进行品行情况的调查，有助于提出合理的量刑建议以及在法庭配合法官开展法庭教育。①

2009年6月，海淀区人民检察院与首都师范大学社会工作系合作启动了“与法同行——社会工作专业介入未成年人检察工作综合研究项目”，委托专业司法社工对一些需要“诉中考察”的未成年人进行社会调查和帮教。2010年9月，海淀区人民检察院成立了北京第一个独立建制的未成年人检察处，承担未成年人刑事案件的审查批捕、审查起诉、犯罪预防、监所检察等职能，从而正式确立了新的未成年人检察工作模式，即“4+1+N”工作模式。该工作模式的具体涵义为：“4”代表侦监、公诉、监所、预防四项检察职能的综合，从审查批捕阶段开始，直至对未成年犯罪嫌疑人最终处理决定，都是由同一名承办人办理，防止之前未成年人检察工作分散在批捕、起诉、监所、预防等不同部门的情况；“1”是指司法社工，通过引入司法社工，可以对涉罪未成年人作出更为科学和专业的处理；“N”是指政府社会多方资源力量。在该工作模式下与未成年人刑事案件社会调查制度直接相关的是司法社工的引入。海淀区检察院成立“司法社工工作站”，由首都师范大学少年

① 王振峰，席小华：《4+1+N：社会管理创新语境下的少年检察工作》，中国检察出版社2011年版，第142页。

司法社会工作研究与服务中心提供专业的社工服务。检察机关委托具备专业资质的司法社工介入未成年人刑事案件，承担以下几项工作：第一，未成年犯罪嫌疑人品行的社会调查。在征得未成年犯罪嫌疑人及其法定代理人的同意后，司法社工需要深入未成年人的居住地、学校或者工作地方了解其家庭背景、成长经历、受教育情况、工作情况等。第二，在社会调查的基础上，对未成年犯罪嫌疑人进行是否具有社会危害性、人身危险性、再犯可能性等风险评估，评估结果作为是否批准逮捕或者起诉的参考。第三，司法社工通过与未成年犯罪嫌疑人的深入沟通，在了解其需求的基础上制定介入计划，帮助和引导未成年人。第四，如果未成年人存在心理问题、就业、就学等特殊需要，司法社工提供转介服务。第五，司法社工对不起诉的未成年人定期进行回访。[①] 社会调查的对象扩展到所有未成年人和有社会调查必要性的未满25周岁的在校大学生。

2. 社工机构与来源

首都师范大学少年司法社会工作研究与服务中心（以下简称“中心”）成立于2010年7月，是我国首家专门服务于少年司法需求的社工专业机构。该“中心”属于非盈利的、专业性的社会工作研究与服务机构，业务主管单位为首都师范大学政法学院。“中心”日常工作接受首都师范大学政法学院社会学与社会工作系教师的督导，同时聘请具有社工资质的专业社工完成。[②]

① 王振峰，席小华：《4+1+N：社会管理创新语境下的少年检察工作》，中国检察出版社2011年版，第153页。

② 参见首都师范大学少年司法社会工作研究与服务中心官方网站：http://www.flyinsky.net/index1.action。

3. 调查内容

北京市海淀区的社会调查分为初次调查和二次调查两个环节，在调查内容上基本相同，二次调查的内容要更加完整。

初次调查报告主要在公安机关的侦查阶段进行。初次调查报告的内容包括：基本情况、案件概述、个体情况、犯罪及法律法规认知情况、家庭状况、社会交往、违法犯罪原因分析、回归社会有利因素和不利因素、再犯风险性初步评估。

表 4-3　初次社会调查报告

<table>
<tr><td colspan="2" rowspan="2">基本情况</td><td>姓名</td><td></td><td>性　　别</td><td></td><td>身份证号</td><td></td></tr>
<tr><td>籍贯</td><td></td><td>文化程度</td><td></td><td>涉嫌罪名</td><td></td></tr>
<tr><td colspan="2">案件概述</td><td colspan="6"></td></tr>
<tr><td colspan="2">个体状况</td><td colspan="6"></td></tr>
<tr><td colspan="2">犯罪及法律法规认知状况</td><td colspan="6"></td></tr>
<tr><td colspan="2">家庭状况</td><td colspan="6"></td></tr>
<tr><td colspan="2">社会交往状况</td><td colspan="6"></td></tr>
<tr><td rowspan="3">综合评估意见</td><td>违法犯罪原因分析</td><td colspan="6"></td></tr>
<tr><td>回归社会不利因素</td><td colspan="6"></td></tr>
<tr><td>回归社会有利因素</td><td colspan="6"></td></tr>
<tr><td colspan="2">再犯风险初步评估</td><td colspan="6"></td></tr>
</table>

审查起诉阶段要进行第二次社会调查，相对于初次社会调查，此次调查报告要求更加全面，而且二次调查时采取瑞典乌布萨拉青少年犯罪组的理论，将风险因素和保护性因素作为社会调查的主要内容。风险因素包括：个体犯罪风险因素、社会环境风险因素和历史性风险因素。个体犯罪风险因素是指生理、心理两个层面的风险。社会环境风险因素包括朋辈群体、家庭环境、学校环境、社区环境、社会文化环境和监禁环境等。历史风险因素包括联系历史生活史、帮教前后变化等。保护性因素包括外部遏制和内部遏制两个层面。外部遏制因素包括社会关系稳固和正面的人际交往。内部遏制包括积极看待干预和权威，愿意了解自我的问题和内在个人特质。①

审查起诉阶段的第二次社会调查报告比初次社会调查报告增加了四部分的内容：成长经历、回归社会状况、综合评估意见及帮教矫正意见、帮教过程及效果。

表 4-4　二次社会调查报告

基本情况	包括姓名、性别、民族、出生日期、身份证号、籍贯、政治面貌、文化程度、户籍地、现住址地
案情概述	本次涉嫌犯罪事实 已采取措施
成长经历	
个体状况	个体综合特质 个体生活习惯 法律法规认知状况

① 杨新娥主编：《4+1+N：未成年人检察的实践与探索》，中国检察出版社 2015 年版，第 70~71 页。

续表

家庭及 社会关系状况	家庭状况 社会关系状况
回归社会状况	本人对今后发展的期望 家庭及社会关系对其将来回归社会的支持态度 其他社会支持资源
综合评估意见 及 帮教矫正建议	此次违法行为因素分析 回归社会的有利因素 回归社会的不利因素
帮教过程 及 效果	帮教问题 介入过程 帮教效果
再犯风险评估	分为低风险、中等风险和高风险三级

4. 调查步骤与实施

北京市海淀区的社会调查自侦查阶段就开始启动①，公安机关

① 2010年北京市海淀区人民检察院委托首都师范大学少年司法社会工作研究与服务中心对未成年犯罪嫌疑人进行社会调查最早始于公安机关提请逮捕之日，司法社工调查期限只有7日，实际上只有5日。在如此之短的时限内，司法社工进行详细的社会调查难免质量受到影响。有鉴于此，2012年6月首都综治委预防青少年违法犯罪专项组启动“百例社会调查试点工作”，由共青团市委采取政府购买专业司法社工服务形式，提供部分服务资金，购买某社工事务所的专业服务，为100名刑事案件中未成年人提供社会调查和帮教服务。北京市海淀区检察院作为试点单位之一，由其对应的海淀区公安分局当时选取9件未成年人案件，从刑事拘留阶段即委托司法社工开展社会调查工作，为其提供逮捕必要性评估，并将社会调查报告随案移送至检察院。2013年初，北京市海淀区检察院全面实行未成人刑事案件侦查阶段与审查批捕阶段社会调查衔接配合机制，司法社工社会调查工作已全面引入刑事拘留阶段。公安分局预审大队还专门开设“司法社工站”，为司法社工开展社会调查提供便利条件。参见：杨新娥主编：《4+1+N：未成年人检察的实践与探索》，中国检察出版社2015年版，第64~65页。

在对未成年犯罪嫌疑人采取强制措施后3日内由专门的联络人与司法社工组织联系，出具《委托社会调查函》。司法社工组织在接到委托后与承办案件的侦查人员联系，获悉未成年人的基本信息包括：姓名、性别、身份证号、籍贯、文化程度、户籍地址、家庭成员姓名及联系方式、涉嫌罪名和案情等，填写接案登记表，并将派出社会调查的社工（一般为两人）开始社会调查。

北京市海淀区进行社会调查分为两次，也需要制作两份社会调查报告。初次社会调查是在公安机关提请批准逮捕前，经由公安机关的委托，由实际调查的社工在获悉未成年犯罪嫌疑人的基本情况后，与公安机关承办人联系，约定与未成年犯罪嫌疑人面谈。一般社工是在看守所内与未成年犯罪嫌疑人见面，面谈内容主要是针对未成年人成长经历、家庭背景、社会交往、对本案的认识情况等进行交谈和记录。社工在与未成年犯罪嫌疑人面谈后，还需要到其家庭、学校、工作地点以及社区进行了解未成年犯罪嫌疑人的家庭情况、学习情况、工作情况，由上述信息判断未成年人是否能够获得有效的监护，同时也是对未成年人犯罪嫌疑人提供信息的补充和核实。在全面了解上述信息后，社工应向公安机关提交《初次社会调查报告》。

公安机关在提请检察机关审查批捕时，将《初次社会调查报告》移送至检察院。检察院参考初次社会调查报告作出对未成年犯罪嫌疑人是否批准逮捕决定后，在公安机关继续侦查期间，社工一般每隔两周与未成年犯罪嫌疑人见面一次。保持联系的目的主要是为了与未成年犯罪嫌疑人建立更深厚的信任关系，从而获悉更多信息，一方面对未成年犯罪嫌疑人进行教育和引导，另一方面促进刑事和解。同时，社工还需要对其家庭、学校和工作地方再进行深层次的了解，补充和完善初次调查报告内容。①

---

① 路琦、席小华：《未成年人刑事案件社会调查理论与实务》，中国人民公安大学出版社2012年版，第178页。

第二次社会调查是在审查起诉阶段，检察院应当在受理案件3日内联系司法社工组织，出具委托书。司法社工组织指派社工开展工作，先与检察官联系了解案件审结期限，制定调查计划，在调查期间应与未成年犯罪嫌疑人会面4次以上。在初次社会调查报告的基础上补充和核实相关信息，在接到检察院通知后的一个月内向检察院提交详细的《社会调查报告》。此外，如果在侦查阶段，有些未成年犯罪嫌疑人没有进行社会调查，而检察院认为有调查必要的，也应由检察院委托司法社工组织进行调查。①

在检察院将未成年被告人起诉至法院后，主审法官在审查检察院移送的《社会调查报告》后，应当在3日内与司法社工组织联系，出具委托书，由社工继续跟进案件。如果在之前的诉讼阶段遗漏了对未成年犯罪嫌疑人、被告人进行社会调查，而法院认为有必要调查的，则由司法社工进行调查。至法院开庭审理时，社工应在法庭上当庭宣读《社会调查报告》内容，之后在法庭教育阶段，社工亦参与对未成年被告人进行法庭教育。②

5. 调查报告之运用

在北京市海淀区，社会调查报告的使用贯穿于侦查、起诉和审判环节。具体而言，在侦查阶段，公安机关向检察院提请批准逮捕未成年犯罪嫌疑人时，应当将《初次社会调查报告》移送至检察院，检察官通过社会调查报告衡量未成年犯罪嫌疑人的社会危险性，从而决定是否批捕。《初次社会调查报告》侧重于未成年犯罪嫌疑人是否具有社会危险性的评估，其家庭关系和监护条件是此份报告的调查重点。在该报告结尾处有司法社工对未成年犯罪嫌疑人的社会风险性评估，包括低度、中度和高度三个风险等级。检察官可参考该风险评估作出是否批准逮捕的决定，一般低度风险者，检

① 路琦、席小华：《未成年人刑事案件社会调查理论与实务》，中国人民公安大学出版社2012年版，第182页。

② 路琦、席小华：《未成年人刑事案件社会调查理论与实务》，中国人民公安大学出版社2012年版，第185页。

察官倾向于作出不予逮捕的决定，而高度风险者，则检察官倾向于作出批准逮捕决定。

在审查起诉阶段，社会调查报告为检察官进行羁押必要性审查提供参考依据，也为检察官作出相对不起诉和附条件不起诉时就未成年犯罪嫌疑人再犯风险性提供参考依据。

在审判阶段，司法社工在开庭前可以对未成年被告人进行庭前教育、心理疏导。公诉人在法庭调查和辩论阶段可以将社会调查报告作为量刑证据。法官亦可以参考社会调查报告进行庭前刑事和解、法庭教育和在最后作出判决中引用社会调查报告相关内容。

6. 社工调查模式的评价

公检法机关委托专业社工组织进行社会调查的模式，体现了社会调查的科学性以及社会调查人员应具有的中立性地位。在调研过程中，很多司法实务人员都认为该种模式将会成为未来我国社会调查模式的发展趋势，下面对此种模式的优势与局限性予以分析。

（1）社工调查模式的优势

第一，委托专业社工组织调查展现了社会调查的科学性要求。社会调查并非简单的将未成年犯罪嫌疑人或被告人家庭背景、成长经历等信息进行调查和资料整理，而是一门极具科学性的专业活动。将专业社会工作者引入未成年人司法领域绝非是我国的首创。事实上，社会工作者介入未成年人司法领域早在 19 世纪末已然开始，而且二者的结合亦非偶然，而是具有其内部的融洽性。简略回顾社会工作的发展历史可知，社会工作专业从一开始就关注于贫困人家、社会弱势群体的基本生活需求，大约在 19 世纪 40 年代社会工作范围得以扩大。其中社会工作可以进入和拓展的新领域就是矫正领域，因为此时司法部门也正在反思既往以单纯惩罚对待犯罪者之负面影响，从而希望借助复健观念，以社会工作的专业力量介入矫正领域。社会工作专业得以介入和帮助司法机构正式始于 19 世纪末美国伊利诺斯州少年法院成立之时。社会工作关注的人类行为恰好与少年法院的需求相互连结，包括社会调查与监督。少年法院需要社会工作者具备的人类行为与环境的知识，提供关于未成年人的相关资料讯息，如犯罪历史、个人发展史、家人关系、就学历史、经济状况、态度及动机以及如何处遇的建议等。从域外未成年人司法立法和司法实践情况来看，社会调查人员的资质、调查报告的内容以及调查的程序及方法的专业性都必须满足社会调查之科学性要求。因此，就社会调查的科学性方面，专业社会组织被委托进行社会调查明显优于其他模式。

第二，委托专业社工组织进行社会调查有利于保持社会调查人员的中立性地位。因为从内容和性质而言，社会调查报告既非帮助检察官追诉未成年犯罪嫌疑人的参考资料，亦非单纯为未成年人犯罪行为辩解和量刑从宽的参考依据，社会调查执行主体以及社会调查报告都应具有的中立性。而专业的社工组织属于控辩审三角诉讼结构以外的第三方，其与控辩双方无任何利益关系，相对能够保持较好的中立性。委托专业社工组织进行社会调查并保持其中立性地位在法庭审理阶段更能发挥其优势作用。目前，根据我国量刑指导意见的规定，社会调查报告应当当庭宣读和进行质证。而一些地方在法庭审理时，也尝试落实该规定。若社会调查报告为控辩双方中任何一方进行调查所得，在庭审质证时都难免出现角色混乱、调查人员中立性丧失，致使社会调查报告可信度遭到质疑。

第三，委托专业社工组织进行社会调查有利于社会工作者跟踪服务于整个诉讼阶段。就调研情况来看，不少地方的社会调查由公、检、法、司分段开展，不调查和重复补充调查情况较多。事实上，在办理未成年人刑事案件的各个诉讼阶段，社会工作者和社会调查报告都能够发挥作用。

第四，委托专业社工组织进行调查有利于对未成年犯罪嫌疑人的调查和帮教相结合。社工在对未成年犯罪嫌疑人的社会调查过程中，本身就起到教育、引导和帮教的作用。当一些未成年犯罪嫌疑人出现危机时，社会工作者也可以利用其专业知识进行危机干预，疏导未成年人的心理问题，缓和其与家人之间的关系。这些工作是其他任何社会调查执行主体都难以完成的。

（2）社工调查模式的局限性

第一，专业社工组织模式在大范围推广时存在困难。在不少关于社会调查的学术著作或者文章中都认为专业社工组织虽然具有较高的专业性，但是限于社会工作专业在我国起步较晚，各地社工人员有限，难以在全国大面积推广。故而，我国仅在一些经济相对发达或者人力资源配备相对充沛的地区采取该种模式。

第二，专业社工组织的人员作为社会调查执行人员的地位和权利尚无明确规定，存在身份认同的一定障碍。由社会工作者进行社会调查尚处于起步阶段，公检法机关、涉案未成年人及其家属，乃至社会大众对社会工作者进行社会调查的观念意识还没有完全建立起来，社工人员的身份地位还不确定，权利义务也未明晰。调研中发现，在有的地区社工是不能单独进入羁押场所的，这给他们开展社会调查带来很大的阻碍。还有些地方的未成年人家属不理解社会工作者的身份和目的，也不愿意配合社会工作者进行社会调查。

四、社会调查中社工参与机制的完善

（一）社工参与调查的重要意义

从长远来看，专业社工组织将会成为未来社会调查的主要执行主体。其意义体现在以下方面：

第一，从历史的角度来看，自 1984 年我国上海长宁区少年法庭成立以来，社会调查的执行主体的发展路径是从最初直接扩充法官、检察官、公安民警的职能到逐步引入社会力量加入。究其原因，与我国市民社会发育不完善，社会支持体系尚未完全建立，导致长期以来依赖公检法机关承担所有工作。因此，从我国的国情来看，这种发展路径的存在具有一定的合理性和必然性。正如姚建龙教授所言，在西方公民社会，“少年法官的角色类似于医生，负责诊断和开具药方，而社会工作者的角色类似于检验人员、护理人员，他们负责为医生的科学诊断提供参考依据，同时也具体负责病人（罪错少年）的矫治与康复护理。虽然医生（少年法官）吸收了检验人员、护理人员（社会工作者）的个案工作方法与助人自助的理念，改变了传统医生（报应主义刑事司法模式下的刑事法官）的机械、冷漠、消极的角色，将人性之光注入司法的过程，但是并没有把自己同时变为检验人员和护理人员”。[①] 而我国未成年人司法和社会支持体系发育都不够成熟，为了贯彻“教育、感化和挽救”的方针和“教育为主，惩罚为辅”的原则，公检法办案人员就不得不同时兼任医生、检验人员和护理人员的角色。但从长远来看，由专职的未成年人司法社工组织承担社会调查的具体执行工作应为未来发展主要方向。

第二，社会调查内在特征要求专业社工组织作为执行主体。社会调查的内在特征包括以下几点：①社会调查具有社会性。社会工作的基本观点是“人在环境中”，对未成年犯罪嫌疑人、被告人进行社会调查应当从微观、中观和宏观三个系统进行观察。所谓微观系统即包括未成年人的生理、心理因素。中观系统则包括未成年人的家庭、学校、朋辈关系、社区等。宏观系统则包括社会的政治、文化、环境等。只有以这样全面、系统的视角对未成年人进行分析，才能够更好地发掘和理解未成年人犯罪的原因，以及如何帮助未成年人改正或者进行矫治。②社会调查具有科学性。社会调查工作不仅仅是与未成年人、其家庭或者学校、工作单位相关人员面谈和进行记录即可完成的工作，而是一项具有科学性要求的专业工作。如何科学和客观的收集必要资料和信息、如何评估其风险性和需保护性，以及如何给出建议都需要多门学科知识指导，比如社会学、心理学、犯罪学等。③社会调查具有专业性。所谓专业性是指必须对从事该工作之人员进行专业培训，使其具备专业知识和技能方能够完成调查工作。比如，社会调查与未成年人面谈时，应当如

---

① 姚建龙：《少年司法与社会工作的整合——以少年法庭法官的“非审判事务”为论证中心》，《法学杂志》2007 年第 6 期，第 66 页。

何提问、如何回应、如何记录资料，以及运用资料分析未成年人的风险性等都需要专业化的训练，这种专业性不仅需要有高等院校的本科专业教育，还需要有相当时间进入社会调查一线从事实务训练。④社会调查还具有客观性。由是观之，社会调查的社会性、科学性、专业性、客观性的内在特征要求未来社会调查的执行主体以专业社工组织为宜。

第三，公检法司等国家机关作为执行主体的局限性也要求专业社工组织作为社会调查执行主体。公检法司等机关调查的局限性在于：①案多人少的矛盾决定了没有足够人力、物力进行社会调查。不少地方的公检法司等机关都反映未成年人刑事案件比成人刑事案件的工作量大很多，社会调查工作本来就需要较多的人力和物力投入，如果由公检法自行调查，难以长久。即便是司法行政机关作为社会调查的执行主体，也需要面对人员编制较少和工作量繁重之间的矛盾。②公检法司机关人员之知识储备难以确保社会调查的科学性。司法人员的专业背景大多是法律，而具备社会调查所需要的社会学、心理学等知识背景的人员较少。而且社会调查的科学性，非经过专业训练而不可胜任。③公检法司工作人员在刑事诉讼中的角色和任务难以确保社会调查的中立性。司法人员不能既是资料的收集者，又是资料的审查和使用者。

第四，社会工作者具有的优势性保证了其作为社会调查执行主体的必要性和可行性。社会工作者具有的优势体现在：①社会工作之价值观与未成年人社会调查之要求一致。人道主义和社会福利思想被认为是社会工作必须坚持的基本价值基础，这与未成年人司法的理念——国家亲权、儿童利益最大化等是非常契合的。②社会工作者具备专业知识理论，便于开展社会调查工作。③社会工作专业的个案工作方法也是进行社会调查所必需的技能。

（二）社工参与调查的原则

社工在进行社会调查时，应当遵循以下原则：

第一，保密原则。因为对未成年人进行社会调查，无可避免地需要接触与未成年人及相关人员，应当注意保密。否则未成年人犯罪情况一旦公开，常会伤害未成年人的自尊心、影响其名誉及人格。调查工作必须坚持保密原则，不公开、不报道，以秘密的方式进行。而且对相关调查对象，比如未成年人所在社区、学校和单位进行调查时，社工也应当要求被调查对象不对社会调查员和公检法办案人员以外的人泄露未成年人犯罪信息。

第二，友好原则。从事社会调查的社工在与接受调查的未成年人初次见面时彼此互不认识，难免有陌生和尴尬的场面，因此，为了避免调查中出现阻力或者停止，调查人员应当先接受调查的未成年人，建立友好的关系，拉近彼此的感情距离，消除隔阂。使谈话能够在自然、和谐的情况下进行。因此，社工初次与接受调查的未成年人见面时，应当主动介绍自己，说明来由，打破束缚，亲切与未成年人谈话、沟通。

第三，平等原则。从事社会调查的社工，大多受过高等教育，身份地位与涉罪的未成年人相比明显更为优势，虽然双方身份地位悬殊，但是调查人员从事社会调查时应当摒弃优越感，以平易近人、亲切和蔼的态度访问未成年人，保持彼此地位的平等。社会调查工作是一个信息获取和资料收集的过程，调查人员如果能够与未成年人摒弃尊卑观念，相互尊重，相互信任，则调查效果更佳。

第四，科学原则。从事社会调查的社工在调查过程中，应当采用谈话、观察、测验等科学方法。同时，所收集的个案资料要有客观性和可靠性与正确性，不可存有偏见。对于多方提供的同一事项信息存在争议的，调查人员应当尽量进一步调查和验证。当无法验证时，调查人员应当在社会调查报告上注明不同信息来源和其意见，而不应擅自决定选择或者删除某一信息。

（三）社工在社会调查中的角色

1. 社工在社会调查中的地位

根据《刑事诉讼法》的规定，公安司法机关是社会调查的基本主体，同时可以吸纳其他机关、社会组织和个人作为社会调查的辅助主体参与其中，包括青少年组织、妇女儿童组织、专业社工、心理咨询师、志愿者等，从而形成一套以社会力量支持司法运作为核心的较为健全和规范化的社会调查机制。在这一机制之下，办案机关既可以自行开展社会调查，也可以委托其他机关、社会组织和个人进行社会调查。如此，既可以保证社会调查主体的明确性，兼及社会调查的专业性、客观性和中立性，从而确保社会调查报告的真实性和有效性。同时，随着诉讼程序的逐步推进，在某一诉讼阶段担任社会调查辅助主体的社会调查员、社工、心理咨询师、志愿者等又可能成为下一诉讼阶段的帮教或矫正主体，实现了社会辅助机制与诉讼程序的有效对接。

2. 社工调查的权利义务

开展社会调查的社工主要享有以下权利：（1）不受干扰、独立进行社会调查的权利。社工作为独立第三方在接受公检法机关委托后，有权独立进行社会调查，不受公检法机关、辩护方和被害人等当事人的干扰和影响。（2）获得必要的工作协助的权利。一方面，社工不具有国家公权力机关的强制执行力，所以在与未成年犯罪嫌疑人、被告人面谈，或者到未成年人家庭、学校和工作单位访谈时，难免遇到不配合的情况，此时，社工应当首先表明身份和说明来意，尽量说服被调查对象的配合。必要时，社工可以请有关机关协助和提供必要的调查条件。当社工需要了解和查阅涉罪未成年人的案卷信息时，应当赋予其一定的阅卷、复制和摘抄案卷材料的权利。（3）人身保障和经济补偿的权利。保障社工的人身安全是其有效开展社会调查的前提。当任何单位或者个人有干扰或者阻碍社工进行社会调查的情况时，有关机关可以根据具体情节追究其相应的法律责任。

开展社会调查的社工主要承担以下义务：（1）按照委托的事项和时间完成社会调查工作。社工接受公检法机关委托进行社会调查，就必须在规定时限内、按照公检法机关的委托要求，提交一份具有专业性、客观和中立的社会调查报告，此乃社工的首要义务。

（2）在法庭审理阶段出庭陈述意见并且接受质询的义务。依据2010年最高人民法院、最高人民检察院、公安部、国家安全部、司法部《关于规范量刑程序若干问题的意见（试行）》第11条之规定①，进行社会调查的社工有出庭宣读社会调查报告，并且接受控辩双方质证的义务。（3）保密义务。作为受训过专门社会工作专业的社会调查人员，保密是基本的职业伦理要求。社工在调查过程中不仅会调查与涉罪未成年人违法犯罪相关的事实，还要重点调查与未成年人相关的教育、成长、社区环境等信息，这一过程中不可避免地会了解到未成年人及其家人、亲友、学校、社区等相关信息的个人隐私或者不愿意透露的某些信息，这些信息一旦泄露会给相关人员造成很大的侵害。因此，社工应当对调查过程中所取得的资料保守秘密，不得向无关人员泄露。

（四）社会调查的内容

建议社会调查报告应当制作两次，初次调查报告主要适用于侦查阶段公安机关提请检察机关逮捕时，帮助检察官审查了解未成年犯罪嫌疑人的人身危险性，从而确定是否需要批准逮捕。调查内容应当包括此次涉嫌犯罪的行为情况、前科记录、犯罪嫌疑人的个体状况、犯罪和法律法规认知状况、家庭状况、社会交往状况、违法犯罪原因分析、回归社会的有利因素和不利因素。

该社会调查的内容应围绕两个维度展开，一个维度是风险性因素，一个维度是保护性因素。其中，风险性因素是指来自个体、社会和历史性事件；保护性因素是指个体所处环境中可以抵消风险因素，或者可以抑制偏差行为发生的各类因素。保护性因素分为内在

① 最高人民法院、最高人民检察院、公安部、国家安全部、司法部《关于规范量刑程序若干问题的意见（试行）》第11条规定：人民法院、人民检察院、侦查机关或者辩护人委托有关方面制作涉及未成年人的社会调查报告的，调查报告应当在法庭上宣读，并接受质证。

保护因素和外在保护因素两个方面。①

表 4-5 社会调查报告内容中的风险性因素

个体风险因素	态度特征	解决问题、解释问题的消极态度
	认知特征	认识偏差，缺乏同理心
	行为特征	自我控制能力差，具有不良行为习惯
社会风险因素	家庭环境	家庭经济状况、家庭结构、家庭教养方式
	学校教育	孩子在学校的学习状况、交友状况、师生关系、学校周边、学校教育方式
	同辈团体	同辈互助群体及互动方式
	社区环境	社区物质、文明程度，可以提供的资源
	社会文化环境	未成年人使用网络状态
	监禁环境	监禁环境的负面影响
历史风险	联系生活事件史，找到犯罪的根源	典型事件包括：家庭经济困难、老师不喜欢我、对父母不满、当众受辱、恋爱受挫、学习困难、父母离异、人际关系失衡、父母有犯罪经历、本人有犯罪前科、患病等
	根据帮教前后变化，找到预防再次犯罪的线索	对法律法规的认知、认罪伏法态度、关押或者取保期间的表现、回归社会能力改变等

① 参见席小华、徐永祥：《涉罪未成年人社会调查制度中的问题与对策》，《人民检察》2015 年第 8 期。

表 4-6　社会调查报告内容中的保护性因素

外在保护因素	正面社会联系	对父母的依恋、对学习伙伴的依恋、对良好友伴的依恋，社会活动的参与
	正面社会交往	具有来自同辈群体的支持力量，有合理的宣泄渠道，能通过与同辈正常人际交往，填补其归属感
内在保护因素	能够积极看待干预和权威	对涉罪未成年人干预可以起到缓解痛苦情绪，改变错误认知、矫正偏差行为的作用
	愿意了解自己的问题并且改造	具有良好意识的未成年人的自我意识包括：了解自己的性格和能力，正确看待犯罪行为、切合实际的改变志向、正确认知自己的长处与短处
	良好的内在个人特质	正向性格特质；能够将正向性格特质与外在环境联系起来；正确的自我观念

社会调查在进入审查起诉阶段，检察院应当再次委托专业社工组织进行社会调查，这是第二次社会调查，也即在此基础上形成的完整版的社会调查报告。相对于初次调查报告，第二次社会调查应增加以下内容：其一，成长经历；其二，回归社会状况，包括涉罪未成年人对本人今后的期望、家庭及社会关系接纳程度和其他社会支持资源；其三，综合评估意见及帮教矫正建议，包括此次违法行为因素分析、回归社会不利因素和有利因素；其四，帮教过程及效果，包括问题评估、介入帮教过程、帮教效果、跟进帮教建议。

（五）社会调查的实施

1. 侦查阶段的社会调查

有专家认为，社会调查应当在侦查阶段启动，以公安机关启动调查为原则，人民检察院调查为补充，人民法院调查为例外。[①] 越早对涉罪未成年人进行社会调查，越可以减少和弱化对未成年人的标签效应，尤其对低度风险的涉罪未成年人效果更为明显。

侦查阶段，公安机关在对未成年犯罪嫌疑人拘留后，应当尽快联系专业社工组织，委托其进行初次社会调查。社工组织接受委托，制作接案登记表。社工组织应指派具体的社工作为社会调查员。社会调查员应与公安机关联系了解案件和涉罪未成年人基本信息，根据初次社会调查报告的要求制定调查提纲，与未成年犯罪嫌疑人见面，还需要到未成年人的家庭、学校、工作单位走访调查和资料收集。在完成社会调查后，应按时将《初次社会调查报告》提交给公安机关。公安机关提请检察机关审查批准逮捕时，将《初次社会调查报告》和心理测评或者风险评估量表等材料一并移送至人民检察院，检察院将《初次社会调查报告》作为衡量犯罪嫌疑人是否具有社会危险性的参考。

社会调查工作可以认为是一种个案资料收集的方法，也是一种发现事实、研究行为问题的重要技能。对涉罪未成年人进行个案调查，对象特殊，性质复杂，需要借用社会工作专业知识和技能才可以完成，因此对于调查方法也必须进行规范。在此方面，可以借鉴台湾地区审前调查的方式。学理上进行调查的方法有抄录法、委托法、访问法、晤谈法（面谈法）、观察法与测验法等六种。[②]

第一，“抄录法”是指摘录现存资料的方法，包括未成年人的身份资料、行为事实、学历经历、家庭情形、身心状况、教育程度等应当调查的资料。实践中，应当在与未成年人面谈前就到公安机

---

① 上海政法大学刑事司法学院院长姚建龙教授接受《中国妇女报》记者采访时的观点，参见《专家解读刑事诉讼法司法解释和规定中的保护未成年人条款》，载《中国妇女报》2013 年 1 月 15 日；转引自程晓璐：《未成年人特别程序配套规定评析》，载《青少年犯罪问题》2013 年第 3 期。

② 参见刘作揖：《少年观护工作》，台湾五南图书出版公司 2007 年版，第 129～132 页。

关、医院、学校或者其他少年法院调取和摘录相关资料。如果调查人员自身不方便借阅，可以函请委托调查方进行协助。在与未成年人面谈前先行调取和摘录资料是为了对未成年人有初步的认识和了解，制定调查提纲，这样在与未成年人面谈时才能够更加有的放矢。

第二，“委托法”是指委托其他专门机关代为从事调查的方法。采用“委托法”多是因为未成年人本身存在特殊情况，超越了社会调查员本身的专业范畴，比如需要对未成年人是否有传染性疾病或者精神状况异常等进行诊断，就必须由专门受过医学培训的专业人士从事。所以调查人员如果遇有此类特殊情况，应当委托专门机构协助诊断。

第三，“访问法”是指访问未成年人的家庭、邻居、学校、单位等场所进行调查。社会调查员需要访问未成年人的家庭，与其父母、兄妹等其他亲属见面和谈话，询问未成年人在家庭中的生活状况；同时为了进一步了解未成年人的品行及对邻居的态度，必要时也可以访问邻居，听取邻居对未成年人的态度。如果未成年人还在学校上学或者已经上班，调查员也可以询问学校的老师或者工作单位的主管、同事，了解其在学校或者单位中的行为表现。访问前应当提前电话联系和预约，让访问对象有所准备。

第四，“谈话法”是一种以面对面的谈话收集资料的方式。调查人员与未成年人见面谈话时，需要清楚地解释调查目的及社会调查报告的用途，试图降低其焦虑感。谈话时，应当注意说话技巧，要自然而不勉强，态度和蔼而不严肃，诚恳而不虚伪，语气不可带有责备、轻视、冷嘲热讽的态度，以免引起未成年人的反感。采用开放式的提问，并且让未成年人回答时需要解释。并且要避免问话时已经替未成年人作答，比如问：“你盗窃是因为缺钱吗?”

第五，“观察法”是指调查人员在进行调查时，观察未成年人的家庭、社会环境，了解未成年人在家中所受到教育的情况、父母兄弟姐妹的相处情况、未成年人在家的生活习惯以及未成年人居住的社区情况等，从而帮助诊断未成年人涉嫌犯罪的原因。同时在与未成年人面谈时，注意观察未成年人的反应，了解其内心状况，评估其谈话的虚实，而随时准备予以辅导。

第六，“测验法”是指通过运用标准方法，来测量未成年人的心智能力、兴趣、人格等特质，以建立个案资料的调查方法。

2. 审查起诉阶段的调查

当案件进入审查起诉阶段，检察院委托社会调查可能存在两种情况：第一种情况，如果公安机关在侦查阶段已经委托社工组织进行社会调查，则检察官应当认真审查公安机关移送的《初次社会调查报告》，然后尽快与社工组织联系，告知案件的最新进展情况，委托社工组织在审查起诉阶段进行第二次社会调查。社工组织接受检察官的联系后，应当尽量安排参与侦查阶段初次社会调查的社工继续负责第二次社会调查。本阶段的社会调查工作应当是在前期调查的基础上，补充相关信息、核实已有信息。人民检察院应当提供所需的相关条件和支持，如提供谈话场所、办理出入看守所证件等。社会调查员应当在接受委托一个月内向人民检察院提交完整的《社会调查报告》，为羁押必要性审查、审查起诉、附条件不起诉考察帮教提供参考。

第二种情况是公安机关在侦查阶段没有对未成年犯罪嫌疑人进行社会调查或者社会调查内容不完整，人民检察院有权委托社工组织进行调查和补充调查。

3. 审判阶段的调查

人民检察院向人民法院提起公诉，应当将完整的《社会调查报告》随案移送至人民法院，法院应当对社会调查报告进行审查。对于检察机关移送的社会调查报告内容不完整或者遗漏部分未成年被告人的，法院可以进行补充调查。

在庭前会议过程中，则控辩审三方可以就社会调查的情况进行沟通，沟通的事项仅限于调查事项的完整性以及是否需要执行主体出庭宣读社会调查报告和接受质证。

在法庭审判时，社会调查报告作为量刑证据需要进行当庭宣读和控辩双方的质证。建议由进行社会调查的社工出庭宣读社会调查报告内容和接受询问，经质询发现社会调查程序或者调查报告存在重大瑕疵，辩护人可以向法庭申请或者由法庭主动委托社工组织进行重新调查。

除此以外，根据 2012 年最高人民法院《刑诉法解释》第 485 条第 2 款之规定，对未成年被告人进行教育，可以邀请诉讼参与人、法律规定的其他未成年亲属、代表以及社会调查员、心理咨询师等参加。据此，社会调查报告还可以用于对未成年被告人进行法庭教育。

第五章　附条件不起诉的社会考察帮教机制

一、附条件不起诉之释义

附条件不起诉，是指检察机关在审查起诉时，根据未成年犯罪嫌疑人的年龄、性格、情况、犯罪性质和情节、犯罪原因以及犯罪后的悔过表现等，对涉嫌较轻罪行的未成年犯罪嫌疑人设定一定的条件，如果在法定的监督考察期限内，犯罪嫌疑人依法履行了相关的义务，检察机关即作出不起诉决定的一项诉讼制度。附条件不起诉建立在起诉便宜主义的理念之上。起诉便宜主义要求，检察机关在是否起诉的问题上享有一定的自由裁量权，对于可追诉之犯罪行为，即使存在客观嫌疑并且具备提起公诉的条件，检察机关也不必然提起公诉，而是有权根据案件情况和价值衡量作出不起诉决定，这是检察裁量权的一种形式，也是刑事案件多元化处理的途径之一。

我国1996年《刑事诉讼法》规定了法定不起诉①、酌定不起

① 根据2012年《刑事诉讼法》第173条第1款和第15条的规定，法定不起诉适用于以下七种情形：犯罪嫌疑人没有犯罪事实的；情节显著轻微、危害不大，不认为是犯罪的；犯罪已过追诉时效期限的；经特赦令免除刑罚的；依照刑法告诉才处理的犯罪，没有告诉或者撤回告诉的；犯罪嫌疑人、被告人死亡的；其他法律规定免予追究刑事责任的。

诉[①]和证据不足不起诉[②]三种类型，而没有规定附条件不起诉的制度。在司法实践中，有不少地方的办案机关积极开展附条件不起诉的改革探索，对于扩大对未成年人在审前程序中的分流与转处，促进未成年人顺利回归社会发挥了积极作用，取得了良好的社会效果与法律效果。[③] 2012 年《刑事诉讼法》在第 271 至 273 条用 3 个条文规定了对未成年人的附条件不起诉制度。其中，第 271 条规定了附条件不起诉的适用条件、程序，以及有关主体对被附条件不起诉决定的救济方式；第 272 条规定了附条件不起诉的监督考察主体、考验期限，以及被附条件不起诉的未成年人应当遵守的规定；第 273 条规定了附条件不起诉决定的撤销和考验期满作出正式的不起诉决定。此外，2012 年最高人民检察院《刑诉规则》和 2013 年最高人民检察院《办理未成年人刑事案件规定》对附条件不起诉作了更为细致的规定，以便于检察机关在司法实践中适用。

（一）附条件不起诉的适用条件

2012 年《刑事诉讼法》第 271 条第 1 款规定，对于未成年人涉嫌刑法分则第四章、第五章、第六章规定的犯罪，可能判处一年有期徒刑以下刑罚，符合起诉条件，但有悔罪表现的，人民检察院可以作出附条件不起诉的决定。2013 年最高人民检察院《办理未成年人刑事案件规定》第 29 条规定："对于犯罪时已满十四周岁不满十八周岁的未成年人，同时符合下列条件的，人民检察院可以作出附条件不起诉决定：（一）涉嫌刑法分则第四章、第五章、第六章规定的犯罪；（二）根据具体犯罪事实、情节，可能被判处一年有期徒刑以下刑罚；（三）犯罪事实清楚，证据确实、充分，符

---

① 2012 年《刑事诉讼法》第 173 条第 2 款规定："对于犯罪情节轻微，依照刑法规定不需要判处刑罚或者免除刑罚的，人民检察院可以作出不起诉决定。"

② 2012 年《刑事诉讼法》第 171 条第 4 款规定："对于二次补充侦查的案件，人民检察院仍然认为证据不足，不符合起诉条件的，应当作出不起诉的决定。"

③ 参见邓思清：《建立我国的附条件不起诉制度》，载《国家检察官学院学报》2012 年第 1 期。

合起诉条件；（四）具有悔罪表现。”据此，检察机关决定附条件不起诉的，必须同时具备以下四个条件：

第一，涉嫌的犯罪属于刑法分则第四章“侵犯公民人身权利、民主权利罪”、第五章“侵犯财产罪”、第六章“妨害社会管理秩序罪”中规定的犯罪。如果未成年人涉嫌的犯罪不属于以上三种犯罪类型，则不能适用附条件不起诉。

第二，可能判处一年有期徒刑以下刑罚，是指未成年人可能被法院判处一年有期徒刑以下的宣告刑，而不是所涉嫌罪名的法定刑，包括一年以下的有期徒刑、拘役、管制或者单处附加刑。如果可能被判处一年有期徒刑以上的刑罚，则不能适用附条件不起诉。

第三，符合起诉条件。检察机关决定附条件不起诉的，实际上以案件本身符合起诉条件为前提，是对于符合起诉条件的未成年犯罪嫌疑人，通过附加一定条件而暂时决定不予起诉。根据2012年《刑事诉讼法》第172条的规定，人民检察院认为犯罪嫌疑人的犯罪事实已经查清，证据确实、充分，依法应当追究刑事责任的，应当作出起诉决定。检察机关决定附条件不起诉的，也应当符合“人民检察院认为犯罪事实已经查清，证据确实、充分，依法应当追究刑事责任”的起诉条件。

第四，未成年犯罪嫌疑人对于自己实施的犯罪行为有悔罪表现。悔罪包括内心自由意志和外在行为表示两方面的内涵。首先必须自愿真诚地认罪，并通过一定的实际行动来赔礼道歉、表达真切的悔意，而不能只是停留在口头上或者不是发自内心的真诚悔改和道歉。

上述四个条件必须同时具备，缺一不可。否则，检察机关不能适用附条件不起诉。同时需要注意的是，2012年《刑事诉讼法》规定的是“可以作出附条件不起诉”而非“应当作出附条件不起诉”，也就表明不是所有的符合法律规定的未成年犯罪嫌疑人，检察机关都可以决定附条件不起诉。是否作出附条件不起诉的决定，由检察机关根据案件具体情况和实际效果而定。

在司法实践中，检察机关在适用附条件不起诉时应当参酌一定因素，确保正确适用附条件不起诉。根据最高人民检察院《关于在检察工作中贯彻宽严相济刑事司法政策的若干意见》第8条的规定，正确把握起诉和不起诉条件，依法适用不起诉。在审查起诉工作中，严格依法掌握起诉条件，充分考虑起诉的必要性，可诉可不诉的不诉。对于初犯、从犯、预备犯、中止犯、防卫过当、避险过当、未成年人犯罪、老年人犯罪以及亲友、邻里、同学同事等纠纷引发的案件，符合不起诉条件的，可以依法适用不起诉，并可以根据案件的不同情况，对被不起诉人予以训诫或者责令具结悔过、赔礼道歉、赔偿损失。检察机关在确定适用附条件不起诉时，也应考量以上因素，尤其要考量其悔罪情况和主观恶性的大小。对于惯犯、以犯罪为职业或其他主观恶性较大的未成年犯罪嫌疑人，不宜适用附条件不起诉。

（二）附条件不起诉的适用程序

2012年根据《刑事诉讼法》第271条的规定，在符合附条件不起诉条件的情况下，人民检察院在作出附条件不起诉的决定以前，应当征得犯罪嫌疑人及其法定代理人的同意，并听取公安机关、被害人的意见。2012年最高人民检察院《刑诉规则》第492条第2款规定，人民检察院在作出附条件不起诉的决定以前，应当听取公安机关、被害人、未成年犯罪嫌疑人的法定代理人、辩护人的意见，并制作笔录附卷。此外，根据2013年最高人民检察院《办理未成年人刑事案件规定》第30条的规定，如果被害人是未成年人的，还应当听取被害人的法定代理人、诉讼代理人的意见。第31条规定，公安机关或者被害人对附条件不起诉有异议或争议较大的案件，人民检察院可以召集侦查人员、被害人及其法定代理人、诉讼代理人、未成年犯罪嫌疑人及其法定代理人、辩护人举行不公开听证会，充分听取各方的意见和理由。对于决定附条件不起诉可能激化矛盾或者引发不稳定因素的，人民检察院应当慎重适用。这样有利于检察机关全面考量案件情况，作出正确的决定。至于是否采纳公安机关、被害人的意见，则由检察机关根据案件具体情况作出决定。

根据2012年最高人民检察院《刑诉规则》第493条和2013年最高人民检察院《办理未成年人刑事案件规定》第33条的规定，人民检察院作出附条件不起诉的决定后，应当制作附条件不起诉决定书，并在三日以内送达公安机关、被害人或者其近亲属及其诉讼代理人、未成年犯罪嫌疑人及其法定代理人、辩护人。送达时，应当告知被害人或者其近亲属及其诉讼代理人，如果对附条件不起诉决定不服，可以自收到附条件不起诉决定书后七日以内向上一级人民检察院申诉。人民检察院应当当面向未成年犯罪嫌疑人及其法定代理人宣布附条件不起诉决定，告知考验期限、在考验期内应当遵守的规定以及违反规定应负的法律责任，并制作笔录附卷。

2013年最高人民检察院《办理未成年人刑事案件规定》第34条规定，人民检察院在作出附条件不起诉决定后，应当在十日内将附条件不起诉决定书报上级人民检察院主管部门备案。上级人民检察院认为下级人民检察院作出的附条件不起诉决定不适当的，应当及时撤销下级人民检察院作出的附条件不起诉决定，下级人民检察院应当执行。

（三）附条件不起诉的监督考察

附条件不起诉以符合起诉条件为前提，意味着未成年犯罪嫌疑人的行为实际上已经构成犯罪，具有社会危害性。因此，对于被附条件不起诉的未成年人，必须加以监督考察，以促使其悔过自新和不致重新犯罪。根据《刑事诉讼法》第272条、2012年最高人民检察院《刑诉规则》第495条到498条和2013年最高人民检察院《办理未成年人刑事案件规定》第40条到44条的规定，对附条件不起诉的未成年犯罪嫌疑人的监督考察，主要分为以下几个方面。

1. 监督考察的主体

检察机关是附条件不起诉的决定机关，且负责对未成年人的监督考察。因此，在附条件不起诉的考验期内，由人民检察院对被附条件不起诉的未成年犯罪嫌疑人进行监督考察。同时，考虑到未成年人通常与其监护人一起生活，监护人对未成年人的学习、工作和生活等情况更为熟悉和了解。因此，2012 年《刑事诉讼法》规定未成年犯罪嫌疑人的监护人，应当对未成年犯罪嫌疑人加强管教，配合人民检察院做好监督考察工作。

根据 2012 年最高人民检察院《刑诉规则》第 496 条第 2 款和 2013 年最高人民检察院《办理未成年人刑事案件规定》第 43 条第 2 款的规定，人民检察院可以会同未成年犯罪嫌疑人的监护人、所在学校、单位、居住地的村民委员会、居民委员会、未成年人保护组织等的有关人员，定期对未成年犯罪嫌疑人进行考察、教育，实施跟踪帮教。

此外，2013 年最高人民检察院《办理未成年人刑事案件规定》第 44 条还规定，未成年犯罪嫌疑人经批准离开所居住的市、县或者迁居，作出附条件不起诉决定的人民检察院可以要求迁入地的人民检察院协助进行考察，并将考察结果函告作出附条件不起诉决定的人民检察院。

2. 监督考察的期限

对于被附条件不起诉的未成年犯罪嫌疑人，为了检验其是否符合附条件不起诉的条件，是否确有悔改表现，需要设定一定的考验期。同时考虑附条件不起诉的未成年犯罪嫌疑人实际上处于一种随时可能被追诉的不确定状态，因而附条件不起诉的考验期不宜过长。但考验期也不能过短，否则也起不到监督考察的实际效果。2012 年《刑事诉讼法》规定附条件不起诉的考验期为六个月以上一年以下，从人民检察院作出附条件不起诉的决定之日起计算。2013 年最高人民检察院《办理未成年人刑事案件规定》第 40 条规定，考验期不计入案件审查起诉期限。规定考验期的长短应当与未成年犯罪嫌疑人所犯罪行的轻重、主观恶性的大小和人身危险性的大小、一贯表现及帮教条件等相适应，根据未成年犯罪嫌疑人在考验期的表现，可以在法定期限范围内适当缩短或者延长。

3. 监督考察期内应当遵守的规定

对未成年犯罪嫌疑人采取附条件不起诉，并不意味着针对未成年犯罪嫌疑人的刑事诉讼程序的终结，也不是对其行为的自由放任，在考察监督期间应当遵守相应的规定。主要包括法律规定必须遵守的规定和检察机关酌定附设的规定两大类。其中，《刑事诉讼法》明确规定被附条件不起诉人应当遵守的规定包括以下几项：

第一，遵守法律法规，服从监督。这里的“法律”是指全国人民代表大会及其常委会制定的法律；“法规”是指国务院根据宪法和法律制定的规范性文件；“服从监督”是指被附条件不起诉的未成年人严格遵守检察机关的要求，切实服从检察机关的监督考察。

第二，按照考察机关的规定及时报告自己的活动情况。当然也要注意，附条件不起诉不是一种强制措施，也不是刑罚执行方式，不应对被附条件不起诉人的人身自由施加较大程度的限制或剥夺，否则即可能构成对未成年人合法权益的侵犯。2012 年《刑事诉讼法》并未规定限制未成年犯罪嫌疑人在监督考察期间的人身自由。但是，附条件不起诉在本质上处于一种效力不确定的状态，为了保证及时掌握未成年人在监督考察期间的活动情况，从而更好地对附条件不起诉的未成年人进行监督考察，2012 年《刑事诉讼法》要求被附条件不起诉的未成年人应当按照考察机关的规定报告自己的活动情况。

第三，离开所居住的市、县或者迁居，应当报经考察机关批准。这是一项限制性的规定。这就是说，只有经过考察机关的批准，被附条件不起诉的未成年人才能离开所居住的市、县或者迁居异地；如果事先没有报告考察机关或者考察机关没有批准的，被附条件不起诉的未成年人不得擅自离开所居住的市、县或者迁居。

第四，按照考察机关的要求接受矫治和教育。

2012 年最高人民检察院《刑诉规则》第 498 条和 2013 年最高人民检察院《办理未成年人刑事案件规定》第 42 条进一步规定，

人民检察院可以要求被附条件不起诉的未成年犯罪嫌疑人接受下列矫治和教育：完成戒瘾治疗、心理辅导或者其他适当的处遇措施；向社区或者公益团体提供公益劳动；不得进入特定场所，与特定的人员会见或者通信，从事特定的活动；向被害人赔偿损失、赔礼道歉等；接受相关教育；遵守其他保护被害人安全以及预防再犯的禁止性规定。

因此，针对附条件不起诉的未成年犯罪嫌疑人，采取一定措施进行有针对性的矫治和教育，既可以包括心理矫治和行为矫正，也可以包括法制、纪律、劳动技能等多方面的教育，帮助未成年犯罪嫌疑人解决心理和行为上存在的问题，促进其顺利回归社会。这都是对未成年犯罪嫌疑人的“教育、感化、挽救”方针和“教育为主、惩罚为辅”原则的具体实现。

4. 附条件不起诉决定的撤销

附条件不起诉的考验期届满后，办案人员应当制作附条件不起诉考察意见书，提出起诉或者不起诉的意见，经部门负责人审核，报请检察长决定。根据《刑事诉讼法》第 273 条和最高人民检察院有关司法解释的规定，被附条件不起诉的未成年犯罪嫌疑人，在考验期内有下列情形之一的，人民检察院应当撤销附条件不起诉的决定，提起公诉：

第一，实施新的犯罪或者发现决定附条件不起诉以前还有其他犯罪需要追诉的。对于此种情形，只要被附条件不起诉的未成年人在考验期内实施了新的犯罪或者被发现有漏罪的，而不论新罪或漏罪的严重程度和性质，以及是否故意或者过失犯罪，检察机关都应当撤销作出的附条件不起诉决定，提起公诉。同时，根据 2013 年最高人民检察院《办理未成年人刑事案件规定》第 47 条规定，对于未成年犯罪嫌疑人在考验期内实施新的犯罪或者在决定附条件不起诉以前还有其他犯罪需要追诉的，人民检察院应当移送侦查机关立案侦查。

第二，违反治安管理规定或者考察机关有关附条件不起诉的监督管理规定，情节严重的。对于这种情形，违反治安管理规定或监督管理规定的情节必须达到情节严重的程度，检察机关才能撤销已经作出的附条件不起诉决定，提起公诉；如果并未达到情节严重的程度，检察机关不得撤销对未成年犯罪嫌疑人的附条件不起诉决定。至于何谓“情节严重”，根据2012年最高人民检察院《刑诉规则》第500条和2013年最高人民检察院《办理未成年人刑事案件规定》第46条的规定，包括两种情形：一是违反治安管理规定或者违反考察机关有关附条件不起诉的监督管理规定，造成严重后果；二是多次违反治安管理规定或者多次违反考察机关有关附条件不起诉的监督管理规定。

5. 考验期满后的处理

根据《刑事诉讼法》第273条第2款和最高人民检察院有关司法解释的规定，对于被附条件不起诉的未成年犯罪嫌疑人，在考验期内没有实施新的犯罪或者发现漏罪的，也没有严重违反治安管理规定或者考察机关有关附条件不起诉的监督管理规定的，在考验期满后，人民检察院应当作出不起诉的决定。

对于检察机关正式决定不起诉的未成年人，根据2013年最高人民检察院《办理未成年人刑事案件规定》第50条的规定，对人民检察院作出的酌定不起诉决定和经附条件不起诉考验期满不起诉的，在向被不起诉的未成年人及其法定代理人宣布不起诉决定书时，应当充分阐明不起诉的理由和法律依据，并结合社会调查，围绕犯罪行为对被害人、对本人及家庭、对社会等造成的危害，导致犯罪行为发生的原因及应当吸取的教训等，对被不起诉的未成年人开展必要的教育。如果侦查人员、合适成年人、辩护人、社工等参加有利于教育被不起诉未成年人的，经被不起诉的未成年人及其法定代理人同意，可以邀请他们参加，但要严格控制参与人范围。对于犯罪事实清楚，但因未达刑事责任年龄不起诉、年龄证据存疑而不起诉的未成年犯罪嫌疑人，参照上述规定举行不起诉宣布教育仪式。

（四）附条件不起诉的救济方式

2013年最高人民检察院《办理未成年人刑事案件规定》第33条规定，人民检察院作出附条件不起诉的决定后，应当制作附条件不起诉决定书，并在三日以内送达公安机关、被害人或者其近亲属及其诉讼代理人、未成年犯罪嫌疑人及其法定代理人、辩护人。送达时，应当告知被害人或者其近亲属及其诉讼代理人，如果对附条件不起诉决定不服，可以自收到附条件不起诉决定书后七日以内向上一级人民检察院申诉。人民检察院应当当面向未成年犯罪嫌疑人及其法定代理人宣布附条件不起诉决定，告知考验期限、在考验期内应当遵守的规定和违反规定应负的法律责任，以及可以对附条件不起诉决定提出异议，并制作笔录附卷。同时，《刑事诉讼法》第271条、最高人民检察院的有关司法解释以及2014年4月24日全国人民代表大会常务委员会《关于〈中华人民共和国刑事诉讼法〉第二百七十一条第二款的解释》规定了公安机关和有关诉讼主体对附条件不起诉决定的救济途径。主要包括以下几个方面：

第一，公安机关有权要求复议、提请复核。根据《刑事诉讼法》第271条第2款和2013年最高人民检察院《办理未成年人刑事案件规定》第35条和第36条的规定，检察机关作出附条件不起诉决定的，应当将不起诉决定书送达公安机关。公安机关认为不起诉的决定有错误，可以要求复议，人民检察院未成年人刑事检察机构应当另行指定检察人员进行审查并提出审查意见，经部门负责人审核，报请检察长或者检察委员会决定。人民检察院应当在收到要求复议意见书后的三十日以内作出复议决定，通知公安机关。如果公安机关的意见仍然不被接受，可以向上一级人民检察院提请复核，由上一级人民检察院作出决定。上一级人民检察院收到公安机关对附条件不起诉决定提请复核的意见书后，应当交由未成年人刑事检察机构办理。未成年人刑事检察机构应当指定检察人员进行审查并提出审查意见，经部门负责人审核，报请检察长或者检察委员会决定。上一级人民检察院应当在收到提请复核意见书后的三十日以内作出决定，制作复核决定书送交提请复核的公安机关和下级人民检察院。经复核改变下级人民检察院附条件不起诉决定的，应当撤销下级人民检察院作出的附条件不起诉决定，交由下级人民检察院执行。

第二，被害人有权申诉。对于有被害人的案件，人民检察院在对未成年犯罪嫌疑人作出附条件不起诉的决定以及考验期满作出不起诉的决定以前，应当听取被害人的意见，并应当将不起诉决定书送达被害人。被害人对人民检察院对未成年犯罪嫌疑人作出的附条件不起诉的决定和不起诉的决定，可以向上一级人民检察院申诉，请求提起公诉。根据2013年最高人民检察院《办理未成年人刑事案件规定》第37条的规定，被害人不服附条件不起诉决定，在收到附条件不起诉决定书后七日以内申诉的，由作出附条件不起诉决定的人民检察院的上一级人民检察院未成年人刑事检察机构立案复查。被害人不服附条件不起诉决定，在收到附条件不起诉决定书七日后提出申诉的，由作出附条件不起诉决定的人民检察院未成年人刑事检察机构另行指定检察人员审查后决定是否立案复查。复查决定书应当送达被害人、被附条件不起诉的未成年犯罪嫌疑人及其法定代理人和作出附条件不起诉决定的人民检察院。上级人民检察院经复查作出起诉决定的，应当撤销下级人民检察院的附条件不起诉决定，由下级人民检察院提起公诉，并将复查决定抄送移送审查起诉的公安机关。

但是，根据2014年4月24日全国人民代表大会常务委员会《关于〈中华人民共和国刑事诉讼法〉第二百七十一条第二款的解释》中的规定，经过申诉，对人民检察院维持不起诉决定的，被害人不能向人民法院起诉；被害人也不得不经申诉而直接向人民法院起诉。

第三，未成年犯罪嫌疑人及其法定代理人对人民检察院作出的附条件不起诉决定有异议的，人民检察院应当作出起诉的决定。

(五) 附条件不起诉与相对不起诉

附条件不起诉是2012年《刑事诉讼法》增加的一项制度，进一步完善了检察机关起诉裁量权的内容。2012年《刑事诉讼法》还增加了当事人和解的公诉案件诉讼程序，规定对于当事人达成和解协议的案件，如果犯罪情节轻微，不需要判处刑罚，可以对犯罪嫌疑人作出不起诉的决定。此处的不起诉决定指的是相对不起诉。在司法实践中，检察机关应当注意附条件不起诉与相对不起诉的区别，正确适用附条件不起诉。

根据2012年《刑事诉讼法》第173条第2款的规定，检察机关作出相对不起诉的决定应当同时满足两个条件：一是犯罪嫌疑人实施的行为触犯了刑法规定，构成犯罪；二是犯罪行为情节轻微，依照刑法规定不需要判处刑罚或者免除刑罚。对于符合相对不起诉条件的案件，检察机关享有是否起诉的裁量权，既可以作出起诉决定，也可以作出不起诉决定，是否起诉应当根据案件具体情况和可能产生的实际效果确定。在司法实践中，检察机关在作出是否对犯罪嫌疑人提起公诉的决定时，往往需要考虑以下因素：犯罪嫌疑人的年龄、犯罪目的和动机、犯罪手段、危害后果、悔罪表现以及一贯表现等。在综合考虑各种因素之后，对于确属犯罪情节轻微，且对犯罪嫌疑人作出不起诉比提起公诉更为有利的，检察机关可以依法作出不起诉的决定。

虽然附条件不起诉与相对不起诉均系检察机关行使自由裁量权的基本形式，也都可以统归于不起诉制度之中，但二者在适用对象、条件、程序、法律效力以及救济方式等方面有显著区别。主要包括以下区别：

第一，适用对象不同。附条件不起诉只适用于未成年犯罪嫌疑人，相对不起诉则适用于所有的犯罪嫌疑人。

第二，适用条件不同。适用附条件不起诉的，必须同时满足涉嫌刑法分则第四章、第五章、第六章规定的犯罪，可能判处一年有期徒刑以下刑罚，符合起诉条件，有悔罪表现等四个条件，缺一不可。适用相对不起诉的条件是犯罪情节轻微，依照刑法规定不需要判处刑罚或者免除刑罚的。

第三，适用程序不同。检察机关在作出附条件不起诉决定之前，必须听取公安机关、被害人的意见；从法律上讲，相对不起诉则不一定要听取公安机关、被害人的意见。

第四，法律效力不同。附条件不起诉实际上是一种效力待定的不起诉，是否作出最终的不起诉决定，需要经过一定期限加以监督考察。对于附条件不起诉的未成年犯罪嫌疑人，必须予以监督考察，并设定一定的考验期。在考验期内，如果被附条件不起诉人违反法律规定的，应当撤销附条件不起诉的决定，提起公诉；考验期满，如果被附条件不起诉人没有违反法律规定的，则作出不起诉决定。与之相比，相对不起诉则是一种效力确定的不起诉，一经作出，立即生效。

第五，被不起诉人的救济方式不同。对于附条件不起诉决定，未成年犯罪嫌疑人及其法定代理人存有异议的，检察机关应当作出起诉的决定。对于相对不起诉决定，被不起诉人如果不服，可以自收到决定书后七日以内向人民检察院申诉。检察机关应当作出复查决定，既可以是起诉决定，也可以不起诉决定，并将复查决定通知被不起诉人，同时抄送公安机关。

2012 年《刑事诉讼法》在第 277 条至第 279 条规定了当事人和解的公诉案件诉讼程序，明确规定了当事人和解诉讼程序的适用范围、主要程序和和解后的处理。其中第 279 条规定："对于达成和解协议的案件，公安机关可以向人民检察院提出从宽处理的建议。人民检察院可以向人民法院提出从宽处罚的建议；对于犯罪情节轻微，不需要判处刑罚的，可以作出不起诉的决定。人民法院可以依法对被告人从宽处罚。"根据这一规定，对于未成年犯罪嫌疑人与被害人达成和解，并且犯罪情节轻微，不需要判处刑罚的，人民检察院可以作出不起诉的决定。从分类上看，检察机关在当事人和解后作出的不起诉决定在性质上应当属于相对不起诉，依法必须满足“犯罪情节轻微，不需要判处刑罚”的条件，才能作出不起诉决定，否则不得作出不起诉的决定。

在刑事诉讼法修改过程中，有的人将公诉案件的当事人和解片面理解为不追究加害人的刑事责任，认为既然当事人达成和解协议，取得了被害人原谅甚至被害人主动要求不追究加害人的刑事责任，检察机关就只能作出不起诉决定，有些甚至将应该起诉的案件也作不起诉处理，这种观点是不对的。公诉案件的当事人和解，并非加害人和被害人之间就刑事处罚进行和解，其实质是当事人对民事权益的处分，而非对刑罚权的处分。对被告人从轻、减轻、免除处罚只是加害人与被害人在和解协议中表达的愿望以及加害人期望得到的结果，最终是否被从轻、减轻、免除处罚需要由法院根据具体案情来确定。对于在侦查阶段、审查起诉阶段达成和解的案件，原则上检察机关应向人民法院提起公诉。只有对于犯罪情节轻微，不需要判处刑罚的，检察机关可以作出不起诉的决定；对于符合附条件不起诉条件的，检察机关可以作出附条件不起诉的决定。因为法律规定当事人和解的公诉案件范围是可能判处三年以下有期徒刑的案件，如果赋予检察机关对达成和解的案件一律可以作出不起诉处理，权限过大，与检察机关的公诉职责存在冲突，将使法院判决三年以下有期徒刑案件的审判权受到冲击，容易导致刑罚适用的失衡。[①]

对于未成年犯罪嫌疑人与被害人达成和解的公诉案件，实际上也可能会发生适用附条件不起诉的情形。根据2012年《刑事诉讼法》第277条的规定，对于因民间纠纷引起，涉嫌刑法分则第四章、第五章规定的犯罪案件，可能判处三年有期徒刑以下刑罚的，或者除渎职犯罪以外的可能判处七年有期徒刑以下刑罚的过失犯罪案件，犯罪嫌疑人、被告人真诚悔罪，通过向被害人赔偿损失、赔

① 参见黄太云：《刑事诉讼法修改释义》，载《人民检察》2012年第8期，第67~68页。

礼道歉等方式获得被害人谅解，被害人自愿和解的，双方当事人可以和解。同时，根据2012年《刑事诉讼法》第271条的规定，对于涉嫌刑法分则第四章、第五章、第六章规定的犯罪，可能判处一年有期徒刑以下刑罚的未成年犯罪嫌疑人，可以适用附条件不起诉。将这两条规定一并考察可以发现，对于当事人达成和解的公诉案件，如果同时符合2012年《刑事诉讼法》第271条规定的适用附条件不起诉的条件，是可以适用附条件不起诉的。换句话说，当事人和解的公诉案件，存在两种不起诉决定的情形：一是犯罪情节轻微，不需要判处刑罚的，检察机关可以作出不起诉的决定，属于相对不起诉。实践中，如果遇此情形，检察机关应当按照当事人和解公诉案件诉讼程序的规定，直接作出相对不起诉的决定。二是犯罪嫌疑人是未成年人，因民间纠纷引起，涉嫌刑法分则第四章、第五章规定的犯罪案件，如果双方当事人达成和解协议，可能被判处一年有期徒刑以下刑罚的，检察机关可以适用附条件不起诉。

二、附条件不起诉的理论基础

探析附条件不起诉的正当基础，有助于我们深刻理解附条件不起诉的制度内涵与价值。

（一）符合起诉便宜主义

根据公诉机关是否拥有自由裁量权，可以将提起公诉分为起诉法定主义和起诉便宜主义两种模式。所谓起诉法定主义，是指只要犯罪嫌疑人符合法律规定的起诉条件，公诉机关就必须提起公诉，不享有根据案件具体情况而对起诉与否进行自由裁量的权力。例如，德国《刑事诉讼法》第152条第2项规定：“除法律另有规定外，在有足够的事实根据时，检察院负有对所有可予追究的犯罪行为进行追究的义务。”此条规定即体现了起诉法定主义的要求。起诉便宜主义，是指虽然具有足够的证据证明确有犯罪事实，并且具备起诉的条件，但公诉机关斟酌各种情形，认为没有必要追究犯罪嫌疑人刑事责任的，可以裁量决定不起诉，因而又称为起诉裁量主义。起诉便宜主义要求赋予公诉部门一定程度上的裁量权，即允许公诉部门在法律规定的范围和限度内，为了实现个案的公正，根据自己的意志和判断，作出合适处理的决定权。① 我国台湾地区学者林钰雄认为，“便宜原则是指准许检察官依其‘裁量’来决定案件是否提起公诉。亦即，纵使案件合乎起诉要件，检察官也可以依照合目的性的考量，自行权衡案件宜否提起公诉。”②

通常认为，起诉法定主义与刑法上的报应刑思想相契合，报应刑思想侧重于维护法律的权威、法的安定性与法的一般预防作用，认为犯罪直接侵犯社会及其成员的安全，危害着国家的安定秩序，刑罚作为维护社会稳定和保障国家安全的工具在犯罪行为发生之后必须及时准确地对犯罪予以追究。报应刑的思想体现在刑事追诉活动中则衍生出起诉法定主义。与之相应，起诉便宜主义体现了充分考虑刑事程序所涉及的各种利益并在此基础上予以权衡选择的理念，与刑法上的目的刑思想相契合。在 19 世纪 20 年代，目的刑思想逐渐取代报应刑的刑罚思想，目的刑思想着眼于社会防卫、法的妥当性与法的特别预防作用，认为刑罚的功能并不只是严惩犯罪，也在于教育和改造犯罪人，从而使犯罪人改过自新、重新回归社会。目的刑的思想体现在刑事追诉活动中就是起诉便宜主义。

附条件不起诉建立在起诉便宜主义的理念之上，是检察裁量权的重要组成部分。实行起诉便宜主义，要求必须赋予检察机关在是否起诉的问题上享有一定的自由裁量权，对于可追诉之犯罪行为，即使存在客观嫌疑并且具备提起公诉的条件，检察机关也不必然提起公诉，而是有权根据案件情况作出不起诉决定，这不仅是检察机关行使裁量权的一种外在形式，也是检察机关追求刑事案件多元化处理的途径之一。

---

① 龙宗智：《检察官该有多大自由裁量权》，载《检察日报》2004 年 12 月 23 日，第 3 版。

② 林钰雄：《刑事诉讼法》（上册总论编），中国人民大学出版社 2005 年版，第 46 页。

2012年《刑事诉讼法》规定了赋予检察机关对某些本应提交法庭审判的未成年人刑事案件决定附条件不起诉的权力，从而使得一部分案件可能在审查起诉阶段分流出诉讼程序，不会再进入法庭审判阶段。因此，有的人担心附条件不起诉超越了检察机关起诉裁量权的界限，构成对法院行使审判权的一种实然侵犯。其实，附条件不起诉与侵犯审判权完全没有关系。刑事审判权是对刑事案件定罪量刑的权力，附条件不起诉制度只是赋予检察机关确定考察期进行考察以决定是否起诉的权力，只是在一定条件下结束追诉程序而使被追诉人恢复到追诉之前的法律地位，既没有赋予检察机关定罪的权力，也没有赋予检察机关量刑的权力，因而谈不上侵犯审判权。附条件不起诉的适用，在客观上可能会导致法院审理案件数量的相对减少，这正是附条件不起诉制度的价值所在。通过附条件不起诉，一方面，尽早将某些轻微犯罪的未成年犯罪嫌疑人分流出诉讼程序，不致使其长期遭受诉累，切实保障未成年人的合法权益；另一方面，也在一定程度上减轻法院的审判工作负担，节约司法资源，更加符合刑事诉讼的公正与效率价值。

（二）符合诉讼谦抑理念

作为理念的刑事诉讼谦抑，是人们理性地认识到人类自身价值和刑事诉讼的功能、目的以及刑事诉讼发展的客观规律而产生的思想观念。它是针对实践中的刑事诉讼仪式化和刑罚化的弊端而提出的思想观点，它的宗旨是改变刑事诉讼中的刑罚化、有罪推定、滥用强制措施、刑讯逼供等状况，使刑事诉讼朝着更加文明、人道、和缓、克制、妥协、宽容的方向发展。[①] 以刑事一体化为基点进行考察，刑事诉讼谦抑理念的生成和发展多借助于犯罪社会学、刑法学、刑事政策学等相邻学科的理论渗透，与其他学科所呈现的谦抑理念互为表里、相得益彰。从某种意义上说，刑事诉讼谦抑正是以犯罪社会学理论中的关于犯罪原因的多重性、不可避免性，以刑法

① 郭云忠：《刑事诉讼谦抑论》，北京大学出版社2008年版，第6页。

学理论中的刑罚的双重功能、刑法的谦抑性，以及刑事政策学理论中的非犯罪化、非刑罚化、社会防卫运动、犯罪人的复归社会权等理论为法理基础而逐渐产生和发展起来的。[①]

近年来，我国刑事司法不断强化对诉讼参与人特别是犯罪嫌疑人、被告人的权利保障。宽严相济刑事政策的提出，既是谦抑理念在我国刑事司法领域的具体化，同时也为进一步贯彻谦抑理念提供了政策依据。它对于最大限度地预防和减少犯罪、化解社会矛盾、维护社会和谐稳定，具有非常重要的意义。根据最高人民检察院《关于在检察工作中贯彻宽严相济刑事司法政策的若干意见》第8条的规定，正确把握起诉和不起诉条件，依法适用不起诉。在审查起诉工作中，严格依法掌握起诉条件，充分考虑起诉的必要性，可诉可不诉的不诉。对于初犯、从犯、预备犯、中止犯、防卫过当、避险过当、未成年人犯罪、老年人犯罪以及亲友、邻里、同学同事等纠纷引发的案件，符合不起诉条件的，可以依法适用不起诉，并可以根据案件的不同情况，对被不起诉人予以训诫或者责令具结悔过、赔礼道歉、赔偿损失。

诉讼谦抑理念和宽严相济刑事政策都要求，对涉嫌犯罪的未成年人，应当为他们提供出路，而适用刑法予以处罚是不得已的措施。如果采取非刑事化、非犯罪化的处理可以实现刑罚和刑事诉讼的目的，就不需要采取刑罚的手段。在我国传统司法中，有罪必诉、有罪必罚的观念根深蒂固，因此，实施附条件不起诉制度，需要转变执法理念。在西方发达国家，刑法谦抑思想主要是通过非犯罪化、非刑罚化和轻刑化（非监禁化）的刑事政策体现出来的。而附条件不起诉制度，通过节制公诉权的刑事而给予犯罪嫌疑人“再生”机会，把某些符合条件的特定案件在起诉环节消化掉，尽量不动用刑罚手段，避免刑罚带给加害人的标签效应，有利于对他们的教育改造，可以说契合了非犯罪化、非刑罚化和轻刑化的世界

① 郭云忠：《刑事诉讼谦抑论》，北京大学出版社2008年版，第147~172页。

潮流，鲜明体现了刑法的谦抑性理念。[①]

（三）符合诉讼效率原则

正如美国学者波斯纳所言，“公正在法律中的第二种涵义是指效率……只要稍作反思，我们就会毫不惊奇地发现：在一个资源稀缺的世界，浪费是不道德的行为。”[②] 现代刑事诉讼一个重要的价值目标就是以最小的成本投入取得同样多的正面效果；或者投入同等的司法资源取得最大的正面效果。诉讼效益既适用于对单个程序的评价，也适用于对国家整个诉讼制度的评价。对前者而言，诉讼效益价值要求当事人对于是否诉诸诉讼解决纠纷作出合乎经济理性的选择，要求人民法院在审理案件时，应注意节约司法资源的耗费；在作出裁判时，应注意判决对人们未来行为选择的效益刺激。就后者而言，诉讼效益价值要求立法机关在程序安排和程序设计时，应当在程序公正的基础上，合理选择程序规则，分配程序权利和义务，以利于社会资源配置效益的最大化。[③]

刑事诉讼的效益价值在于以最小的成本取得尽可能多的正面效果；或者投入相同的司法成本取得尽可能多的正面效果。国家在司法活动上的投入不可能是无限的，司法活动的高成本与国家和社会资源有限之间存在相当程度的矛盾和冲突。正因为此，世界各国为了应对发案率攀升、司法资源不足的困境，大都依据“成本-收益原则”来设计或者改革其刑事诉讼程序，尽量避免司法资源的浪费。在英国，一份以内政部、大法官办公室和司法部长办公室的名义联合发布的官方报告指出，刑事司法系统应当加强相互之间的合作，共同致力于实现以下两项首要目标：一是减少犯罪和犯罪危险以及它们的社会和经济成本；二是弥补司法公正和效率并提升公众

① 陈光中、彭新林：《我国公诉制度改革若干问题之探讨》，载《法学研究》2011 年第 4 期。

② ［美］理查德·A·波斯纳：《法律的经济分析》，蒋兆康译，中国大百科全书出版社 1997 年版，第 31~32 页。

③ 樊崇义主编：《诉讼原理》，法律出版社 2004 年版，第 186 页。

对法律的信任。① 在美国，《联邦刑事诉讼规则》第2条规定："本规则旨在为正确处理每一起刑事诉讼提供规则，以保证简化诉讼，公正司法，避免不必要的费用和延缓。"诉讼效率是衡量刑事诉讼中人权保障状况的重要标准，它要求对于轻微案件在程序适用上更多地适用更为简便的程序及处理机制，减少诉讼环节，提高诉讼效率。

附条件不起诉制度，通过检察机关在审查起诉程序中对未成年犯罪嫌疑人附加一定的条件而作出不起诉决定，可以扩大审前程序的分流，减少法院审判的负担，节约司法成本，提高诉讼效率。

（四）符合国际普遍做法

从世界其他国家和地区的立法来看，大都规定了类似附条件不起诉的制度，以强化检察裁量权行使和扩大审前程序分流。在美国，关于决定是否起诉的问题，检察官享有几乎不受限制的自由裁量权，依法可以作出起诉、不起诉以及延缓起诉决定。其中，延缓起诉类似于我们通常所说的附条件不起诉，是介于起诉与不起诉之间的一种处分决定，其目的旨在为被告人提供一个在非监禁环境中复归社会的机会，使其免受刑事起诉的耻辱。② 美国适用延缓起诉的通常是三类人：一是未成年人；二是吸食毒品的被指控人；三是一些涉嫌从事犯罪活动的营利性法人组织。③ 检察官作出延缓起诉的决定以被指控人接受检察官戒毒治疗、提供社区服务、参加工作培训或对被害人进行补偿等条件为前提。如果被指控人较好地完成了这些项目，检察官即撤销指控；如果表现不好，检察官就恢复刑事起诉。到2005年，美国已有37个州规定了暂缓起诉制度，有7

① See Gary Slapper & David Kelly："*The English Legal System*：2009 - 2010 "，Routledge Cavendish Publishing，2009，P422.

② ［美］爱伦·豪切斯泰勒·斯黛丽、南希·弗兰克：《美国刑事法院诉讼程序》，陈卫东、徐美君译，中国人民大学出版社2002年版，第274页。

③ 参见张泽涛：《规范暂缓起诉——以美国缓起诉制度为借鉴》，载《中国刑事法杂志》2005年第3期。

个州通过立法批准在全州范围内实行。美国规定暂缓起诉的期间为6个月或12个月内。[①] 在大陆法系，虽然在传统上一直沿用起诉法定主义，但近年来的发展越来越开始趋向起诉便宜主义。德国刑事诉讼法第153条a规定："检察院可以对轻罪暂时不予提起公诉，同时要求被指控人作出一定给付以弥补行为造成的损害、向某公益设施或者国库支付一笔款项、作出其他公益给付，或者承担一定数额的赡养义务。如被指控人在规定的期限内履行这些负担或责令的，对其行为不再作为轻罪追究。如果被指控人不履行这些负担或责令的，不退还已经履行部分，并且要作为轻罪追究。"[②] 日本刑事诉讼法第248条规定："如果根据犯罪人的性格、年龄和生活环境、犯罪的严重程度和情形以及他实施犯罪以后的表现，认为没有起诉的必要时，那么可以对该罪犯不提起公诉。"这被称为"起诉犹豫"，有的学者将其理解为日本刑事诉讼中的附条件不起诉。[③]

我国台湾地区在2002年修改其"刑事诉讼法"时增加了缓起诉制度。根据第253-1条的规定，"被告所犯为死刑、无期徒刑或最轻本刑三年以上有期徒刑以外之罪，检察官参酌刑法第五十七条所列事项及公共利益之维护，认以缓起诉为适当者，得定一年以上三年以下之缓起诉期间为缓起诉处分，其期间自缓起诉处分确定之日起算。追诉权之时效，于缓起诉之期间内，停止进行。"检察官作出缓起诉处分时，可以命令被指控人遵守或履行相应的法定义务，包括向被害人道歉；立悔过书；向被害人支付相当数额之财产或非财产上之损害赔偿；向公库或该管检察署指定之公益团体、地方自治团体支付一定之金额；向该管检察署指定之政府机关、政府机构、行政法人、社区或其他符合公益目的之机构或团体提供四十

① 张艳红：《论暂缓起诉制度在我国的建立》，载《天津市政法管理干部学院学报》2005年第4期。

② 陈光中、［德］汉斯·约格·阿尔布莱希特：《中德不起诉制度比较研究》，中国检察出版社2002年版，第66页。

③ 参见万毅：《刑事不起诉改革若干问题研究》，载《政法论坛》2004年第6期。

小时以上二百四十小时以下之义务劳务；完成戒瘾治疗、精神治疗、心理辅导或其他适当之处遇措施；保护被害人安全之必要命令；预防再犯所为之必要命令。在缓起诉期间，检察官可以依职权或根据告诉人的申请撤销原处分，继续侦查或起诉。撤销缓起诉处分的，被指控人已经履行的部分，不得请求返还或赔偿。

附条件不起诉也符合国际刑事司法准则的精神。未成年人具有不同于成年人的自身特性，需要以儿童利益最大化和有利于其未来发展为基点来设计司法制度、程序和规则。联合国《关于检察官作用的准则》第18条规定："检察官应在充分尊重嫌疑者和受害者的人权的基础上适当考虑免予起诉、有条件或无条件地中止诉讼程序或使某些刑事案件从正规的司法系统转由其他办法处理。为此目的，各国应充分探讨改用非刑事办法的可能性，目的不仅是减轻过重的法院负担而且也避免受到审前拘留、起诉和定罪的污名以及避免监禁可能带来的不利后果。"

近年来，基于对我国1996年《刑事诉讼法》关于不起诉规定的缺陷进行反思，以及有效解决司法实践中的突出问题，不断有学者呼吁应当建立附条件不起诉制度，特别是未成年人刑事案件中的附条件不起诉制度。① 在司法实践中，亦有不少地方的办案机关积极开展附条件不起诉的改革探索，取得了良好的社会效果与法律效果。② 在吸收实践经验的基础上，2012年《刑事诉讼法》将附条件不起诉制度纳入其中，同时考虑到附条件不起诉实践尚不规范，在具体制度上需要进一步的实践积累与完善，因而对其适用范围作了严格限制。这体现了我国刑事司法对未成年人的特殊保护，是"教育、感化、挽救"方针和"教育为主、惩罚为辅"原则的贯彻落实，有利于扩大对未成年人的审前分流与转处，切实保障未成年

---

① 参见陈光中主编：《〈中华人民共和国刑事诉讼法〉修改条文释义与点评》，人民法院出版社2012年版，第397页。

② 参见邓思清：《建立我国的附条件不起诉制度》，载《国家检察官学院学报》2012年第1期。

人的合法权益，促进未成年人顺利回归社会。

三、附条件不起诉监督考察存在的问题

通过对未成年人适用附条件不起诉，可以扩大对未成年人的司法分流、充分保护未成年人的合法权益、帮助未成年人更好地回归社会，还可以缓解办案机关的压力，降低司法投入，节约司法资源。从理论上讲，附条件不起诉应该在实践中得到检察机关的支持和广泛适用。然而，实践调查发现，各地检察机关在适用附条件不起诉的具体做法不尽相同，效果也存在明显差别。例如，从 2013 年到 2014 年底，北京市检察机关一共对 123 名未成年犯罪嫌疑人作出了附条件不起诉。主要特点包括：一是适用的罪名比较丰富。15 个罪名，最多的是盗窃 52 人，占 42.3%，寻衅滋事 26 人，占 21.1%，抢劫 11 人，聚众斗殴 7 人，故意伤害 8 人，贩卖毒品也有。二是不限于最低法定刑为 3 年以下轻罪的，比如涉嫌抢劫、强奸等犯罪行为，也可能作出附条件不起诉。三是附条件不起诉不限于初犯和偶犯。2014 年上海市检察机关共对 183 名未成年犯罪嫌疑人作出附条件不起诉，占到移送审查起诉的未成年人案件的 12%。[①]

不过也有的地区适用附条件不起诉的数量非常有限。有学者指出，“多数基层检察院虽设有处理未成年人刑事案件的专门机构或者专门人员，但附条件不起诉并没有随着专门机构的普遍设立而大规模开展。少数进行了对附条件不起诉司法实践的检察机关，只是浅尝辄止式的探索，并没有进行大规模的开展，应用率一般不到 3%。”[②] 以 S 省 W 市检察机关 2013 年到 2015 年办理的未成年人刑事案件的情况为例，三年间 W 市公安机关移送 W 市检察机关审查

① 参见 2015 年 1 月 17 日北京师范大学刑事法律科学研究院主办的“未成年人刑事案件诉讼程序适用问题与对策座谈会”会议资料。

② 谢登科：《困境与出路：附条件不起诉适用实证分析》，载《北京理工大学学报（社会科学版）》2015 年第 4 期。

起诉的未成年犯罪嫌疑人的数量分别为 174 人、114 人和 115 人，而相应的 W 市检察机关作出附条件不起诉决定的人数仅为 5 人、6 人和 4 人，适用数量较为有限，仅占移送审查起诉未成年人的 2. 87%、5. 26%和 3. 48%，绝大多数未成年人仍然被提起公诉。

W 市 2013 年到 2015 年附条件不起诉情况

年　　份	2013	2014	2015
移送审查起诉人数	174	114	115
逮捕人数	116	83	66
起诉人数	152	99	100
不起诉人数	22	15	15
附条件不起诉人数	5	6	4
附条件不起诉占不起诉人数的比率	22. 73%	40%	26. 67%
附条件不起诉占移送审查起诉人数的比率	2. 87%	5. 26%	3. 48%

监督考察是附条件不起诉的核心环节。附条件不起诉在实践中能够有效发挥其功能，主要在于附条件不起诉的监督考察机制是否科学合理，以及具体案件中未成年犯罪嫌疑人是否具备切实可行的监督考察条件，从而足以将对其作出附条件不起诉后的监督考察落到实处。调查发现，由于现有立法对附条件不起诉监督考察的规定尚有缺陷和不足之处，导致司法实践中检察机关对被附条件不起诉人的监督考察流于形式，监督不力，考察不周，无法实际起到附条件不起诉制度的价值。

（一）监督考察主体单一、力量有限，缺乏专业性的帮教考察措施

2012 年《刑事诉讼法》明确规定检察机关既是附条件不起诉的决定机关，同时又是对被附条件不起诉人监督考察的执行机关。这主要是因为，一方面附条件不起诉的决定是由检察机关作出的，

其对未成年人的家庭背景、犯罪情况等各项信息了解比较充分，从而由检察机关进行监督考察便于对被附条件不起诉的未成年人制定有针对性的监督考察方案，确保监督考察发挥实际效果。另一方面检察机关作为附条件不起诉的监督考察执行主体，有利于其及时了解附条件不起诉未成年人在考验期内的动态表现，有助于检察机关在考察期满后准确作出是否起诉的决定。可见，由检察机关执行对被附条件不起诉的未成年人在考察期内的监督考察具有一定的合理性。

但是，在当前刑事案件不断增加的形势下，检察机关本就面临办案压力大和司法资源不足的困境，再将未成年被附条件不起诉人考验期内的监督考察交由检察机关执行，特别是缺少附条件不起诉人所在社区、学校等社会组织或相关社会力量的有效参与，检察机关恐怕没有足够的时间、精力、资源等对考验期内的附条件不起诉未成年人进行实时有效的监督考察和教育矫治，这种制度设计在实际操作过程中效果不明显，实践中无法有效发挥对附条件不起诉未成年人的监督帮教作用。

2012 年最高人民检察院《刑诉规则》第 496 条第 2 款和 2013 年最高人民检察院《办理未成年人刑事案件规定》第 43 条第 2 款规定，人民检察院可以会同未成年犯罪嫌疑人的监护人、所在学校、单位、居住地的村民委员会、居民委员会、未成年人保护组织等的有关人员，定期对未成年犯罪嫌疑人进行考察、教育，实施跟踪帮教。在实践中，也有不少地区采取了检察机关主导，司法行政机关、共青团、学校、家庭、社会组织等机关和社会力量协助的帮教考察方式，对于落实对被附条件不起诉的未成年人的监督考察起到积极作用。但是，对未成年人的帮教是一项专业化的系统工作，各个环节之间应当具有协调性和延续性，负责帮教考察的主体也应当有明确的职责分工、高度的责任感和相对专业的知识技能，才能起到相互合作、共同帮教考察的作用。如果考察主体缺少责任感、在具体工作中相互扯皮、相互推诿，那么对附条件不起诉未成年人的监督考察也就流于形式了，起不到实际作用。

此外，根据对附条件不起诉人的监督考察还包括诸如戒瘾治疗、心理辅导等一些专业性较强的措施，需要具备专业知识的人员参与。而无论是检察机关还是未成年人的监护人、学校老师、社区工作人员，还是未成年人保护组织往往不具备教育学、心理学、社会学、犯罪矫治学等方面的专业知识也未接受过相关的职业培训。因此，司法实践中很多地区对未成年人的帮教活动还单独停留在说教为主的思想教育阶段。[①] 总体而言，附条件不起诉未成年人在考验期内的监督考察措施的专业化程度明显不足。

（二）考察条件设置较为笼统，可操作性不强

2012 年《刑事诉讼法》第 272 条要求被附条件不起诉的未成年人在考察期内必须要严格履行所担负的义务，认真遵守相关规定，接受监管，根据考察机关所设定的要求将自己的活动状况予以及时上报，如果有迁移或者是离开所限制的居住地的，必须及时上报获得批准，根据要求接受教育，对错误行为依法予以矫治。2012 年最高人民检察院《刑诉规则》第 498 条和 2013 年最高人民检察院《办理未成年人刑事案件规定》第 42 条进一步规定，人民检察院可以要求被附条件不起诉的未成年犯罪嫌疑人接受有关的矫治和教育。这样规定的义务内容与执行缓刑、假释的罪犯应当遵守的规定基本是一样的，并没有结合未成年人的生理和心理特点而对被附条件不起诉人设置有针对性的特殊义务。按照现行立法的规定，只要被附条件不起诉人在考验期内不违法、不违规，基本就可以保证在考验期满后被不起诉，实际上也起不到对附条件不起诉未成年人的教育矫治效果，无法实现对未成年人的教育、感化和挽救。而且，刑事诉讼法和有关司法解释规定的考察义务更加突出对未成年人的管理和约束作用，一定程度上也容易滋生未成年人的抵触情

① 盛宏文：《微罪被不起诉人社区帮教工作机制探索》，载《中国刑事法杂志》2012 年第 1 期。

绪，不利于对其有效帮教。

（三）考察方式不明确，实际效果不佳、流于形式

实践中，各地检察机关开展监督考察所采取的方式不尽一致，呈多元化特点，但有流于形式的可能。有学者在实证调研基础上归纳了实践中检察机关对附条件不起诉人监督考察的主要方式。（1）由检察院内部组成志愿者，每一位志愿者每年负责 1 到 2 位未成年犯罪嫌疑人的考察。其优点为专人跟踪，一对一的帮教能够及时把握未成年人情况，但考察是志愿者本职工作外的内容，既没有权益也难以承载任何义务。志愿者往往由新进检察院资历较浅者担任，随着时间的推移这份新鲜感逐渐流失，志愿者能否履行职责需要观察。（2）由家长和学校、所在社区进行考察。这种帮教由于有家长参与往往有较好的效果，特别是一些家长长期疏于监管孩子，一旦小孩子出事了，往往将不起诉看成是一根救命稻草，全心全力做好孩子的管理与教育工作，但这种模式仅仅适用于一部分未成年人。（3）联系爱心企业或者职业培训机构，委托企业里的师傅或培训机构负责人进行考察。有些检察院将未成年犯罪嫌疑人送到自行车厂、水泥厂等等，这种做法解决了未成年犯罪嫌疑人的矫治与就业问题，但是企业吸收人员数量有限，而且还要取决于附条件不起诉人在企业的表现，否则将影响长期合作。（4）委托基层司法机构进行考察。由于司法所同志对各辖区情况比较了解，具备考察条件，但是司法所不会主动向检察院汇报未成年犯罪嫌疑人的考察情况，一般是在考察期满向检察院出具一份考察期间的表现意见。（5）检察院牵头组成帮教小组，共同实施考察。例如上海市检察院、甘肃省检察院、北京市海淀区检察院、西宁市检察院等在试点时期都采用过，但是这种考察主体多系兼职人员，很多时候责任难以具体到人。最后该学者指出，虽然考察形式多样，但很多地方考察实施力度不够，考察被形式化，考察作出后基本上是放任不

管，没有具体的教育措施，难以达到考察监督的结果。①

四、附条件不起诉社会考察帮教机制的完善

附条件不起诉制度的关键环节即为对被不起诉未成年人的监督考察。根据 2012 年《刑事诉讼法》的规定，由人民检察院对被附条件不起诉的未成年人进行监督考察，同时规定未成年人的监护人应当对未成年人加强管教，配合人民检察院做好监督考察工作。在司法实践中，有些监护人难以实际承担监督考察工作，因而应当引入社区、学校、社会团体等社会力量协助对未成年人进行监督考察工作。这既可以保证对被附条件不起诉的未成年人的监督考察效果，也有助于切实保护未成年人的合法权益。

（一）借助社区矫正，衔接配合运用

社区矫正作为刑罚执行的一种方式，在我国不断地走向成熟化。如果能整合资源，有效借助社区矫正资源，能更好地帮助附条件不起诉考察帮教工作的开展。作为社会中担负教育矫治职能的主要机构，社区矫正在开展考察帮教方面不但有能力，而且有人力，同时也有自己的优势。

第一，从法律层面上确立社区矫正机构的地位，明确其性质。现在，社区矫正机制在我国仅仅适用在已决犯身上，对于附条件不起诉者，他们实际上符合起诉条件，不过因为具备一定的条件而被免予起诉。从法理上看，附条件不起诉适用的过程中引入社区矫正组织这是发展的必然趋势，所以，于法律的层面上要明确这一机构的地位和性质，这才有助于附条件不起诉在更广泛的范围内适用，也有利于检察官工作的减少，效率的提高。

第二，完善社会调查程序。一是建立协作调查机制。由未成年嫌疑人户籍所在地或居住地的社区矫正机关负责社会调查，并明确

① 王满生、陈宗玉：《未成年人附条件不起诉监督考察制度实施研究》，载《江西社会科学》2014 年第 11 期。

社区矫正机关开展社会调查的权力，建立共青团组织、教育部门、关工委、民政部门等协助配合的社会调查机制。二是建立专业调查人制度。由检察机关委托司法行政机关，从社区矫正机构中选任专业化的未成年人案件调查人制度，负责开展对未成年人的社会调查。不仅要考量在认定犯罪事实、审查在案证据及量刑情节依据等方面的因素，还要仔细考察未成年犯罪嫌疑人的犯罪动机、心理状态，同时还可适当地进行心理疏导，让专业的心理疏导人员对其进行人格调查，帮助未成年犯罪嫌疑人养成正确的道德品质和良好的社会适应能力，从生理及心理等多角度地对其作出客观、科学的调查评估。三是确保报告真实性。在检察机关或审判机关的要求下，由社区矫正机关对其调查报告的真实性和客观性进行阐释并质证，督促监督考察主体工作的高效性及积极性，真正做到对每一名未成年犯罪嫌疑人负责。

第三，建立健全监督机制。权力的行使离开了制约监督都会走向滥用或者低效，所以必须要建立制约机制，对于社区矫正机构履行相关的工作职权来讲，一样要接受监督。比如可以定期向检察机关汇报工作的开展情况，或者由检察机关对其工作予以突击抽查，进行定期检查等等。

（二）构建社会管护基地，借助管护机制来实现监督考察

虽然《刑事诉讼法》没有将外来作案的未成年人排除在附条件不起诉范围之外，但司法实践证实，是不是运用附条件不起诉这一机制重点考量的一个因子即为涉诉的未成年人于案件管辖有无固定住所。若无，就不能予以追踪帮教，所以基本上就不会考虑附条件不起诉这一机制。站在考察帮教方不能发挥自己的实效性的角度分析，这一做法是无可厚非的，不过毫无疑问其有违立法与司法平等这一基本原则，对于附条件不起诉这一机制的广泛应用来讲，这是极其不利的。

最近几年，我国各地都在尝试构建地区性的观护基地，如果是外来的未成年人涉嫌犯罪，他们就会被安排在此进行考察帮教，这

一经验非常值得借鉴和学习。在检察机关与政府的支持和鼓励下，国家应该引入社会力量构建起相关的观护教育基地。借此为涉嫌犯罪的外来未成年人提供固定住所，为他们提供有效的帮教，最好还可以给他们一定的技能培训。为了吸引社会各方力量的参与，国家可以通过税收优惠、精神奖励、物质支持等多种方式进行。对于现有的观护教育基地，建议对其不断的优化升级，协调各方力量，构建起更有助于未成年犯罪嫌疑人回归社会、正常成长的外在环境，还可以引入“互联网+”，进行异地与跨区域帮教。不过在这个过程中要做好未成年人的信息保密工作，帮助涉嫌犯罪的未成年人找到未来的发展方向，解决他们在生活中遇到的诸多难题，让他们获得改过的机会，让他们慢慢地成长为一个对社会负责任的公民。

监督考察附条件不起诉的未成年犯罪嫌疑人时，如果引入除检察机关以外的更为专业的司法组织或社会组织、团体对未成年犯罪嫌疑人进行监督、教育、矫正及考察，效果会更为理想。

第一，检察机关作为未成年犯罪嫌疑人附条件不起诉的决定机关，如若仍让其再承担对未成年犯罪嫌疑人考验期限内的监督考察职责，这样的程序设计极易导致对未成年犯罪嫌疑人进行审查时，在结果上过于恣意。考验期内，被决定予以附条件不起诉的、涉嫌犯罪的未成年人只要无新违法行为，没有明显的不配合举动，则在考验期限届满后，检察机关只是凭借自己和未成年犯罪嫌疑人的有限接触来决定究竟是不是对其予以附条件的不起诉。再加上附条件不起诉在中国原本就是检察机关对自己所享有的自由裁量权予以的具体运用，在该制度适用过程中检察机关是总览全局的，如果缺少了外部的制约或监督，这样的制度设计必然会滋生不规范的隐患。

第二，检察机关不具备在考验期限内对未成年犯罪嫌疑人执行监督考察的实际执行能力，因为检察机关没有足够的资源和精力，也没有专业的教育、矫正、评估及帮扶技能。检察机关在作出对未成年犯罪嫌疑人的附条件不起诉决定并确定了具体的考验期限后，按照刑事诉讼法的制度设计是需要全程追踪帮教，实时教育引导。

现实中，我国多数的检察机关，特别是基层检察机关，其专门办理未成年犯罪嫌疑人案件的承办人多是公诉部门的办案人员，检察机关承办人自身需要承接大量的成年人犯罪案件（基层检察机关每年办理的未成年人犯罪案件少之又少），特别是在边远山区，交通极不便利，检察机关无基层派出机构，不可能长期频繁近距离实施监督、考察未成年犯罪嫌疑人，这样的制度设计是对司法资源极度的重复浪费。而且，我国现行的刑事诉讼法也只是规定考验期内，只要未成年犯罪嫌疑人未有新犯罪行为，也未发现其在此前存在其他的需要追溯的犯罪行为，亦或者是有违反治安管理的相关规定或者是监督管理的相关规定的，检察机关便可以在考验期限届满后作出不起诉的最终决定。通俗一点讲，只要未成年犯罪嫌疑人在考验期内没有违法犯罪行为，那么便可以对其作不起诉处理。这样宽泛的考察内容、评估考察结果对未成年犯罪嫌疑人起到的教育、警示和挽救作用有限。

所以，有必要将未成年人附条件不起诉制度的决定机关、监督考察机关及最终作不起诉决定机关区分开来，相互制衡、互相协作，在其他司法部门或社会团体、组织配合检察机关做好考验监督与考察工作时，还要从外部监督检察机关作出附条件不起诉这一决定的相关行为，有利于进一步实现附条件不起诉制度适用的科学性、客观性及合理性。同时，也可以更好地提升帮教工作的效果。

（三）指定特定的考察地点或场所

如前面所述，考察期内的犯罪嫌疑人多是由其居所地或现住地的村委会或居委会进行监管，由当地的司法所配合对其开展监管工作，即便是2012年《刑事诉讼法》规定了针对未成年犯罪嫌疑人的附条件不起诉制度，且规定未成年犯罪嫌疑人在考验期内由检察机关对其执行监督考察，但实践中针对考验期内的未成年犯罪嫌疑人也多是由村委会、居委会或司法所等单位予以配合或完全依赖托管来约束未成年犯罪嫌疑人，只要保证被决定附条件不起诉的未成年犯罪嫌疑人能随传随到即可。同时，未成年犯罪嫌疑人回到其原有的学习生活和工作环境，仍易受到原不良环境和氛围的影响（特别是一些涉毒等未成年犯罪嫌疑人）。有鉴于实践中的此种情况，笔者建议在要求未成年犯罪嫌疑人负担一定的行为义务的同时，为其指定场所，如考虑让未成年犯罪嫌疑人在附近的养老院、敬老院、孤儿院以及院校体验生活、接受教育、开展义务劳动，让未成年犯罪嫌疑人能接受心灵上的洗礼，感受生活中的“真善美”，对其成长来说是十分有必要的。在我国当前社会中，呈现独生子女的普遍化以及老龄化现象，很多未成年人表现得十分自我，缺少尊老爱幼的基本礼仪，可以完全不顾及别人的感受，凡事都以自我为中心，极易在日常学习生活工作中触犯道德、法律的底线，让其静下心来感受平凡生活中的真谛，无疑是大有裨益的。另外，可以为未成年犯罪嫌疑人提供学习教育、就业培训的机会，也可探索为其开设有针对性的课程，有针对性地对其进行辅导、疏导，点燃其心底深处对美好生活的期盼与向往，帮助其更好地重塑自我。

（四）将专业机构引入考察帮教

立法虽规定在承办未成年人涉嫌犯罪的案件时，检察机关所派遣的检察人员应该具备心理学、社会学以及教育学，还有犯罪学等相关知识，如果检察人员本身在这些方面都为“半桶水”，工作的开展凭借的是自己的经验，那么在处理较高专业性问题的时候，就会遇到挑战。对于考察帮教工作的开展来讲，它的推进和实施不但离不开教育学与社会学方面的知识，最好也要具备专业的犯罪学和心理学方面的知识。实践和理论一再证实心理学知识对于未成年犯罪嫌疑人矫正方面，作用极其重大，特别是未成人在心理上受过创伤时，如果有心理专家的介入，相关建议的有效性会更为明显。必须指出的是专业力量必须要有针对的使用，个案确实需要时才引入，若未成年犯罪嫌疑人在成长的过程中亲情缺乏造成心理扭曲，进而引发犯罪的，那么此时引入心理专家对其予以帮教，对其进行辅导，必要性就极强，效果也会更好。

在司法实践中，各地对专业机构引入考察帮教过程进行了积极探索。某沿海城市的做法是以检察机关为牵头者和组织者，将多方社会力量联合在一起开展相关的工作。该市通过外包的形式把教育和看护涉诉未成年人的工作交由社会组织予以实施。不过伴随对服务质量提出越来越高的要求，再加上服务内容不断增多，原来的费用根本不能覆盖相关服务项目。其间，社区服务社和司法机关的合作濒临破灭。后经多方协商，在多家机构的共同努力之下，该区公检法三家签署了《涉案青少年犯罪预防工作备忘录》，备忘录就涉案未成年人相关的看护、教育、监管服务方面的补贴标准在各司法机关之间达成一致，具体如下：资金由政府提供，结算由办案机关和社会组织之间就服务的提供直接进行。备忘录还在服务时间与服务质量等相关方面对不同司法机关予以了明确，这一备忘录明显提升了各方在各自领域内开展工作的积极性和有效性，使得相关项目的进展更为顺利。

调研证实，就该市而言，社工和闲散青少年之间的人数比为1∶150，在政府大力支持的基础上，到了2014年，这一比值上升到1∶80，这样每个社工负责看护的青少年数量实现了明显的下降，每个青少年获得的看护服务质量得到了提升，更有助于矫正涉案未成年人的相关不良习性。

同时，检察机关在附条件不起诉类的案件中担负着主要的监督考察职责，若它完全置身事外，将所有考察项目都转移给社会机构来开展，这也明显不够合理和有效。某市检察机关专门抽调人员监督了本市所有附条件不起诉类型的案件，发现监督如果不到位，不但机制本身不能发挥很好的成效，甚至会产生负面消极影响。基于此，该市从多个方面，运用多种途径强化了相关监督工作。具体如下：首先，就附条件不起诉类型的案件定期召开专门的座谈会；其次，回访过了考验期的被不起诉人员；再次，针对所有在考验期内的被不起诉的人员，专门召开座谈会进行沟通了解。借助上述方式，了解犯罪嫌疑人在考验期内的表现，不但由犯罪嫌疑人自行予以汇报，还可以由其监护人与社工就其表现予以评价，这有助于犯罪嫌疑人进一步的规范行为，成功渡过考察期，将考察任务予以很好的完成。另外，基于将监督考察这一工作真正落到实处，让这一工作真正发挥实效的目的考量，检察院还和社工组织做好配合，对犯罪嫌疑人的家庭背景与受教育状况，还有心理状况等诸多特征予以分析，进行了解，基于此，有针对性地设定监督考察的相关工作，不但予以心理疏导，还给予教育辅导，甚至是予以教育谈话，除此外，还要求这些未成年人积极地参与到社区的志愿者活动中去，让他们参与法庭旁听，到监管场所去参观，参加相关的拓展活动，借助这些多样化的活动，让他们对自己的过错予以反思，让他们正确面对成长的曲折，让他们凝聚新的成长信心。

第六章　犯罪记录封存的社会衔接机制

一、犯罪记录封存之释义

未成年人犯罪记录封存，是指对于被判处五年以下有期徒刑、拘役、管制、单处罚金、驱逐出境，且犯罪时不满十八周岁的未成年人的犯罪记录予以封存，除司法机关为办案需要或者有关单位根据国家规定进行查询外，不得予以公开，以免影响未成年人的就业、就学等正常生活的特殊保护制度。对未成年人的有关犯罪记录予以封存，可以避免有过犯罪记录的未成年人留下心理阴影，从而为其营造一个有利于其成长的环境，促使其回归社会和健康成长，体现了刑法谦抑化和儿童最大化利益原则的要求。

世界许多国家和地区都规定了犯罪记录封存或者前科消灭制度。法国刑事诉讼法第770条规定："对未满18岁的未成年人作出的裁判决定，在此决定作出3年期限届满后，如该未成年人已经得到再教育，即使其已经达到成年年龄，少年法庭得应其本人申请、检察机关申请或依职权，决定从犯罪记录中撤销与前项裁判相关的登记卡；经宣告撤销犯罪记录登记卡时，有关原决定的记述不得留存于少年犯罪记录中；与此裁判相关的犯罪记录登记卡应销毁。"德国《少年法院法》第97条规定："少年法官确信，被判刑少年行为无可挑剔，证实已具备正派品行时，少年法官可依其职权，或经被判刑少年、其监护人或法定代理人的申请，宣布消除前科记录。亦可经检察官申请，或被判刑人在提出申请时尚未成年，经少年法院帮助机构的代表申请，宣布消除前科记录。”此外，韩国《刑法典》、澳大利亚《青少年犯罪起诉法》、美国《青少年犯罪教养法》、瑞士《联邦刑法典》、英国《前科消灭法》、加拿大《犯罪记录法》、意大利《刑法典》、蒙古《刑法典》、阿尔巴尼亚《刑法典》，以及我国台湾地区“少年事件处理法”、澳门地区《刑事记录规章》等都明确规定了犯罪记录封存或前科消灭制度。[①]

联合国刑事司法准则也确认了对未成年人的犯罪记录封存制度。联合国《少年司法最低限度标准规则》（北京规则）第 21 条规定：“对少年罪犯的档案应严格保密，不得让第三方利用。应仅限于与处理手头上的案件直接有关的人员或其他经正式授权的人员才可以接触这些档案。少年罪犯的档案不得在其后的成人讼案中加以引用。”联合国《保护被剥夺自由少年规则》第 19 条规定：“所有报告包括法律记录、医疗记录和纪律程序记录以及与待遇的形式、内容和细节有关的所有其他文件，均应放入保密的个人档案内，非特许人员不得查阅，其分类编号应使人一目了然。在可能情况下，每个少年均应有权对本人档案中所载任何事实或意见提出异议，以便纠正那些不确切、无根据或不公正的陈述。为了行使这一权利，应订立程序，允许根据请求由适当的第三者查阅这种档案。释放时，少年的记录应封存，并在适当时候加以销毁。”

我国 1996 年《刑事诉讼法》没有规定未成年人犯罪记录封存制度，随着对未成年人犯罪问题的重视，理论界和实务部门都开始关注未成年人犯罪记录封存的问题。2008 年 12 月中央政法委下发的《关于司法体制和工作机制改革若干问题的意见》中指出，“有条件地建立未成年人轻罪犯罪记录消灭制度”。2009 年 3 月，最高人民法院将“配合有关部门有条件地建立未成年人轻罪记录消灭制度”列入《人民法院第三个五年改革纲要（2009－2013）》。2010 年中央综治委预青组等六部门《未成年人刑事案件配套工作

① 沈志先主编：《未成年人审判精要》，法律出版社 2012 年版，第 138 页。

体系意见》中规定，“对未成年犯的档案应严格保密，建立档案的有效管理制度；对违法和轻微犯罪的未成年人，有条件的地区可以试行行政处罚和轻罪记录消灭制度。非有法定事由，不得公开未成年人的行政处罚记录和被刑事立案、采取刑事强制措施、不起诉或因轻微犯罪被判处刑罚的记录。”2011 年 2 月颁布的《刑法修正案（八）》第 19 条规定：“在刑法第一百条中增加一款作为第二款：犯罪的时候不满十八周岁被判处五年有期徒刑以下刑罚的人，免除前款规定的报告义务。”

在实践中，有过刑事犯罪记录的人往往不被社会认同与接纳，在就业、升学等方面受到限制；他们容易受到周围人群的谴责与排斥，难以回到原来的社区重新生活。无法顺利融入社会的遭遇，使得他们自己也更倾向于将他们视为“犯罪人”，从而可能再次犯罪。对于未成年人而言，前科带来的负面影响可能更甚。为了最大限度的消除犯罪带给未成年人的消极影响，更好地维护未成年人的合法权益，有的地区积极探索对未成年人的犯罪记录予以封存或者污点限制公开的做法。实践表明，未成年人犯罪记录封存或污点限制公开的做法在弱化未成年犯罪人“标签”心理，使其重拾生活的勇气和信心，更好地回归社会、防止再犯以及就业、升学和促进家庭亲属关系的和睦等方面，均有积极效果。

2012 年《刑事诉讼法》规定了对未成年人的犯罪记录封存制度。第 275 条规定，犯罪的时候不满十八周岁，被判处五年有期徒刑以下刑罚的，应当对相关犯罪记录予以封存。犯罪记录被封存的，不得向任何单位和个人提供，但司法机关为办案需要或者有关单位根据国家规定进行查询的除外。依法进行查询的单位，应当对被封存的犯罪记录的情况予以保密。根据该条的规定，未成年人犯罪记录封存主要包括以下内容：

第一，适用对象是犯罪时不满 18 周岁且被判处五年有期徒刑以下刑罚的未成年人。对于犯罪时不满 18 周岁的未成年人，并不是一律封存犯罪记录，而仅限于其被判处五年有期徒刑以下刑罚的范围，包括被判处五年以下有期徒刑、拘役、管制、单处罚金、驱逐出境的情形。[1] 对于符合这两个条件的未成年人，无需提出申请，办案机关即应依职权对其犯罪记录予以封存。

第二，犯罪记录封存的法律效力是办案机关不得向任何单位和个人提供未成年人的各项信息。这里的办案机关，是指所有知悉未成年人信息的公安司法机关。根据2012年最高人民法院《刑诉法解释》第490条第1款和第2款的规定："犯罪时不满十八周岁，被判处五年有期徒刑以下刑罚以及免除刑事处罚的未成年人的犯罪记录，应当封存。2012年12月31日以前审结的案件符合前款规定的，相关犯罪记录也应当封存。"2012年最高人民检察院《刑诉规则》第503条和第504条规定："犯罪的时候不满十八周岁，被判处五年有期徒刑以下刑罚的，人民检察院应当在收到人民法院生效判决后，对犯罪记录予以封存。人民检察院应当将拟封存的未成年人犯罪记录、卷宗等相关材料装订成册，加密保存，不予公开，并建立专门的未成年人犯罪档案库，执行严格的保管制度。"2012年公安部《刑事程序规定》第320条第1款规定："未成年人犯罪的时候不满十八周岁，被判处五年有期徒刑以下刑罚的，公安机关应当依据人民法院已经生效的判决书，将该未成年人的犯罪记录予以封存。"

第三，司法机关为办案需要或有关单位根据国家规定进行查询的，经办案机关同意，可以向其提供未成年人的犯罪记录。2012年最高人民法院《刑诉法解释》第490条第3款规定，司法机关或者有关单位向人民法院申请查询封存的犯罪记录的，应当提供查询的理由和依据。对查询申请，人民法院应当及时作出是否同意的决定。2012年最高人民检察院《刑诉规则》第505条规定，除司法机关为办案需要或者有关单位根据国家规定进行查询的以外，人

---

① 张军主编《〈刑法修正案（八）〉条文及配套司法解释理解与适用》，人民法院出版社2011年版，第140页。

民检察院不得向任何单位和个人提供封存的犯罪记录，并不得提供未成年人有犯罪记录的证明。司法机关或者有关单位需要查询犯罪记录的，应当向封存犯罪记录的人民检察院提出书面申请，人民检察院应当在七日以内作出是否许可的决定。2012 年公安部《刑事程序规定》第 320 条第 2 款规定，犯罪记录被封存的，除司法机关为办案需要或者有关单位根据国家规定进行查询外，公安机关不得向其他任何单位和个人提供。

根据 2012 年最高人民检察院《刑诉规则》和 2012 年公安部《刑事程序规定》的规定，被封存犯罪记录的未成年人，如果发现漏罪，且漏罪与封存记录之罪数罪并罚后被决定执行五年有期徒刑以上刑罚的，应当对其犯罪记录解除封存。

未成年人犯罪记录封存，对于维护未成年人的合法权益，帮助重新回归社会，具有积极意义。除对未成年人的犯罪记录予以封存以外，2012 年最高人民检察院《刑诉规则》第 507 条规定“人民检察院对未成年犯罪嫌疑人作出不起诉决定后，应当对相关记录予以封存”。2010 年中央综治委预青组等六部门《未成年人刑事案件配套工作体系意见》规定，“不得公开未成年人的行政处罚记录和被刑事立案、采取刑事强制措施、不起诉或因轻微犯罪被判处刑罚的记录。”因此，对未成年人被行政处罚的记录和被刑事立案、采取刑事强制措施、不起诉等记录也要封存。

二、犯罪记录封存的重要意义

（一）有利于消除未成年人的犯罪标签心理，防止再犯

社会心理学认为，每个人都具有强烈的求同归属感，即每个人都有一种向往和能动地适应群体生活的心理属性，都希望得到社会和群体的承认、保护、尊重等。如果一个人被排斥在群体之外，就会产生孤独、自卑、闭塞等不良心理反应。未成年人实施犯罪后，受到外界和自身因素的影响，或多或少都会存在心理障碍，倘若得不到及时缓解和疏导，很可能会形成自卑、抑郁等消极人格。封存

相关犯罪记录能使未成年人充分认识到国家和社会对他们的关心和爱护，有利于他们从内心上真正改过自新，增加生活和工作的信心，有效避免再次走上犯罪的道路。根据以前的研究表明，通过犯罪记录封存，未成年人对实施犯罪行为之后产生的自卑感明显下降；人生观和价值观发生较大转变，对生活的满意度也不断提高，对自己的未来持积极乐观的态度；都不会再选择重新犯罪。

（二）有利于保证未成年人上学或就业

上学与就业不仅关涉到未成年人的知识和生活保障问题，而且为未成年人提供了一个可以依托的组织结构，从而加强了与社会的联系，提高了社会整合度。由于涉及违法犯罪行为，大多数的涉案未成年人会被就读学校开除学籍或被工作单位解雇，即使被司法分流，仍然要面临来自社会的排斥，难以重新回到学校上学或原单位工作。有研究表明，如果不能有效地促使涉案未成年人复归社会，任由其游离在国家和社会的监管之外，将会给国家和社会的和谐稳定带来潜在的危险。①

未成年人在14岁至18岁期间基本上处于就读初中或者其他中等教育的阶段。尽管《教育法》、《未成年人保护法》等法律明确要求保护未成年人接受义务教育的权利，但是在实践中，学校为了完成各类评比中“零犯罪率”指标的需要，往往会劝退仍处于义务教育阶段的未成年犯。② 至于在非义务教育的其他中等教育阶段，学校对未成年犯会选择直接开除。而通过封存未成年人的犯罪记录，则有利于未成年人复学、升学。而对于自身不想上学的未成

① 美国犯罪学家沃尔夫冈在20世纪60年代进行了著名的费城调查。调查显示，未成年人犯罪如果在3次以上，又没有得到挽救改造的话，成年以后这部分人所实施的犯罪可能会占到整个刑事犯罪的50%以上。云南省昆明市盘龙区人民政府、救助儿童会编：《为了明天——未成年人保护与违法犯罪综合预防研讨会文集》，中国检察出版社2007年版，序言。

② 参见孙莹：《零犯罪率卡住校方　非监禁刑少年复学难》，载《北京晚报》2008年4月7日。

年人而言，封存其犯罪记录则有助于其找到合适的工作。在司法实践中，有的地区立足于为未成年人解决上学和就业问题，通过联系学校、介绍工作等方式，帮助被犯罪记录封存的未成年人重新融入正常的学习、工作和社会生活。

（三）有利于维护未成年人家庭关系的和谐稳定

家庭是社会的基本结构，每个人都生长在家庭里面。家长对于孩子的同情、关心和爱护是人类最美好的情感之一。[①] 家庭关系稳定与和谐与否，对于未成年人实施违法犯罪行为具有非常重要的影响。国内外的诸多研究表明，在对未成年人犯罪的影响方式上，家庭关系紧张容易诱发未成年人形成不良人格，脱离家庭走上犯罪道路。[②] 进一步而言，亲子关系作为未成年人与父母的联系纽带，在很大程度上决定了父母监管等家庭教育活动的有效性。一旦亲子关系趋于紧张，未成年人则往往会出现抵触、逆反情绪，容易脱离监管，对于父母的行为惩戒和教育活动产生厌烦。未成年人更容易与同伴联系密切，增加与不良同伴接触的机会，参与实施犯罪。此外，父母关系的紧张也会对未成年人犯罪产生直接的影响。社会控制理论认为，紧张的父母关系弱化了家庭的外部控制力量。父母关系紧张形成的不良家庭氛围降低了子女对家庭的依恋，容易导致未成年人自控力下降，大大增加了未成年人出现逃学、打架等不良行为的可能，直接引发了未成年人离家出走，促使其加入社会违法犯罪团伙。[③]

实践也表明，大多数未成年人实施犯罪行为都与家庭不完整、家庭关系不和等因素有一定的联系。反过来，未成年人犯罪后会进一步加剧家庭关系的不和谐甚至造成家庭关系的破裂。在有些家庭

---

① ［美］休谟：《人性论》，关文运译，商务印书馆 1980 年版，第 389 页。

② 关颖、鞠青主编：《全国未成年犯抽样调查分析报告》，群众出版社 2005 年版，第 134 页。

③ 李玫瑾、靳高风主编：《未成年人犯罪与少年司法制度创新》，中国人民公安大学出版社 2015 年版，第 30、42 页。

中，未成年人犯罪后，会被家庭成员看成是坏孩子，受到各种有形或者无形的冷遇。有学者对未封存犯罪记录的30名未成年人进行了回访调查。在对犯罪记录封存后，认为和家人、亲朋的关系“变好很多”或者“变好一些”的有10名，占66.7%；认为“没有变化”的有5名，占33.3%。[①] 可见，通过对未成年人的犯罪记录予以封存，不使外界知晓其犯罪事实，既有利于保障未成年人的合法权益，也有利于未成年人家庭关系的修复与和谐稳定。

三、犯罪记录封存的实践调查

（一）H省Q市

Q市人民法院设有独立的少年审判庭。2014年，少审庭共审结未成年人刑事案件30起，其中13起符合犯罪记录封存的条件并被依法予以封存，占43.3%。在这13起被封存的案件中，有6起为故意伤害案件，4起抢劫案件，3起盗窃案件。在判处的刑罚方面，对被告人的宣告刑在3年到5年有期徒刑的案件有7起，占53.8%；判处3年以下有期徒刑的有2起，占15.3%；被判管制、拘役等其他刑罚或免予刑事处罚的案件为4起，占30.9%。

第一，法院。犯罪记录封存的决定由法官随判决书一并作出，没有独立的犯罪记录封存程序。法官在作出相应决定时不考虑被告人或被害人的意愿，也不允许双方就应否封存进行抗辩。对于符合封存条件的未成年人刑事案件，Q市人民法院设立专门的档案库，用以存放该未成年人案卷材料。通常情况下，Q市法院会在作出未成年人犯罪记录封存决定后一周内，向当地公安机关、检察院送达该未成年人犯罪记录被封存的决定书，用以告知并督促公安机关、检察院对相关材料予以封存。但是，公安机关、检察机关有无对相关信息予以封存，封存效果如何，法院不会进行核实，法律也没有

---

① 宋英辉等：《未成年人刑事司法改革研究》，北京大学出版社2013年版，第200页。

规定法院要进行核查。在记录查询方面，Q 市法院在 2014 年年底之前没有接到过查阅被封存信息的申请。

第二，检察院。Q 市人民检察院在收到法院送达的未成年人犯罪记录封存决定书后，除将所掌握的该未成年犯的案卷材料专柜保存外，再没有其他任何工作，对于检察院来说，封存制度对其唯一的要求似乎便是增设一个专柜。封存制度实施以来，Q 市检察院没有对公安机关或法院的制度实施状况进行过监督，也从来没有收到过任何关于查询被封存信息的申请。此外，对于未成年人被酌定不起诉或被附条件不起诉的，Q 市检察院认为其相关信息尽管并不适用犯罪记录封存制度，但应当按照未成年人隐私保密的原则不得对外公开。

第三，公安机关。Q 市公安局对法院送达的封存决定书并未严格按照法律规定对相关犯罪材料进行封存，对应当被封存的未成年人犯罪信息也没有进行专门保管。实践中，通过户籍科仍能查询到犯罪记录被封存的未成年人的犯罪信息，户籍民警对于《刑事诉讼法》规定的犯罪记录封存制度了解不多，在一定程度上影响了犯罪记录封存在公安机关的实际效果。即使是相关犯罪记录被依法封存的未成年罪犯，公安机关仍然拒绝为其开具《无犯罪记录证明》。但是，如果未成年犯能够提供法院作出的犯罪记录封存决定等证明文件，公安机关可以为未成年人开具《无犯罪记录证明》。在犯罪信息查询方面，Q 市公安机关执行的不太严格，记录封存效果未能落到实处。有关单位持需要查询记录的相关证明材料或者公民个人凭姓名和身份证号，均可到派出所查询未成年犯的犯罪信息，不利于对未成年人的隐私及其他合法权益的保护。

（二）J 省 X 市

同 Q 市人民法院一样，X 市法院也设有独立的少年审判法庭。2014 年，少审庭共审结未成年人刑事案件 27 起，均符合法定的记录封存条件而被依法予以封存。这 27 起案件所涉及的罪名有敲诈勒索、盗窃、故意伤害、抢劫、强奸、绑架和寻衅滋事。其中宣告刑在3年到5年有期徒刑的有13起，占48.1%；被判处3年以下有期徒刑的有9起，占33.3%；被判处拘役、管制等其他刑罚或者免予刑事处罚的有5起，占18.6%。

第一，法院。X市属于J省管辖的县级市，经济水平较为发达，社会和司法文明程度相对较高，对未成年人犯罪记录封存制度的落实也较为到位。在X市法院，法官在审理未成年人刑事案件时通常不就犯罪记录应否封存召开独立的程序，封存决定往往在判决书作出时由法官独立作出，犯罪记录封存完全依据法律作出，不会考虑未成年被告人或者被害人一方的意愿。但在调研中，根据X市少年审判庭的一位法官透漏，对于少数未成年人实施的较为严重的刑事案件，法官认为所判刑罚可能在5年有期徒刑左右的，则会在休庭后单独询问公诉人对犯罪记录应否封存的意见。在听取公诉人意见后，法官认为可以对未成年被告人适用犯罪记录予以封存的，将会对未成年被告人判处五年以下有期徒刑，如果听取公诉人意见后认为不宜适用犯罪记录封存的，则处以五年以上有期徒刑。法院决定对未成年人犯罪记录封存的，将分别向X市公安机关和X市人民检察院、未成年犯和被害人送达《犯罪记录封存决定书》。同时，根据X市法院关于犯罪记录封存的内部规定，法官应当在判决作出后三个工作日内将该未成年犯的案卷材料连同《犯罪记录封存决定书》一起送交档案室，由档案室设立专门的未成年人犯罪信息封存库统一保管。

在信息查询方面，X市法院规定除公安司法机关以外，其他符合条件的查询主体需提交书面申请，申请统一交由少年审判庭进行审查。经少年审判庭审查后认为符合法律规定的查询条件的，应出具同意对相关信息查阅的书面证明，随后，查询主体凭此证明到档案室调阅有关信息。如果少年审判庭审查后认为不符合法律规定的查询条件的，则应作出不同意该单位或个人查询相关信息的决定，以切实保障未成年人的合法权益。

第二，检察机关。犯罪记录封存制度实施后，X市检察院很快便设立了用以封存未成年人案卷材料的专柜，并规定检察院在收到法院送达的《犯罪记录封存决定书》后，应当在七日内将相关材料整理入库封存。对于本院作出的不起诉决定，相关材料也要予以封存。对于被封存的信息，除公安司法机关基于办理案件所需以外，禁止任何单位和个人查阅已被封存的犯罪记录。对于被作出附条件不起诉或酌定不起诉的未成年人的相关信息，X 市检察院参照犯罪记录封存制度的规定予以封存，不允许随意查阅和公开。

第三，公安机关。X 市公安局并不对自己所掌握的未成年犯相关信息进行封存，在其看来，封存制度对公安系统的要求仅为对特定未成年犯开具无犯罪记录证明。至于何种情形下可以对未成年犯出具无犯罪记录证明，户籍科科长在受访中认为本科室不具有审查权限，但实务中，无论犯罪记录是否被封存或记录被封存的未成年犯因何申请开具相关证明，户籍民警统一严格依照户籍系统所显示的信息，拒绝对有犯罪前科的人出具无犯罪记录证明。相应的，民警也并不拒绝机关和国有单位对被封存犯罪信息的查询，但对于私企、社团组织或个人查询他人犯罪信息的，窗口民警一般并不允许。

（三）H 省 D 市

D 市人民法院没有设立专门的少年审判法庭，未成年人刑事案件由刑一庭的两名专门法官负责审理。2014 年，该院共审结未成年人刑事案件 8 起，符合法律规定的封存条件的有 7 起。在这 7 起案件中，有 3 起盗窃案件，2 起故意伤害案件，1 起抢劫案件和 1 起强奸案件。其中宣告刑在 3 年到 5 年有期徒刑的有 4 起，占全部封存案件的 57.1%；被判处 3 年以下有期徒刑的有 1 起，占 14.3%，被判处拘役、管制等其他刑罚或者免予刑事处罚的有 2 起，占 28.6%。

第一，法院。两位法官认为，尽管犯罪记录封存制度实施已有近两年时间，但由于缺乏具体的法律规定，导致制度在实际运行中仍处于探索阶段。在未成年人犯罪记录封存决定作出中，法官或多或少总会考虑被害人的意见，尤其是在相对较为严重的未成年人刑事案件中，法官会在量刑阶段向当事人讲解封存制度，以及该案可能对被告人的犯罪记录予以封存，随后，法官会单独询问被害人的意见，并根据情况调整后续审判行为。

2014 年 3 月初，D 市人民法院审理了未成年人赵某强奸一案。由于赵某系初犯且有自首情节，法官欲对其判处三年有期徒刑，但在审理过程中，法官发现被害人及其父母情绪十分激动，且赵某对被害方也无明显的认错和悔罪表示。由于担心被害方会对最后的封存决定不满，法官在量刑阶段向双方讲解了封存制度的规定、目的及法律效力，并询问被害人对犯罪记录封存的意见。被害人及其父母听后极其不赞成，并伴有过激言论，随后，法官宣布休庭并要求被告人主动认错，积极赔偿，力求同被害人达成相应和解。最终，在被告人当庭对被害人道歉并答应额外赔偿其人民币两万元后，法官作出《犯罪记录封存决定书》并送达当事人、检察院和公安机关。

对于决定封存的未成年犯的案卷信息，D 市法院要求档案室设专柜保存，除公安司法机关基于办理案件需要以外，禁止任何其他机关、单位和个人查询。事实上，自犯罪记录封存制度实施以来截至 2015 年 6 月，D 市法院也未收到过任何除公安机关、检察机关以外其他国家机关、有关单位和个人的查询申请，比较好的保护了未成年人的隐私。

第二，检察机关。D 市检察院在收到法院送达的《犯罪记录封存决定书》后，会将未成年犯的案卷材料设专柜保存，禁止除公安、司法系统外的任何主体查询（事实上公安局和法院也很少能调阅到检察院的相关档案）。制度实施以来，检察院并未对法院和公安机关开展犯罪记录封存制度的实际状况进行过监督，也并未提出过相关的纠正意见。在调研中，有关部门的检察人员认为，犯罪记录封存制度仍不具有严格规范的具体操作规则，司法实践中各地做法迥异，缺乏统一适用标准，难以形成有效监督。

第三，公安机关。D市公安局曾在2013年4月要求户籍科统一组织科室民警对未成年人犯罪记录封存制度进行系统学习，随后，对来公安机关申请查阅被封存犯罪记录的审核权，以及是否对未成年犯出具无犯罪记录证明的决定权被交由户籍科来行使。但由于没有制定明确的标准，导致制度在实际运行中较为混乱。

实践中发生过这样两起案例。赵某、孙某二人均为犯罪记录被依法封存的未成年犯。2013年，赵某因求职需要到当地派出所申请开具《无犯罪记录证明》。具体办理该业务的民警审查后认为，赵某的就职单位属于私企，不属于法律禁止有犯罪记录人员从事的行业，可以对其开具《无犯罪记录证明》，故派出所为赵某出具了相关证明，赵某顺利入职该企业。同年，在当地小学做保安的孙某也因工作需要，申请当地派出所出具《无犯罪记录证明》。但恰逢D市开展中小学安全隐患排查活动，具体办理该业务的民警认为，小学安保工作涉及学生安全，事关重大，因而拒绝为其出具《无犯罪记录证明》，给孙某职业选择和发展带来严重的障碍。可见，同为犯罪记录被封存的未成年犯，申请出具无犯罪记录的理由也几乎相同，公安机关基于某些特殊因素的考虑，从而可能作出截然相反的两种处理结果。

四、犯罪记录封存社会衔接存在的问题

尽管犯罪记录封存对于消除未成年人的犯罪标签心理、保证未成年人上学或就业、维护未成年人家庭关系的和谐稳定等方面具有积极意义，但是各地在司法实践中贯彻落实犯罪记录封存制度的相关要求时却不尽一致。并且，由于犯罪记录封存制度立法层面的缺陷，以及与相关法律法规等规范文件的规定存在矛盾和冲突等原因，造成犯罪记录封存的社会衔接机制不畅，即使未成年人的犯罪记录被封存了，但其重新上学或者就业等仍然面临诸多障碍，导致其顺利回归社会、正常生活的实际效果并不尽如人意。

（一）封存条件较为单一，被封存的案件并不限于轻罪

我国立法并没有明确规定轻重罪的划分标准，所谓轻罪和重罪的划分是学界基于法定刑轻重而作的一种理论上的分类，实务部门也普遍接受对轻罪和重罪的分类并实际上也在使用。无论是学界还是实务界大都倾向于将法定刑为3年有期徒刑以下刑罚的案件归类为轻罪案件。也有学者指出，如果以3年有期徒刑的法定刑为划分标准，则刑法451个罪名中，轻罪仅为246个，占所有罪名的54.5%，不符合轻罪应在一国刑事立法中占绝对多数的国际标准。[①] 因而更倾向于以5年有期徒刑作为轻重罪的划分标准，即“法定最高刑为5年有期徒刑以下刑罚的为轻罪，法定最低刑为5年有期徒刑以上刑罚的为重罪。”[②]

具体到犯罪记录封存制度，2012年《刑事诉讼法》第275条规定的适用范围是“被判处五年有期徒刑以下刑罚”的未成年人刑事案件，此处的“五年有期徒刑以下刑罚”是指最终判处的宣告刑而非法定刑。按照最高人民法院《人民法院量刑指导意见》的规定，具有多个量刑情节的，采用同向相加、逆向相减的方法调节基准刑；具有未成年量刑情节的，先适用该量刑情节对基准刑进行调节，在此基础上再适用其他量刑情节进行调节。例如，对已满十四周岁不满十六周岁的未成年人犯罪，减少基准刑的30%~60%；已满十六周岁不满十八周岁的未成年人犯罪，减少基准刑的10%~50%。对于自首情节，可以减少基准刑的40%以下；犯罪较轻的，可以减少基准刑的40%以上或者依法免除处罚。据此，未成年人犯罪记录封存制度适用的案件范围并不仅仅限于法定刑可能判处五年有期徒刑以下刑罚的轻罪案件，还包括法定刑超过五年有期徒刑但因具有某些从轻或者减轻情形而宣告刑在五年有期徒刑以下刑罚的案件在内。

---

① 郑丽萍：《轻罪重罪之法定界分》，载《中国法学》2013年第2期。

② 田兴洪：《轻重犯罪划分新论》，载《法学杂志》2011年第6期。

也有学者指出，刑罚成为对未成年人适用犯罪记录封存制度的唯一标准，这意味着，司法实务并不考虑未成年罪犯的主观态度，即使其态度极为恶劣，不思悔改，若其宣告刑低于五年有期徒刑也应适用犯罪记录封存制度。因此，该制度对于主观恶性较大、悔罪态度较差的未成年罪犯很可能起不到应有的督促作用。立法与制度的威慑、督促作用宜呈连续性，犯罪记录封存制度的刚性化不但会削弱该制度的持续督促作用，甚至可能会纵容未成年人实施违法犯罪行为。[①] 结果就是，尽管出于保护未成年人的目的对其犯罪记录予以封存了，但对犯罪记录被封存的未成年人无法有效实现再社会化，仍然游离在正常的社会生活之外，成为社会的不稳定因素，严重的可能还会再次实施违法犯罪行为。

（二）负有封存记录的义务主体限于公安司法机关，实际封存效果不到位

我国2012年《刑事诉讼法》第275条并未对负有封存义务的主体作出明确规定，最高人民法院《刑诉法解释》[②]、最高人民检察院《刑诉规则》[③] 以及公安部《刑事程序规定》[④] 对法院、检察院和公安机关开展犯罪记录封存作了进一步规定。除公安司法机关外，实际上仍然存在许多可能知晓未成年人犯罪信息的主体，如案件当事人、诉讼参与人、未成年人居住地的基层组织、少年犯管教所等，而依照相关法律法规，这些主体并不属于犯罪记录封存义务

---

① 谢安平、郭华主编：《未成年人刑事诉讼程序研究》，中国政法大学出版社2015年版，第267页。

② 2012年最高人民法院《刑诉法解释》第490条规定："犯罪时不满十八周岁，被判处五年有期徒刑以下刑罚以及免除刑事处罚的未成年人的犯罪记录，应当封存。"

③ 2012年最高人民检察院《刑诉规则》第503条规定："犯罪时不满十八周岁，被判五年有期徒刑以下刑罚的，人民检察院应当在收到人民法院生效判决后，对犯罪记录予以封存。"

④ 2012年公安部《刑事程序规定》第320条第1款规定："未成年人犯罪的时候不满十八周岁，被判处五年有期徒刑以下刑罚的，公安机关应当依据人民法院已经生效的判决书，将该未成年人的犯罪记录予以封存。"

主体，不具有对相关信息保密的义务。这就导致在封存决定作出后，未成年人的犯罪信息在一定程度上仍处于半公开化的状态，[①]这也造成犯罪记录封存的实际效果不佳，犯罪记录被封存的未成年人顺利回归社会的现实路径仍然存在障碍。

（三）对被封存信息的查询程序不明确

在封存信息的查询方面，相关规定仍不够完善。例如，公安部《刑事程序规定》第320条第2款提到，有关单位根据国家规定或司法机关为办案需要可以对公安机关封存的未成年人犯罪信息进行查询。其中，“办案需要”是否仅限于刑事案件还是包括民事和行政案件；“单位”的具体范围；“国家规定”包括哪些等均处于不确定状态。这使得实务中公安机关不知道该如何落实这项规定，以致其要么不适用相关规定，统一允许或禁止对被封存犯罪信息的查询，要么自行制定标准，对是否允许相应主体查询拥有很大的自由裁量的空间。2012年最高人民检察院《刑诉规则》和2012年最高人民法院《刑诉法解释》分别赋予检察机关和法院对于查询申请的裁量权，允许检察机关和法院根据查询主体提出申请的理由和依据决定是否准许其查阅被封存的犯罪信息。但是，由于缺乏对查询主体和查询依据的具体规定，实践中对于被封存信息的查询较为混乱。

（四）与现行法律法规等有关规定冲突，封存后回归社会依然困难

未成年人犯罪记录封存制度的立法初衷在于通过对特定未成年人犯罪记录的封存，使未成年犯以一个没有任何刑事“污点”的全新形象重新融入社会，最终达到保护和有效改造未成年犯的目的。但是，现行许多法律法规、行政规章等规范性文件中都对实施过犯罪行为的人规定了禁止或限制性条款，导致犯罪记录封存徒具

① “半公开化”是指：尽管未成年人的犯罪信息没有以公告等可为公众所见的形式予以公开，但当事人等上述主体却会有意无意地将犯罪信息逐步向外扩散。

其名，而无其实。

《刑法修正案（八）》中关于前科报告义务的免除以及不构成累犯的规定，为推行未成年人犯罪记录封存制度扫除了很大的阻力，但它对未成年犯罪人重新回归社会的效果是有限的。免除前科报告义务以及不构成累犯只是消灭了前科的刑事法律评价。前科除刑事法律上的评价外，还包括民事、行政法律上的评价。要使犯罪记录封存在社会评价体系获得实质效力，除了封存前科刑事法律评价外，还得继续封存与之相关的民事法律评价、行政法律评价，甚至是社会上的非规范性评价。根据我国《公务员法》、《检察官法》、《法官法》、《律师法》、《教师法》、《拍卖法》、《会计法》、《注册会计法》、《公司法》、《执业医师法》等法律的规定，有犯罪前科的人员不得或在一定期限内不得从事以下职业：公务员、检察官、法官、律师、拍卖师、会计师、注册会计师、公司的董事、监事和经理、执行医师。根据《兵役法》，依照法律被剥夺政治权利的人，不得服兵役。而且即使未被剥夺政治权利，在政审时往往也难以通过。因此，在上述法律未修改之前，犯罪记录封存制度在实施中将“大打折扣”。

此外，犯罪记录封存制度与公安机关的许多现行规章存在不同程度的冲突。（1）与公安部有关规定冲突。根据规定，对因故意违法犯罪被刑满释放不满五年的人员，公安机关要深入社区、街道、居委会或者村委会调查了解其基本情况，调查核实与其相关的信息资料，同时进行重点监控和定期帮助教育。即便对未成年人犯罪记录进行了封存，其实际效果也令人怀疑。（2）与公安机关开具有无违法犯罪记录证明的制度矛盾。根据相关规定，公安机关有义务在公民从事特定行业时出具有无违法犯罪记录证明。然而，鉴于未成年人曾经被定罪量刑的事实记录，即使未成年人犯罪记录被封存，当其从事特定行业时，公安机关还是无法出具其无违法犯罪历史的证明。（3）与公安机关的户籍管理制度相冲突。我国现行户籍制度是计划经济时代的产物，每位公民的出生、上学、结婚、就业、迁移等无不受到户籍制度的制约。户籍与公民的政治、经济、文化教育权利挂钩，记载了该公民的违法犯罪情况及服刑情况。在我国户籍制度改革之前，未成年人犯罪记录封存制度难以有效实现。此外，我国还没有建立犯罪信息登记、查询的专门制度，行为人犯罪信息散见于人事档案、户籍登记和其他相关人事资料中。这对未成年人犯罪记录封存制度提出了严重挑战。①

五、犯罪记录封存社会衔接机制的完善

（一）与现行法律法规等规范性文件的协调和衔接

1. 与有关法律规定的衔接

在我国，对未成年人犯罪记录的法律评价包括两类：一是刑事法律上的评价；二是民事、行政法律上的评价。就前者而言，2012年修改的《刑事诉讼法》增加规定了，犯罪的时候不满十八周岁，被判处五年有期徒刑以下刑罚的，应当对相关犯罪记录予以封存。《刑法修正案（八）》免除了被判处五年有期徒刑以下的未成年人的前科报告义务。但是，对于后者，相关民事、行政法律仍对未成年人犯罪记录作出了否定性的评价。根据我国《公务员法》②、《检

① 刘清生：《规范与事实之间的冲突与弥合：未成年人犯罪记录封存制度的未来走向》，载《中国刑事法杂志》2012 年第 6 期。

② 《公务员法》第 24 条规定：“下列人员不得录用为公务员：（一）曾因犯罪受过刑事处罚的……”

察官》[①]、《法官法》[②]、《律师法》[③]、《教师法》[④]、《拍卖法》[⑤]、《会计法》[⑥]、《注册会计师法》[⑦]、《公司法》[⑧]、《执业医师法》[⑨] 等法律，有犯罪记录的人员不得或者在一定期限内不得从事以下职业：公务员，检察官，法官，律师，拍卖师，会计师，注册会计师，公司的董事、监事和高级管理人员，执业医师等。根据《兵役法》[⑩]，依照法律被剥夺政治权利的人，不得服兵役。2012 年《刑事诉讼法》第 275 条但书规定，"司法机关为办案需要或者有关单位根据国家规定进行查询的除外"，上述法律属于该但书中的"国家规定"。换言之，有关单位可以根据上述法律规定查询未成

① 《检察官法》第 11 条规定："下列人员不得担任检察官：（一）曾因犯罪受过刑事处罚的……"

② 《法官法》第 10 条规定："下列人员不得担任法官：（一）曾因犯罪受过刑事处罚的……"

③ 《律师法》第 7 条规定："申请人有下列情形之一的，不予颁发律师执业证书……（二）受过刑事处罚的，但过失犯罪的除外……"

④ 《教师法》第 14 条规定："受到剥夺政治权利或者故意犯罪受到有期徒刑以上刑事处罚的，不能取得教师资格；已经取得教师资格的，丧失教师资格。"

⑤ 《拍卖法》第 14 条规定："被开除公职或者吊销拍卖师资格证书未满五年的，或者因故意犯罪受过刑事处罚的，不得担任拍卖师。"

⑥ 《会计法》第 40 条规定："因有提供虚假财务会计报告，做假账，隐匿或者故意销毁会计凭证、会计账簿、财务会计报告，贪污，挪用公款，职务侵占等与会计职务有关的违法行为被依法追究刑事责任的人员，不得取得或者重新取得会计从业资格证书。"

⑦ 《注册会计师法》第 10 条规定："有下列情形之一的，受理申请的注册会计师协会不予注册……（二）因受刑事处罚，自刑罚执行完毕之日起至申请注册之日止不满五年的……"

⑧ 《公司法》第 147 条规定："有下列情形之一的，不得担任公司的董事、监事、高级管理人员……（二）因贪污、贿赂、侵占财产、挪用财产或者破坏社会主义市场经济秩序，被判处刑罚，执行期满未逾五年，或者因犯罪被剥夺政治权利，执行期满未逾五年……"

⑨ 《执业医师法》第 15 条规定："有下列情形之一的，不予注册……（二）因受刑事处罚，自刑罚执行完毕之日起至申请注册之日止不满二年的……"

⑩ 《兵役法》第 3 条规定："依照法律被剥夺政治权利的人，不得服兵役。"

年人的犯罪记录，即犯罪记录封存后，未成年人仍无法从事上述法律规定的职业。为了实现未成年人犯罪记录封存制度的立法初衷，上述相关法律应当作出调整，放宽职业准入条件，除涉及国家安全或特殊职业等特殊岗位外，一般职业不宜进行过严的准入限制。

此外，封存效果也存在与《刑事诉讼法》其他规定的协调问题，如《刑事诉讼法》虽然规定了对于审判时被告人不满十八周岁的案件，不公开审理。但同时又规定“对于不公开审理的案件，宣判要公开”。公开宣判显然会对未成年人犯罪记录的封存产生一定的不利影响。那么，如何协调公开宣判与犯罪记录封存之间的关系，就必须在二者中间作出选择，从保护未成年人最大利益的角度而言，对犯罪记录封存的案件采取不公开宣判的方式更为适宜。因此，从国家和社会有责任保护和关爱未成年人，从为实施犯罪行为的未成年人创造重新融入社会的成长环境这一角度，建议全国人大及其常委会将来在修改有关法律时对与犯罪记录封存相悖的相关规定加以修改和调整，以尽可能维护未成年人的合法权益，减少社会对立面，维护国家和社会的长久稳定。

2. 与有关部门规章、规范性文件的衔接

犯罪记录封存制度实施过程中，还会涉及与公安部门、教育部门等有关规章或规范性文件进行协调的问题。例如，公安部规定的因故意违法犯罪被刑满释放不满五年的人员，公安机关要深入社区、街道、居委会或者村委会调查了解其基本情况，调查核实与其相关的信息材料，同时进行重点监控和定期帮助教育。实际调查显示，公安机关每个月会找这些重点人员谈话一次，要求他们每个月提交一份思想报告，每一季度进行一次集中教育。为了与未成年人犯罪记录封存制度相协调，公安机关应当对重点人员进行管理的方式作适当调整，比如区分不同的对象分别设定不同的条件，如根据是严重暴力犯罪的刑满人员还是过失犯罪的刑满人员，区分适用不同的管理模式。对于犯罪记录被封存的未成年人来说，公安机关要尽可能不搞集中式的法制教育和集中管理，尽可能不采取与未成年人直接接触或者要求其到公安机关报告的方式进行管理，避免有关信息的泄露等，从而给未成年人造成负面影响。

（二）赋予未成年人及其法定代理人申请犯罪记录封存的权利

在未成年人犯罪记录封存制度的启动上，主要有两种做法。一种是依职权启动的模式。例如，日本《少年法》第 60 条规定："刑罚执行完毕或免于执行的少年犯，得视为没有受过刑事处分。"[①] 瑞士《联邦刑法典》第 96 条规定："被附条件执行刑罚的少年犯在考验期内经受住考验的，审判机关命令注销其犯罪记录。"[②] 另一种是依职权与依申请并行的模式。德国《少年法院法》规定："少年刑事案件的审判法官即可依职权，主动宣布消除犯罪记录，也可依被判刑少年、监护人、法定代理人、检察官、少年法官帮助机构的代表的申请宣布消除犯罪记录。"[③] 在俄罗斯，未成年犯罪人在服刑结束后经过法定期限，其相关记录自动消灭；未成年犯在期限届满前提出申请的，法院应审查后作出决定。

根据 2012 年《刑事诉讼法》及有关司法解释的规定，我国犯罪记录封存程序的启动，只能由法院或检察院依职权进行。这种单一的封存条件不利于准确评估未成年犯的人身危险性，也不利于切实保护未成年犯的合法权益。因此，应当赋予未成年人及其法定代理人申请启动封存程序的权利。

---

① 孙云晓、张美英主编：《当代未成年人法律译丛【日本卷】》，中国检察出版社 2006 年版，第 185 页。

② 徐久生、庄敬华译：《瑞士联邦刑法典》，中国方正出版社 2004 年版，第 94 页。

③ 孙云晓、张美英主编：《当代未成年人法律译丛【德国卷】》，中国检察出版社 2006 年版，第 207~208 页。

（三）完善犯罪记录的封存和查询机制

2012年《刑事诉讼法》对封存制度规定得较为概括，导致该制度在实际运行中存在一些问题。哪些犯罪记录属于被封存的对象，除公安机关、检察院和法院之外，司法行政机关等其他掌握有相关犯罪信息的单位是否属于封存义务主体都处于不确定的状态。因此，应当进一步完善未成年人犯罪记录的封存和查询机制，明确封存义务主体为公安、司法机关、司法行政机关等所有掌握未成年人犯罪有关材料的机关、单位和团体组织，规定除公安、司法机关外，任何掌握相关材料的机关、单位和团体组织需限期内将有关材料销毁或移送公检法机关。公检法机关应各自建立档案专柜，存放被封存的案卷材料。对外方面，取消被封存犯罪信息对公安机关户籍管理部门的开放，保证任何对外可供公开查询的人事档案、户籍登记上都没有被封存的犯罪信息。查询主体如有需要，可向作出生效裁判的法院递交书面申请，申请中需列明查询的理由、法律依据和相关信息的用途，并承诺对有关信息尽到保密义务。对于查询主体不履行保密义务，将犯罪信息泄露给其他单位或不特定个体的，或未依照申请书所列目的，将犯罪信息用作它途的，被申请的司法机关可对其进行相应处罚。

（四）健全违反犯罪记录封存制度的救济机制

结合我国2012年《刑事诉讼法》第275条的规定，对未成年人犯罪记录封存制度的救济表现在两个方面：一方面是当事人对犯罪记录封存决定异议的救济。由于已经赋予了法官对封存决定的自由裁量权，所以应当允许当事人对法官作出的决定提出异议。就未成年犯而言，由于犯罪记录封存与否最终是以决定的形式作出的，故其只能在决定作出后向审判法院或其上一级法院提请复议，复议以一次为限。同样，被害人、公诉人也有权就封存决定提请复议。另一方面体现在对封存效力的救济。未成年人犯罪记录封存制度的法律效力包括两方面：一是封存义务主体不得向任何单位和个人提供被封存的犯罪信息；二是查询主体应对获悉的犯罪信息予以保密，即两种主体均有保密的义务。如果上述义务主体违反保密义务，则犯罪记录被封存的未成年犯应享有相应的救济权利。根据2012年最高人民法院、最高人民检察院、公安部、国家安全部、司法部联合发布的《关于建立犯罪人员犯罪记录封存制度的意见》中的规定，封存义务主体或查询主体未履行保密义务，情节严重或造成严重后果的，应依法追究相关人员的责任。但到底由谁来追究，追究的责任形式是什么，该《意见》并没有明确规定。有学者认为，在这种情形下可以赋予未成年犯提起民事诉讼的权利。[①]但是，民事诉讼解决的是平等主体之间的人身、财产纠纷，未成年犯与封存义务主体之间的争议显然不属于平等主体之间的民事关系。因此，可以考虑当封存义务主体不履行保密义务时，赋予未成年犯及其近亲属向其上一级机关提出申诉和控告的权利；而对于查询主体违反相应保密义务的，未成年犯及其近亲属有权向纰漏给其相关信息的司法机关申请，对查询主体作出相应处罚。

（五）落实检察机关对犯罪记录封存的法律监督职责

检察机关是我国的法律监督机关，依法对整个刑事诉讼实行法律监督。在未成年人犯罪记录封存制度中，检察机关也要切实发挥法律监督职责，保障犯罪记录封存落到实处，维护未成年人的合法权益。检察机关对犯罪记录封存制度的监督作用主要体现在两个方面：一是对法官作出的是否封存的决定依法进行监督。法院作出犯罪记录封存决定之后，应将相关法律文书抄送同级检察机关，同级检察机关应对决定书中所列明的封存理由和依据进行审查，当发现有违反法律规定或者不应封存的其他情形的，应当及时向法院提出纠正意见。二是对犯罪记录封存的执行情况进行监督。法院在作出封存决定后，公安机关、检察机关和法院是否依法对相关犯罪信息进行了封存，是否履行了法律规定的保密义务，检察机关要依法进

① 曾新华：《未成年人犯罪记录封存制度的理解与适用》，载《检察日报》2012年5月22日，第3版。

行监督。检察机关可以采用定期或者不定期检查的方式，对公、检、法三机关开展犯罪记录封存的实际情况进行检查，还可以通过设立举报监督热线，收集来自社会的举报信息，通过多种途径及时发现违反犯罪记录封存的行为并提出纠正意见，保障犯罪记录封存制度的有效运行，保证犯罪记录被封存的未成年人能够真正地回归社会、重新开始生活。